十年伟大飞跃

国务院发展研究中心　组织编写

马建堂　主编

人民出版社

目　录

绪　论　十年伟大飞跃谱写复兴华章 1

一、东方社会主义大国发展巨大跃迁的十年 1

二、马克思主义中国化实现新的飞跃的十年 5

三、开创中华民族伟大复兴新华章 8

第一章　巨变：中国昂首阔步进入新发展阶段 11

一、综合国力显著增强 11

（一）经济总量跃上新的大台阶 12

（二）经济运行稳中有进 12

（三）精准脱贫举世瞩目 12

（四）基础设施和大国重器大踏步发展 13

（五）统筹发展和疫情防控取得重大成果 14

二、经济结构持续优化 14

（一）产业结构不断优化 14

（二）供需关系更加协调 15

（三）新发展格局逐步形成 15

（四）中等收入群体不断壮大 16

（五）发展空间格局趋于优化 17

（六）城乡结构明显改善 18

（七）绿色转型持续推进 19

（八）收入分配结构不断优化 19

三、发展动力持续增强 20

（一）发展新动能加快形成 20

（二）经济效益稳步提高 21

四、发展质量明显提高 22

（一）三次产业发展质量显著提升 22

（二）经济运行更加安全 23

（三）经济发展可持续性明显增强 23

（四）就业形势稳中向好 24

（五）社会事业不断进步 25

五、发展制度基础更加牢固 26

（一）党全面领导经济社会发展的制度坚强有力 26

（二）基本经济制度更加完善稳固 27

（三）宏观调控更加精准有效 27

（四）国家安全体制加快建立 27

第二章　创新：自立自强大步迈向科技强国 29

一、创新实力和国际地位持续提升 29

（一）创新在国家发展中的地位不断提升 29

（二）以科技创新推动全面创新 30

（三）整体创新能力显著提升 32

二、基础研究和关键技术取得重大突破 35

　　（一）科技自立自强决策部署不断落地 35

　　（二）科技创新取得重大突破 38

三、科技英才队伍不断壮大 40

　　（一）人才成为创新第一资源 40

　　（二）全方位培养引进使用人才 41

　　（三）新时代创新人才队伍蓬勃发展 43

四、新技术新业态新产业蓬勃发展 44

　　（一）敏锐把握新一轮产业变革机遇 44

　　（二）努力抢占全球科技竞争制高点 46

　　（三）前沿技术突破和新经济新动能培育成效明显 47

五、科技体制改革成果丰硕 48

　　（一）科技体制改革不断深化 49

　　（二）科技体制改革成效显著 51

第三章　协调：国家发展整体性持续增强 54

一、城乡迈向融合发展的新阶段 54

　　（一）全面实施城乡融合发展和乡村振兴战略 55

　　（二）城镇带动乡村发展的能力显著提升 55

　　（三）乡村支持城市发展的基础更为坚实 57

　　（四）新型工农城乡关系加快形成 59

二、区域协调发展新格局正在形成 60

　　（一）推动形成优势互补高质量发展的区域经济布局 60

　　（二）重大区域发展战略加快推进 61

（三）区域协调发展总体战略深入实施 62

三、产业发展在高端化进程中更加协调 63

    （一）实体经济加快转型升级 64

    （二）产业结构显著优化 65

    （三）制造业由大变强的进程加快 69

    （四）产业绿色化转型深入推进 77

    （五）产业数字化和数字产业化共同发展 80

第四章　绿色：人与自然和谐共生建设迈出重大步伐 83

一、生态文明建设力度空前 83

    （一）生态文明思想深入人心 83

    （二）生态文明建设成为现代化不可或缺的重要方面 84

    （三）党对生态文明建设的领导全面加强 85

二、生态治理体系和治理能力现代化水平显著提升 86

    （一）大力推进生态文明建设和体制改革 86

    （二）系统完整的生态文明制度体系逐步确立 87

    （三）生态环境领域法治建设扎实推进 87

    （四）环境治理体系更具效能 88

三、美丽中国建设迈出重大步伐 88

    （一）环境质量不断提升 89

    （二）农村人居环境显著改善 92

    （三）重要流域生态环境保护与高质量发展成效明显 94

四、绿色发展水平显著提升 96

    （一）资源利用水平显著提升 96

    （二）绿色发展方式加速形成 97

（三）绿色生活方式逐步建立 99

五、生态系统质量和稳定性显著增强 100

　　（一）生态系统保护修复工作稳步推进 100

　　（二）绿色发展的空间格局基本形成 102

　　（三）生态保护补偿机制正在建立 103

六、开创建设地球生命共同体新局面 104

　　（一）严格履行国际生态环境公约 105

　　（二）绿色"一带一路"建设取得显著成效 106

　　（三）成为全球生态文明建设的重要参与者贡献者引领者 ...107

第五章　开放：更高水平开放新格局加快形成 109

一、从贸易大国迈向贸易强国 109

　　（一）对外贸易总规模跃居世界第一 109

　　（二）贸易高质量发展取得重要突破 111

　　（三）以主动开放推动贸易实现跨越式发展 112

二、成为全球重要投资大国 114

　　（一）制度创新为"引进来""走出去"注入新动力 114

　　（二）利用外资跃升全球前列 115

　　（三）由引资大国转变为双向投资大国 117

三、以先行先试引领更高水平开放 119

　　（一）全方位布局高水平开放平台 119

　　（二）以开放平台先行先试引领构建开放型经济新体制 120

　　（三）依托开放平台辐射带动形成全方位区域开放新格局 121

四、"一带一路"倡议成为全球重要合作平台 123

　　（一）"一带一路"倡议传承与创新丝路精神 124

（二）"一带一路"建设亮点纷呈、硕果累累 124

（三）"一带一路"成为重要的全球开放合作平台 127

五、日益走近全球经济治理舞台中央 128

（一）倡导全球经济治理新理念 128

（二）深入参与全球经济治理 130

六、中国发展惠及全球 133

（一）全球经济增长的重要引擎 133

（二）在合作中实现共赢发展 135

（三）在共同抗疫中践行人类命运共同体理念 135

第六章　共享：人民生活日益富足 137

一、人民生活质量显著提高 137

（一）居民收入和财富水平大幅提高 138

（二）居民消费水平和质量稳步上升 141

（三）生活质量全面提升 143

二、公平而有质量的教育迈上新台阶 146

（一）教育事业优先发展战略得到更好落实 146

（二）基础教育均衡发展水平显著提升 147

（三）高等教育普及水平和质量持续提高 149

（四）职业教育服务经济社会发展能力不断增强 150

三、就业更充分和更有质量 151

（一）就业形势稳中有优 152

（二）劳动保护水平明显提升 153

（三）就业政策体系在稳就业中起到更加积极的作用 154

四、养老服务保障体系健全而有力......................................156

  （一）养老保障体系不断健全..................................156

  （二）养老服务体系日渐完善..................................157

  （三）医养康养结合持续推进..................................158

  （四）老年友好型社会逐步形成................................159

五、人民健康水平不断提升..160

  （一）人民健康水平大幅提升..................................160

  （二）公共卫生服务整体能力不断提高..........................162

  （三）全民医疗保障体系更加健全..............................163

  （四）医疗健康服务体系日益完善..............................165

  （五）药品供应保障能力不断增强..............................166

  （六）医疗健康产业高速发展..................................168

六、住房保障水平不断提升..168

  （一）历史性地实现农村住房安全有保障........................169

  （二）持续提升城镇住房保障水平..............................169

  （三）开辟发展保障性租赁住房新途径..........................170

七、社会救助体系长足发展..171

  （一）社会救助跨越式发展....................................171

  （二）迈入社会救助法治化新阶段..............................172

第七章 安全：防范化解经济金融风险能力不断提高........................173

一、经济社会实现安全发展..173

  （一）牢固树立总体国家安全观................................174

  （二）国家总体安全全面加强..................................175

二、粮食安全得到有效保障 176

　　（一）把粮食安全作为"头等大事" 177

　　（二）国家粮食安全新战略全面实施 179

　　（三）中国人的饭碗牢牢端在自己的手上 180

三、能源安全保障水平显著提升 181

　　（一）确立能源安全新战略 181

　　（二）扎实推进能源革命 182

　　（三）能源安全保障能力显著增强 183

四、产业链供应链稳定性和竞争力明显提高 185

　　（一）确保产业链供应链安全成为国家重大战略 186

　　（二）产业链供应链安全战略部署全面落地 186

　　（三）产业链供应链稳定性和竞争力明显提升 188

五、不发生系统性金融风险的底线牢牢守住 190

　　（一）把防控金融风险放到更加重要的位置 191

　　（二）防范化解金融风险效果明显 192

六、更高水平的平安中国日益成为现实 194

　　（一）平安中国建设全面推进 194

　　（二）社会安全水平明显提高 195

第八章　改革：全面深化改革取得重大突破 198

一、全面深化改革取得一系列重大突破 198

　　（一）经济运行的基础性制度进一步夯实 199

　　（二）要素市场化配置改革全面展开 200

　　（三）国家经济治理体系和治理能力现代化水平不断提升 202

　　（四）民生领域改革不断深化 204

（五）落实新发展理念制度保障更为有力 207

二、全面深化改革为现代化提供强大动力和根本保障 210

（一）为社会主义现代化建设提供了强大动力 211

（二）为社会主义现代化建设提供了坚强保障 213

三、全面深化改革影响深远 215

（一）这是一场思想理论的深刻变革 215

（二）这是一场改革组织方式的深刻变革 216

（三）这是一场国家制度和治理体系的深刻变革 217

（四）这是一场人民广泛参与的深刻变革 218

第九章　小康：全面建成小康社会的目标历史性实现 219

一、全面建成小康社会是中国共产党矢志不渝的追求 219

（一）小康是中华民族自古以来的梦想 220

（二）全面小康是中国共产党人的不懈追求 221

二、党中央以前所未有的力度推动全面建成小康社会 223

（一）从全面建设小康社会到全面建成小康社会 223

（二）从决定性阶段到决胜期 224

（三）以全面建成小康社会引领协调推进
　　　"四个全面"战略布局 225

（四）中国共产党率领中国人民创造人类减贫史上的
　　　中国奇迹 226

三、全面建成小康社会是人类发展史上的伟大奇迹 227

（一）"五位一体"总体布局进展显著 227

（二）全体人民的福祉显著提升 230

（三）国家现代化迈上一个新的大台阶 233

（四）中华民族以崭新面貌屹立于世界民族之林.....................235

（五）进一步展现了中国共产党的强大领导力.....................236

（六）生动展现了科学社会主义的旺盛生命力.....................237

（七）向更多发展中国家展示了现代化的新路径.....................238

第十章 展望：中华民族伟大复兴进入不可逆转的历史进程...........240

一、中华民族伟大复兴展现出光明前景.....................240

（一）开辟人类文明新形态的中国.....................242

（二）实现国家治理体系和治理能力现代化的中国.....................243

（三）综合国力和国际影响力领先世界的中国.....................243

（四）人民更加幸福安康的中国.....................243

（五）以更加昂扬的姿态屹立于世界民族之林的中国.................244

二、中华民族伟大复兴将有力推动人类文明发展进步.................244

（一）将谱写中华民族历史上最为辉煌的崭新篇章.....................244

（二）将开创马克思主义和社会主义运动的崭新境界.....................245

（三）将开辟和丰富人类文明的崭新形态.....................245

三、中华民族伟大复兴的历史进程不可逆转.....................246

（一）有坚强的领导核心和正确的指导思想.....................246

（二）有正确的道路和先进的制度.....................247

（三）有百年奋斗积累的雄厚基础.....................247

（四）有中国共产党的坚强领导.....................248

（五）有爱好和平与发展的国际正义力量的支持.....................248

后 记.....................250

绪　论
十年伟大飞跃谱写复兴华章

2012 年 11 月，中国共产党第十八次全国代表大会胜利召开，2022 年下半年，中国共产党第二十次全国代表大会即将召开。中国人民在百年变局中，走过了波澜壮阔的十年；历史巨钟在百年变局中，记录了沧海桑田的巨变。十年间，以习近平同志为核心的党中央，以对百年大党、对亿万人民、对中华民族、对人类文明强烈的时代责任感、坚定的历史主动性、伟大的斗争精神，创造了许多具有开创性、革命性的恢宏成就，中国经济社会发生了辉煌而巨大的历史性飞跃，在中华民族伟大复兴和全球发展的历史进程中留下了深刻的印记。

一、东方社会主义大国发展巨大跃迁的十年

这十年，习近平同志以卓越的战略眼光、恢宏的全球视野、深厚的人民情怀、超强的驾驭能力，带领全党和全国人民，战胜了一系列内部和外部的严峻风险挑战，解决了许多长期想解决而没有解决的难题，办成了许多过去想办而没有办成的大事，推动中国现代化事业发生历史性飞跃，发

展了当代中国马克思主义、21世纪马克思主义。

　　这是赢得伟大斗争开辟崭新格局的十年。这十年，国内发展改革任务极其繁重，国际环境复杂严峻、风云多变，面对百年未有之大变局，党的十八大提出"必须准备进行具有许多新的历史特点的伟大斗争"的重大论断。十年来，习近平总书记多次强调树立斗争精神、增强斗争本领，在前进道路上我们面临的风险考验只会越来越复杂，甚至会遇到难以想象的惊涛骇浪，我们面临的各种斗争不是短期的而是长期的，至少要伴随我们实现第二个百年奋斗目标全过程。这体现了党高度的忧患意识和强烈的历史责任感。十年来，正是由于坚持敢于斗争、敢于胜利，我们抓住和用好了历史机遇，下好先手棋、打好主动仗，战胜了一系列来自国内外的重大风险挑战。我们保持了经济长期平稳较快增长，经济发展平衡性、协调性、可持续性明显增强，国内生产总值突破百万亿元大关，人均国内生产总值超过1.2万美元，经济实力、科技实力、综合国力跃上新台阶，我国经济迈上更高质量、更有效率、更加公平、更可持续、更为安全的发展之路。十年来，我们赢得了防范化解重大风险的伟大斗争。长期经济高速发展积累的金融风险、房地产风险、产能过剩风险、生态环境风险、社会稳定风险，都得到有效遏制或缓解，避免了其他许多国家曾经经历的发展陷阱，为实现第二个百年奋斗目标奠定了坚实基础，创造了广阔的回旋余地和发展空间。十年来，我们赢得了维护国家利益和世界和平的伟大斗争。妥善处理中美关系这一最重要的国际关系，从容不迫、有理有利有节地开展对美斗争，不断赢得战略主动。我国在世界大变局中开创新局、化危为机，国际影响力、感召力、塑造力显著提升。特别是在百年未遇的新冠肺炎疫情这场全人类面临的共同危机面前，党带领人民进行了一场惊心动魄的抗疫大战，经受了一场艰苦卓绝的历史大考，付出巨大努力，取得抗击新冠肺炎疫情斗争重大战略成果，创造了人类同疾病斗争史上又一个英勇壮举，充分展现了中国共产党领导和我国社会主义制度的显著优势，增强了全党全国各族人民的自信心和自豪感、凝聚力和向心力。

这是发展质量效益实现新飞跃的十年。党的十八大以来，我国经济总量连续迈上新台阶。2016 年越过 70 万亿元；2017 年越过 80 万亿元；2018 年越过 90 万亿元，占世界经济的比重超过 16%；2020 年我国成为全球唯一实现经济正增长的主要经济体，国内生产总值首次突破 100 万亿元；2021 年首次突破 110 万亿元。十年来，中国经济增长对世界的贡献率超过 30%，是全球经济增长的主要引擎。十年来，我国把科技自立自强作为国家发展的战略支撑，科技创新能力不断增强，重大科技成果不断涌现，嫦娥五号、"祝融号"火星车、"奋斗者"号全海深载人潜水器、"九章"量子计算原型机、"深海一号"大气田、"京华号"国产最大直径盾构机、C919 大飞机、时速 600 公里高速磁浮列车等一件件大国重器密集诞生。我国居民人均可支配收入保持较快增长，全国居民人均可支配收入由 2012 年的 16510 元增加到 2021 年的 35128 元，增加了 1 倍多，年均实际增长率为 7.0%，高于同期国内生产总值增速，形成了世界上人口规模最大的中等收入群体。收入分配改革不断推进，以保障和改善民生为重点加强社会建设，在打赢脱贫攻坚战、全面建成小康社会后正努力向着全体人民共同富裕的目标迈进。

这是为长治久安夯实制度基础的十年。成熟稳定的制度是国家长治久安的基础。社会主义是人类历史上崭新的社会制度，为生产力高度发达和人的自由全面发展开辟了道路。社会主义国家的长治久安，必须通过国家制度的不断健全来实现。党的十八大以来，以习近平同志为主要代表的中国共产党人，把建设成熟完善的社会主义制度作为自己的历史使命，回答了新时代坚持和发展什么样的中国特色社会主义、怎样坚持和发展中国特色社会主义，建设什么样的社会主义现代化国家、怎样建设社会主义现代化国家，建设什么样的长期执政的马克思主义政党、怎样建设长期执政的马克思主义政党等重大时代课题。习近平总书记指出，"我国社会主义实践的前半程已经走过了，前半程我们的主要历史任务是建立社会主义基本制度，并在这个基础上进行改革，现在已经有了很好的基础。后半程，我们的主要历史任务是完善和发展中国特色社会主义制度，为党和国家事业发展、为人民幸福安康、为社会和谐稳定、为国家长治久安提供一整套更完备、更稳定、更管用的制度体系"。这十年，党领导人民坚持和完善中国特色社会主义制度，推进国家治理体系和治理能力现代化，我们的各项国家制度日益成熟稳定，确立了新时代"中国之治"的"四梁八柱"，为中华民族长治久安和社会主义事业长久发展夯实了制度基础。

这是中国日益走近世界舞台中央并为人类作出更大贡献的十年。中华民族自古就有兼济天下的胸怀，希望把家庭、民族和国家"美美与共"的情感拓展到整个天下，始终努力为人类作出更大贡献。党的十八大以来，世界处于发展的十字路口。以美国为代表的西方社会深陷金融危机，经济减速、两极分化、民族宗教问题频发，政治动荡、社会撕裂成为常态，中国之治和世界之乱形成了鲜明的对比。西方主导的全球化，虽使生产力迅速发展，但导致全球两极分化，大量发展中国家缺乏必要的基础设施、人力资源和治理能力。十年来，以习近平同志为主要代表的中国共产党人，把"为人类谋大同"作为使命追求，高举"人类命运共同体"的旗帜，为解决当前世界"和平赤字""发展赤字""治理赤字""信任赤字"注入了强大动力。十年来，中国在更高起点上延续了经济快速发展和社会长期稳定的奇迹，人民生活达到小康水平，并以世界上发展势头最好的大国，阔步迈向民族伟大复兴，为全球经济社会发展提供了有益借鉴。十年来，党领导人民创造的中国式现代化道路和人类文明新形态，拓展了发展中国家走向现代化的途径，给世界上那些既希望加快发展又希望保持自身独立性的国家和民族提供了全新选择，将深刻影响人类文明的前进方向。

二、马克思主义中国化实现新的飞跃的十年

思想是时代的声音，实践的发展、时代的飞跃，必然伴随着理论上的飞跃。中国共产党百年奋斗历程也是理论创新的过程。党的十八大以来，以习近平同志为主要代表的中国共产党人，在推动党和国家事业取得历史性成就、发生历史性变革的十年伟大实践中，创立了习近平新时代中国特色社会主义思想，回答了中国和世界面临的迫切问题，实现了马克思主义中国化新的飞跃，对新时代党和国家事业发展、对推进中华民族伟大复兴历史进程具有决定性意义。

这是顺应历史潮流呼唤的思想。自 500 多年前空想社会主义思潮产生以来，世界社会主义运动已经历了多个阶段。马克思主义的诞生，实现了社会主义从空想到科学的飞跃。十月革命的胜利，实现了社会主义从理论到实践的飞跃。中国等国家相继走上社会主义道路，实现了社会主义从一国到多国的飞跃。20 世纪末期，社会主义运动遭遇前所未有最严重的挫折，全球社会主义运动一度处于低潮。党的十八大之后，习近平总书记用马克思主义的立场、观点和方法分析研判社会主义和资本主义斗争、演变规律，领导中国人民高高举起中国特色社会主义的旗帜，用社会主义在中国生动丰富的实践和辉煌巨大的成就，展示了科学社会主义的生命力，扩大了社会主义在全球的影响。

这是在伟大实践中孕育的思想。伟大的理论飞跃来自中国大地上丰富多彩的实践。党的十八大以来，习近平总书记高度重视坚持和发展马克思

主义，既坚持用马克思主义的立场、观点和方法指导实践，又在我国经济社会发展的实践过程中，不断形成新的理论创新成果。面对极其复杂的国内外经济形势，党中央强调，我国已从高速增长阶段转向高质量发展阶段，不能简单以生产总值增长率论英雄，贯彻新发展理念是关系我国发展全局的一场深刻变革，必须实现创新成为第一动力、协调成为内生特点、绿色成为普遍形态、开放成为必由之路、共享成为根本目的的高质量发展，推动经济发展质量变革、效率变革、动力变革。在领导经济建设的伟大实践中，孕育形成了习近平经济思想。面对生态环境逐渐恶化的趋势，党中央强调，生态文明建设是关乎中华民族永续发展的根本大计，要从思想、法律、体制、组织、作风上全面发力，全方位、全地域、全过程加强生态环境保护，推动形成人与自然和谐共生新格局，在领导生态文明建设的伟大实践中，孕育形成了习近平生态文明思想。面对存在的有法不依、执法不严、司法不公、违法不究等方面问题，党中央强调，要对科学立法、严格执法、公正司法、全民守法作出顶层设计和重大部署，统筹推进法律规范体系、法治实施体系、法治监督体系、法治保障体系和党内法规体系建设，在领导全面依法治国的伟大实践中，孕育形成了习近平法治思想。面对建设同我国国际地位相称、同国家安全和发展利益相适应的巩固国防和强大人民军队的艰巨任务，党中央强调，要毫不动摇坚持党对人民军队绝对领导的根本原则和制度，坚持新时代的强军目标，确立新时代军事战略方针，领导开展新中国成立以来最为广泛、最为深刻的国防和军队改革，人民军队实现整体性革命性重塑，在领导国防和军队建设的伟大实践中，孕育形成了习近平强军思想。面对复杂严峻的外部环境和前所未有的风险挑战，党中央强调，要统筹国内国际两个大局，健全党对外事工作领导体制机制，加强对外工作顶层设计，对中国特色大国外交作出战略谋划，推动建设新型国际关系，推动构建人类命运共同体，弘扬和平、发展、公平、正义、民主、自由的全人类共同价值，引领人类进步潮流，在领导外交工作的伟大实践中，孕育形成了习近平外交思想。习近平新时代中国特色社会主义思想，是在新时代伟大实践、伟大斗争中诞生和发展的，又指导党和国家事业不断取得历史性成就、发生历史性变革。

这是海纳百川胸怀宽广的思想。习近平新时代中国特色社会主义思想充分体现了中华优秀传统文化的生命力和影响力，"以人民为中心"是马克思主义根本立场与中华传统文化的深入结合，《尚书》中就有"民惟邦本，本固邦宁"的治国理政思想；扎实推动共同富裕既是社会主义的本质要求，也契合中华传统文化"天下大同"的价值内涵。习近平新时代中国特色社会主义思想不仅是马克思主义中国化的最新成果，而且借鉴了近现代西方思想家的进步理论成果，展现着人类文明的共同价值。2015 年 9 月 28 日，在第七十届联合国大会一般性辩论上，习近平主席第一次提出和平、发展、公平、正义、民主、自由是全人类共同价值，也是联合国的崇高目标。自此之后，习主席在国际国内多个场合强调要坚守和弘扬全人类共同价值，推动人类不同文明相互交流、互相镜鉴，构建和平与发展的共同事业，追求公平正义的共同理想，践行民主自由的共同追求，建设美美与共的人类命运共同体。

这是具有世界意义的思想。越是民族的就越是世界的，14 亿多中国人在习近平新时代中国特色社会主义思想指导下建设社会主义现代化国家，本身就是人类历史上的伟大创举。自 15 世纪的地理大发现以来，追求现代化成为绝大多数民族的目标。但迄今为止，真正跨越重重陷阱、实现现代化的国家并不多。不少国家陷入"贫困陷阱"，经济发展、人力资源水平低，国家综合能力弱，难以形成有效投资和消费，长期处于低增长、低收入水平；一些国家陷入"中等收入陷阱"，政党频繁轮流坐庄，社会两极分化，增长动力不足，经济长期停滞。过去的工业革命让全球

1/6 人口达到发达国家水平，过上舒适生活，但这是建立在不公平的全球政治经济秩序基础上的，其他国家无法再沿着这条道路"重复昨天的故事"。即使一些高收入国家也遇到新的问题，经济危机频繁爆发，社会冲突不断，陷入"高收入陷阱"。在 21 世纪的漫漫征途上，人类一切既有的发展模式，都解决不了中国以及广大发展中国家的问题，我们已经进入制度创新的前沿地带。从这个意义上讲，习近平新时代中国特色社会主义思想，不仅能指引中国跨越"中等收入陷阱"，走向现代化强国，也将为其他国家探索符合自身特点的现代化道路提供智慧。

三、开创中华民族伟大复兴新华章

2022 年，我们党将召开具有极其重要历史意义的第二十次全国代表大会。这是开启第二个百年奋斗目标之后召开的第一次全国代表大会，必将为中华民族绘就全面建成社会主义现代化强国的宏伟蓝图，我们对党和国家事业的光明未来充满信心。

光明前景来自党的坚强有力领导。十年伟大飞跃充分证明，"两个确立"是经济发展伟大飞跃的根本保证。党确立习近平同志党中央的核心、全党的核心地位，确立习近平新时代中国特色社会主义思想的指导地位，反映了全党全军全国各族人民的共同心愿，对新时代党和国家事业发展、对推进中华民族伟大复兴历史进程具有决定性意义。邓小平同志指出："中国问题的关键在于共产党要有一个好的政治局，特别是好的政治局常委会。只要这个环节不发生问题，中国就稳如泰山。"经过革命性锻造的党必将更加坚强有力，党对一切工作的领导必将更加坚强有力。在党的领导下，每个人都将努力创造属于自己的幸福生活，也必将汇聚成为推动历史前进的磅礴力量。

光明前景来自人民更加团结自信。中华人民共和国成立后，中华民族结束了任人宰割的命运，民族自信心逐步增强，并在改革开放进程中不断加强。特别是党的十八大以来，党中央鲜明提出道路自信、理论自信、制度自信和文化自信。全面从严治党、脱贫攻坚、生态治理、改善民生、对外关系等方面的突出成就，让人民群众更加增强了对党的信心和拥护。党领导人民进行现代化的伟大实践，充分证明了中国特色社会主义制度的巨大优越性，人民群众获得感、安全感、幸福感不断增强。这些都为实现第二个百年奋斗目标提供了巨大的精神力量。

光明前景来自伟大斗争精神。毛泽东同志指出，"胜利的信念是从斗争中得来的"。这十年，是在习近平总书记果敢坚强领导下敢于斗争、敢于胜利的十年。党领导人民在内政外交国防、治党治国治军方面进行了许多具有新的历史特点的伟大斗争，在斗争中打破了迷信、打消了幻想、打出了信心、打出了成就、打出了未来。党的英明领导使人们胜利的信念更加坚定稳固，将引领人民战胜前进道路上的一切困难，直至到达胜利的彼岸。

光明前景来自社会主义的生机活力。邓小平同志在南方谈话中指出："只要中国不垮，世界上就有 1/5 的人口在坚持社会主义。"党的十八大以来，面对世界上各种社会制度和发展模式的严峻竞争，党中央高高举起中国特色社会主义旗帜，用中国特色社会主义伟大实践证明，中国特色社会主义制度充满生机活力，是保障党和国家事业发展、人民幸福安康、社会和谐稳定、国家长治久安的根本制度。这十年的伟大成就，续写了世界社会主义历史上的辉煌篇章，社会主义以生机和活力赢得了比资本主义更广泛的制度优势，也充分证明走社会主义道路是人间正道，是任何力量和任何挫折都压不垮的。随着中国特色社会主义不断发展，我们的制度必将越来越成熟，我国社会主义制度的优越性必将进一步显现，我们的道路必将越走越宽广。

毛泽东同志在 1962 年曾豪迈地展望："从现在起，五十年内外到一百年内外，是世界上社会制度彻底变化的伟大时代，是一个翻天覆地的时代，是过去任何一个历史时代都不能比拟的。"习近平总书记指出，"历史总是要前进的，历史从不等待一切犹豫者、观望者、懈怠者、软弱者。只有与历史同步伐、与时代共命运的人，才能赢得光明的未来"。让我们在以习近平同志为核心的党中央坚强领导下，和历史大势同行，和时代一起进步，共同参与伟大斗争，克服一切艰难险阻，为建成更加富强民主文明和谐美丽的社会主义现代化强国、实现中华民族伟大复兴努力奋斗！

第一章
巨变：中国昂首阔步进入新发展阶段

党的十八大以来的十年，党加强对经济工作的战略谋划和统一领导，完善党领导经济工作体制机制，作出坚持以高质量发展为主题、以供给侧结构性改革为主线、建设现代化经济体系、把握扩大内需战略基点，打好防范化解重大风险、精准脱贫、污染防治三大攻坚战等重大决策。我国经济实力、科技实力、综合国力跃上新台阶，经济发展平衡性、协调性、可持续性明显增强，迈上更高质量、更有效率、更加公平、更可持续、更为安全的发展之路。

一、综合国力显著增强

党的十八大以来，在以习近平同志为核心的党中央坚强领导下，我们有效应对"三期叠加"、百年变局和世纪疫情等重大挑战，保持了经济中高速增长，进一步提高了综合国力，历史性解决绝对贫困问题，取得了疫情防控和经济社会发展的"双胜利"，凸显了社会主义制度优势。

（一）经济总量跃上新的大台阶

2000年，我国GDP破10万亿元，2012年突破50万亿元，2020年又突破100万亿元。20年内，我国经济总量规模扩大10倍。2021年，我国国内生产总值达114.4万亿元，突破110万亿元，按年平均汇率折算，达17.7万亿美元，稳居世界第二，占全球经济的比重预计超过18%，比2012年提升了6.4个百分点。人均国内生产总值80976元，按年平均汇率折算，达12551美元，超世界平均水平，接近高收入国家人均水平下限。2021年末，外汇储备余额32502亿美元，稳居世界第一。

（二）经济运行稳中有进

党的十八大以来，党中央深刻洞察外部环境的复杂变化和我国改革发展稳定面临的新情况新问题新挑战，把增强忧患意识、防范化解风险挑战摆在突出位置，作出一系列重要论述和战略安排。面对波谲云诡的国际形势、复杂敏感的周边环境、艰巨繁重的改革发展稳定任务，我们始终保持高度警惕，既高度警惕"黑天鹅"事件，也防范"灰犀牛"事件，打好化险为夷、转危为机的战略主动战。十年来，我国经济增长平稳，没有出现系统性风险，风险隐患总体可控，保持了稳中向好、长期向好的势头，粮食、能源、重要资源领域确保供给安全、价格稳定，产业链供应链基本稳定，资本无序扩张、野蛮生长的状况初步得到遏制，有效应对美国发起的贸易战、金融战、科技战。

（三）精准脱贫举世瞩目

党中央引领亿万人民打赢脱贫攻坚战，千百年来肆虐的绝对贫困在我们这一代人的手里历史性地得到解决，这是中华民族发展史上的永恒丰碑。我国脱贫攻坚战取得了全面胜利，现行标准下9899万农村贫困人口全部脱贫，832 个贫困县全部摘帽，12.8 万个贫困村全部出列，区域性整体贫困得到解决，完成了消除绝对贫困的艰巨任务。我国强大的经济实力为脱贫攻坚提供了坚实基础。2012—2020 年，各级财政专项扶贫资金累计投入 1.6 万亿元，扶贫再贷款累计发放 6688 亿元。300 多万名驰援的第一书记、帮扶干部尽锐出战、不胜不归。307 家中央单位定点帮扶 592 个贫困县，军队定点帮扶 4100 个贫困村；东部 9 个省、14 个市结对帮扶中西部 14 个省区市，全国支援西藏和新疆，东部 343 个经济较发达县市区与中西部 573 个贫困县开展携手奔小康行动。这些措施在世界上只有我们能够做到，充分彰显了我们的政治优势和制度优势。占世界人口近 1/5 的中国全面消除绝对贫困，不仅为世界的减贫事业作出不可替代的贡献，也为发展中国家和地区提供了摆脱贫困、实现现代化的经验。

（四）基础设施和大国重器大踏步发展

在这十年里，我们发挥集中力量办大事的优势，基础设施建设实现跨越式发展。全国高铁运营里程由 2012 年的 0.94 万公里增加到 3.79 万公里，居世界第一位，"四纵四横"高铁网提前建成，"八纵八横"高铁网日益成型。公路通车里程约 510 万公里，其中高速公路 15.5 万公里，居世界第一位。跨海桥隧、深水航道、高速铁路建设的成套技术等跻身世界前列，"复兴号"列车正式运行，C919 大飞机首飞，北斗技术在行业广泛应用。我国建成了全球规模最大的信息通信网络，4G 基站占全球的一半以上，4G 用户占比达到 81%，远高于全球平均水平。全国已建成超过 70 个有影响力的工业互联网平台，连接工业设备的数量达到 4000 万套，工业 APP 超过了 25 万个，覆盖 30 余个国民经济重点行业。

（五）统筹发展和疫情防控取得重大成果

新冠肺炎大流行是十年来我国经济发展遇到的最大变量。面对突如其来疫情的严重冲击，习近平总书记高瞻远瞩、见微知著，带领全党全国各族人民打响疫情防控的人民战争、总体战、阻击战，党中央及时有效作出统筹疫情防控和经济社会发展重大决策，组织构建起战疫情、稳经济、保民生的工作格局，努力办好自己的事，我国在全球范围内率先控制住疫情、率先复工复产、率先实现经济增长由负转正，显示出强大的抗风险能力和顽强韧性。截至 2021 年底，中国新冠肺炎患病率只有美国的万分之六，死亡率仅为美国的千分之二。这充分体现了中国特色社会主义制度的优势。

二、经济结构持续优化

党的十八大以来，我们坚持以新发展理念为引领，以供给侧结构性改革为主线，加快推进经济结构战略性调整和经济转型升级，我国经济结构实现重大变革，产业结构、需求结构、城乡结构、区域结构和收入分配结构逐步改善，经济循环更加畅通，经济发展更加平衡协调可持续。

（一）产业结构不断优化

党的十九大报告明确提出，我国经济已由高速增长阶段转向高质量发展阶段。习近平总书记强调，推动经济高质量发展，要把重点放在推动产业结构转型升级上，把实体经济做实做强做优。国家宏观调控更加注重推动产业变革，政府投资更加支持新型基础设施建设，政府债券和政策性金融工具重点投向创新领域。产业结构不断优化。2012 年，第一产业对 GDP 增长的贡献为 5.0%、第二产业为 50.0%、第三产业为 45.0%，而 2021 年，第一二三产业贡献率更为均衡，分别达到 6.7%、38.4% 和 54.9%。

（二）供需关系更加协调

2015 年 11 月 10 日，习近平总书记在主持召开中央财经领导小组第十一次会议时，提出"在适度扩大总需求的同时，着力加强供给侧结构性改革"，供给侧结构性改革主要是抓好去产能、去库存、去杠杆、降成本、补短板五大任务。供给侧结构性改革五大任务取得明显成效。2012—2021 年，工业企业资产负债率自 57.8% 下降至 56.1%。2021 年 9 月底，地方政府杠杆率为 25.8%，近十年年均涨幅比 2003—2012 年下降 0.2 个百分点。2021 年底，工业企业每百元主营业务收入中的成本为 83.74 元，较 2015 年底下降 1.94 元。通过去产能、去库存、去杠杆等措施，形成了供需新的动态平衡，提升了要素配置效率，全要素生产率增速止跌回升。通过优化营商环境和减税降费，持续增强市场主体活力，2016—2021 年，新增减税降费累计超 8.6 万亿元，约占同期 GDP 规模的 1.9%，有效带动了经济增长。

（三）新发展格局逐步形成

加快形成以国内大循环为主体、国内国际双循环相互促进的新发展格局，是以习近平同志为核心的党中央科学把握国内外发展大势，根据我国发展阶段、环境、条件变化作出的战略决策。我们注重提升市场主体活力，增强经济循环的驱动力。财政政策方面，更加注重对市场主体减税降费。全面实施增值税改革，针对量大面广的中小微企业实施阶段性、大规模减税政策，2013 年以来累计取消、停征、减免中央和省级政府行政事业性收费超过 1000 项，降低市场主体用能、用地、用网、物流等基础设施费用。货币政策方面，突出支持实体经济和中小微企业融资。完善考核激励机制，鼓励商业银行提高中小微企业金融服务能力。2021 年末，普惠小微贷款余额 19.23 万亿元，同比增长 27.3%；支持小微经营主体 4304 万户，同比增长 35%。构建新发展格局取得积极进展。消费对经济增长的拉动作用日益凸显，内需日益成为经济增长的战略基点。2021 年，最终消费支出、资本形成总额分别拉动经济增长 5.3 个和 1.1 个百分点，对经济增长的贡献率分别为 65.4% 和 13.7%，两项合计对我国经济增长的贡献率达 79.1%，比上年提高了 4.4 个百分点。国内国际双循环相互促进达到更高水平，2021 年，我国对外贸易规模和国际市场份额均再创历史新高，第一贸易大国的地位更加巩固，净出口对经济增长继续发挥较强的拉动作用。2021 年，货物和服务净出口对经济增长贡献率为 20.9%，拉动 GDP 增长 1.7 个百分点。

（四）中等收入群体不断壮大

十年来，我国居民人均可支配收入保持较快增长，全国居民人均可支配收入由 2012 年的 16510 元增加到 2021 年的 35128 元，增加了 1 倍多。2012—2021 年间，全国居民人均可支配收入年均名义增长率为 9.2%，实际增长率为 7.0%，高于同期国内生产总值增速，我国形成了世界上人口规模最大的中等收入群体。按照世界银行"家庭人均每天支出 10—100 美元"的标准，2012 年我国中等收入者突破 2 亿人，此后逐年增长，2015 年中等收入者规模达到 3 亿人；目前我国中等收入者已超过 4 亿人，较 2012 年翻了一番，中等收入者群体占全国人口的 30% 左右。中等收入者消费结构正在从传统消费向新兴消费升级，从注重商品消费向更多服务消费过渡，对新兴科技产品、高档消费品的需求明显升温，以文化娱乐、休闲旅游、健康养生为代表的服务消费支出增长较快。

（单位：%）

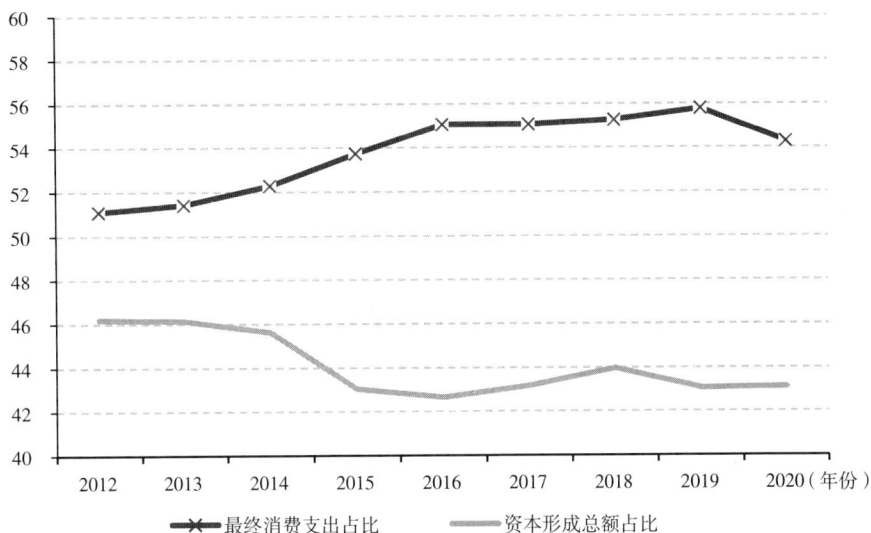

我国投资率与消费率变动态势

最终消费支出占比　　　　资本形成总额占比

（五）发展空间格局趋于优化

党中央高度重视区域均衡发展，十分关心革命老区、民族地区、边疆地区、欠发达地区和老工业基地等地区。十年来，区域协调发展战略深入实施，支持西部大开发、东北振兴、中部崛起、东部率先发展的政策体系更加完善，区域重大战略有效落实，革命老区等特殊类型地区加快振兴发展。东部地区继续发挥领头羊作用，中部地区经济实力显著增强，西部地区基础设施和生态环境建设取得重大进展，东北地区重要商品粮生产基地等功能和地位不断提升。2021年，东部地区生产总值增长8.1%，规模以上工业增长10.9%，进出口增长21.1%，"稳定器""压舱石"作用明显。

中部、西部地区生产总值占全国比重提高到 22%、21%，分别比 2000 年提高 2.9 个和 3.5 个百分点。其中，中部地区经济总量超过 25 万亿元，同比增长 8.7%，高出全国增速 0.6 个百分点。乌东德、白鹤滩等重点水利工程投产发电，西部大开发继续保持良好势头。东北三省全年粮食总产量达 2889 亿斤，占全国比重 21.2%，对全国粮食增产的贡献率超过 57%，粮食安全的支撑保障能力进一步增强。京津冀协同发展迈出坚实步伐，长江经济带生态环境突出问题整改和生态环境污染治理成效显著，粤港澳大湾区建设规划政策体系不断完善，长三角区域一体化发展进程加快，黄河流域生态保护和高质量发展扎实起步。国家中心城市、都市圈、城市群等作为区域发展的主要空间载体，发展潜力愈发凸显，拉动和辐射作用不断增强。2021 年，珠三角地区生产总值超过 10 万亿元；通过一系列的疏解动作，近两年来，京津冀地区高技术制造业、战略性新兴产业增加值两年平均增长 52.5% 和 43.7%。

（六）城乡结构明显改善

31 个省（自治区、直辖市）及新疆生产建设兵团全部出台户籍制度改革实施意见，在城镇稳定就业居住 5 年以上和举家迁徙的农业转移人口等重点群体落户通道逐步打通，让有意愿、有能力、有条件的农业转移人口在城市应落尽落、便捷落户。基本公共服务均等化提速。城乡教育资源均衡配置机制、乡村医疗卫生服务体系、城乡公共文化服务体系、统一城乡的社保制度等一系列基本公共服务制度体系更加健全。县城注重补短板，城乡融合水平不断提升，加速公共服务、环境卫生、市政公用、产业培育等设施补短板，并辐射乡村，为农民就近城镇化、农业农村现代化提供有力支撑。以粮食保供能力稳步提升、农民收入连年增长、农村生态建设得到加强以及农村教育、文化、卫生等社会事业全面发展等为标志，乡村振兴实现良好开局。

（七）绿色转型持续推进

能源消费结构优化，煤炭占比已经从 20 世纪 80 年代的 72.2% 下降到如今的 57%。从 2010 年到 2020 年，包括水电、风电在内的可再生能源整体占比上升至 16.1%。根据国家统计局初步测算，2021 年天然气、水电、核电、风电、太阳能发电等清洁能源消费占能源消费总量比重比上年提高 1.0 个百分点，煤炭消费所占比重下降 0.8 个百分点。

（八）收入分配结构不断优化

十年来，以习近平同志为核心的党中央高高举起共同富裕的旗帜，使发展成果更多更公平惠及全体人民，使全体人民朝着共同富裕的方向稳步前进。2012 年起，劳动要素收入的份额逐年上升，2012 年劳动者报酬占比约为 49.5%，2019 年劳动者报酬占比上升至 52.2%。城镇居民人均可

（单位：%）

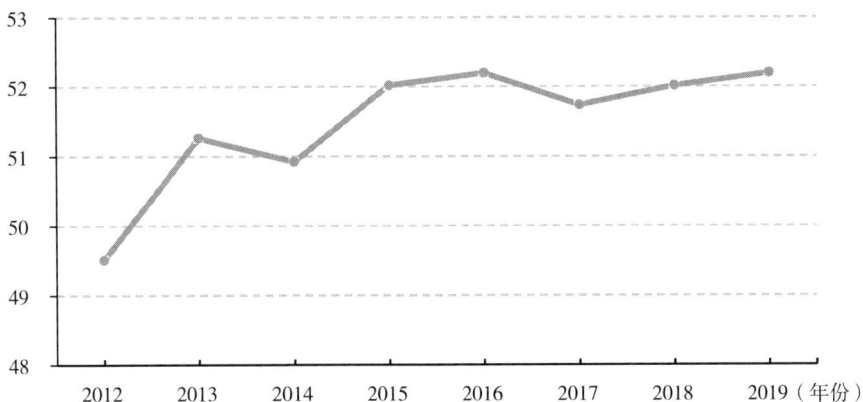

2012—2019 年我国劳动者报酬占初次分配的比重

支配收入与农村居民的比值从 2012 年的 2.88 倍缩小到 2019 年的 2.64 倍。2021 年，全国居民人均可支配收入 35128 元，实际增长 8.1%，其中城镇居民人均可支配收入 47412 元，实际增长 7.1%，农村居民人均可支配收入 18931 元，实际增长 9.7%。

三、发展动力持续增强

党的十八大以来，我们始终坚持把创新作为引领发展的第一动力，把创新摆在国家发展全局的核心位置，不断加快新旧动能转换，持续凝聚发展动力。

（一）发展新动能加快形成

我们始终把培育增强新动能作为一项重要任务，通过开展各项支持创新的政策，增强经济增长动力，稳定和提升潜在增速，保持国民经济始终运行在合理区间。完善创新驱动的政策环境。加强融资支持，降低创新成本，加大对创业企业减税降费力度，强化对知识产权的保护，支持协同创新。支持北京、上海建设具有全球影响力的科技创新中心，新设 6 个国家自主创新示范区，持续推进建设高质量双创基地。深入推进"互联网＋创新创业"和工业互联网发展，加快各行业各领域的交叉融合和数字化转型。提升全社会创业创新活力。分类推进科研院所改革，深化科技奖励制度改革。2011 年以来，我国平均每年新增 1.7 万家高新技术企业，到 2020 年底高新技术企业数量达到 27.5 万家，2015 年至 2020 年，我国经济发展新动能指数从 119.6 快速提高到 440.3。根据世界知识产权组织发布的全球创新指数显示，我国排名从 2012 年的第 34 位快速上升至 2021 年的第 12 位，中国高端和中高端技术占制造业的比重为 46.4%，排名世界第 13 位。

（二）经济效益稳步提高

随着我国经济持续较快增长，我国全员劳动生产率也随之不断提高。2012 年，我国全员劳动生产率为 72817 元/人，2020 年上升至 117746 元/人，较 2012 年增长 61.7%。随着劳动生产率的提高，劳动者的工资报酬实现了快速增长。2012 年，城镇单位就业人员平均工资为 46769 元，此后逐年较快增长，2020 年城镇单位就业人员平均工资上升至 97379 元，较 2012 年增长了 108.2%，增速明显快于全员劳动生产率的增速，表明劳动者得到了更高标准的工资报酬，更好地分享了经济发展成果。规模以上工业企业利润总额也随着全员劳动生产率提高而实现较快增长。以可比口径计算，2020 年全国规模以上工业企业利润总额较 2012 年增长了 62.4%，与我国全员劳动生产率涨幅相当。而且，随着我国经济率先从新冠肺炎疫情

（单位：元/人）

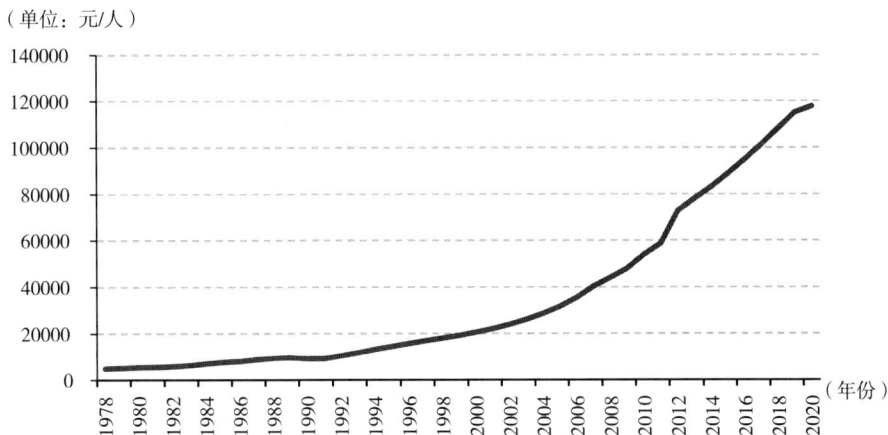

1978—2020 年我国全员劳动生产率

影响中恢复，2021 年全国规模以上工业企业利润总额同比增长了 34.3%，较 2012 年增长了 118.1%，企业经营效益大幅改善。2012 年，我国单位国内生产总值税收为 18.7%，2021 年该比例下降至 15.1%。在此背景下，2021 年我国税收规模较 2012 年增长了 71.7%，税收规模实现了明显增长，国家税收能力得到较大提升。

四、发展质量明显提高

党的十八大以来，我们坚持质量第一、效益优先，推动质量变革、效率变革，使发展成果更好惠及全体人民，不断实现人民对美好生活的向往。

（一）三次产业发展质量显著提升

农业综合生产能力进一步夯实，粮食等重要农产品保障水平稳步提升。全面落实永久基本农田特殊保护制度，确保永久基本农田保持在 15.46 亿亩以上。大力开展高标准农田建设，已建成 8 亿亩旱涝保收、高产稳产的高标准农田，全面完成 10.88 亿亩粮食生产功能区和重要农产品生产保护区划定任务。果菜茶肉蛋鱼等产量稳居世界第一，较好满足了人民群众不断提升的多样化消费需求。启动特色农产品优势区创建，充分发挥区域资源多样化优势，出台特色农产品优势区建设规划纲要，分四批认定了 308 个中国特色农产品优势区和 667 个省级特色农产品优势区，加快将资源优势转变为产品优势、经济优势。工业和信息化成绩非常显著。综合实力进一步增强，重点领域开拓创新取得了新进步，连续 13 年成为世界最大的制造业国家。服务业在中国经济中的地位更加巩固。尤其是在互联网发展推动下，服务业新模式新业态亮点纷呈，新动能加快释放，更好地满足了人民群众日益增长的美好生活需要。我国服务业快速增长，2021年我国服务业增加值同比增长8.2%，占国内生产总值比重为53.3%。服务业新动能逐步激发，新业态新模式不断涌现；与此同时，新一代信息技术大大提高了服务的可贸易性，制造业与服务业持续融合，服务供给的质量、效率明显提升。2021年，我国知识密集型服务出口增长18%；其中，个人文化和娱乐服务、知识产权使用费、电子计算机和信息服务出口分别增长35%、26.9%、22.3%，显示出较强的出口竞争力。

（二）经济运行更加安全

党的十八大以来，以习近平同志为核心的党中央高度重视经济安全，创造性地提出了防范化解风险的一系列新思想、新论断。在党中央的坚强领导下，防范化解重大风险取得实效。有效应对新冠肺炎疫情、中美贸易战、股市波动、大宗商品价格上涨、自然灾害、新业态野蛮生长、资本无序扩张带来的一系列冲击经济安全的事件。十年来，经济增长保持稳中有进，没有发生系统性、聚集性风险。提出了"确保谷物基本自给、口粮绝对安全"的新粮食安全观，强调"中国人要把饭碗端在自己手里，而且要装自己的粮食"。载人航天与探月、全球卫星导航、大型客机、深地、深海、核能等战略性领域攻克一批"卡脖子"关键核心技术，有力保障了国家经济安全。出台实施限制资本无序扩张的政策措施，进一步夯实国家经济安全根基。

（三）经济发展可持续性明显增强

我国能源利用效率显著提高，能源消费结构也在加快向清洁低碳转变。2012 年至 2019 年，我国以能源消费年均 2.8% 的增长，支撑了国民经济年均 7% 的增长。据国家统计局初步核算，2021 年天然气、水电、核电、风电、太阳能发电等清洁能源消费占能源消费总量比重比上年提高 1.0 个百分点，煤炭消费所占比重下降 0.8 个百分点；单位 GDP 能耗比上年下降 2.7%，规模以上工业单位增加值能耗下降 5.6%。单位能耗的降低、清洁能源占比的提高，都有助于减少碳排放。国家能源局数据显示，从 2013—2019 年，全国单位 GDP 能耗累计下降了 24.4%，折算节约能源超过 12 亿吨标准煤，相当于减少二氧化碳排放约 27 亿吨。

（四）就业形势稳中向好

我国将就业上升为宏观调控的重要内容，将就业政策作为与财政政策、货币政策相并列的三大宏观政策，努力实现充分就业宏观目标。实施大众创业、万众创新。将"放管服"和"双创"有效结合，充分发挥创新创业带动就业。截至 2021 年底，全国登记在册的个体工商户 1.03 亿户，较 2012 年末增加约 6000 多万户。积极推动各地外出务工人员返乡入乡创业，深入实施留学人员回国创新创业启动支持计划，在用地审批、项目审批和信贷投放方面适当倾斜。截至 2021 年底，累计返乡入乡创业人员达到 1120 万人，新增 110 万人，带动就业超过 3500 万人。在全国高校推广创业导师制，设立大学生创业的相关奖励和基金支持，加强校企对接。2014—2020 年，大学生创业者累计达到 453.9 万人。针对重点人群出台就业政策，加大对灵活就业的支持。加强农民工就业服务和职业培训，对退伍军人、下岗分流人员、城镇就业困难人员进行就业援助，确保"零就业"家庭至少有一人就业。实施职业技能提升行动，用好失业保险基金结余支持职工技能提升和转岗转业培训。顺应新技术、新业态、新模式不断涌现，推动"互联网＋就业"，加大对灵活就业、新就业形式的政策支持。持续优化围绕就业的宏观调控机制。根据经济基本面和就业吸纳能力变化，适当调整就业目标，包括 2014 年和 2017 年两次调增城镇新增就业 100 万。2018 年起公布城镇调查失业率，并作为预期管理的核心指标之一，进一步增强宏观调控的科学性和针对性。将保就业作为"六保"的重中之重。新冠肺炎疫情发生以来，宏观政策把就业放在更加突出位置，财政和货币政策都紧紧围绕就业制定和实行，采取减免缓社保缴费、发放稳岗补贴、降低企业用人成本等多种措施激励企业稳岗，做好大学生就业辅导，对未就业毕业生提供"不断线"服务，加大对农民工就业服务和创业支持，扩大以工代赈建设领域和实施范围。

（五）社会事业不断进步

教育普及水平实现新提升。在各级教育普及程度方面都达到或者超过中高收入国家平均水平，据 2020 年全国教育事业统计主要结果，截至"十三五"末，覆盖全学段的学生资助政策体系更加完善，普惠性幼儿园覆盖率达到 84.7%，九年义务教育巩固率达到 95.2%、大班额基本消除，高中阶段教育毛入学率达到 91.2%，高等教育毛入学率达到 54.4%，进入普及化发展阶段；劳动年龄人口平均受教育年限达到 10.8 年，义务教育普及程度达到世界高收入国家平均水平。医药卫生体制改革攻坚克难，中国特色基本医疗卫生制度框架基本建立。稳步实施分级诊疗，推进医联体建设和县域综合医改，推进紧密型县域医共体建设，全面推进社区医院建设，推进家庭医生签约服务，提升基层医疗卫生水平，逐步优化全国层面高水平医疗资源的配置。全面推开公立医院综合改革，全部取消药品和耗材加成，破除以药补医机制，同步推进补偿机制和运行机制改革。据统计，"十三五"末，每千人口医疗卫生床位数达到 6.5 张，每千人口拥有执业（助理）医师数达到 2.9 人，每千人口拥有 3 岁以下婴幼儿托位数 1.8

个，困难残疾人生活补贴涉及人数为1212.6万人，重度残疾人护理补贴涉及人数为1473.8万人。健全全民医保制度，基本医保参保覆盖面稳定在95%以上。截至2021年11月底，基本医疗保险覆盖13.6亿人，基本养老保险覆盖10.2亿人。稳步实施异地就医直接结算。社会保障事业在社会救助、社会保险、社会福利及优抚政策方面取得了历史性进展，社会保障制度体系逐步完善，覆盖范围不断扩大，保障水平稳步提高，管理服务日趋规范，建成了世界上规模最大的社会保障体系，切实增强了人民群众的获得感、幸福感、安全感。

五、发展制度基础更加牢固

党的十八大以来，我们不断深化对经济社会发展规律的认识，全面推进体制改革，促进市场作用和政府作用更好统一，为持续发展奠定了更加牢固的制度基础。

（一）党全面领导经济社会发展的制度坚强有力

坚持党对经济工作的集中统一领导，是以习近平同志为核心的党中央立足新时代提出的新要求，是总领性、根本性的要求，是我国经济沿着正确方向发展的根本保证。在市场作用和政府作用的问题上，习近平总书记特别强调，要讲辩证法、两点论，"看不见的手"和"看得见的手"都要用好，努力形成市场作用和政府作用有机统一、相互补充、相互协调、相互促进的格局，推动经济社会持续健康发展。党的十八届三中全会提出"使市场在资源配置中起决定性作用和更好发挥政府作用"，意义十分重大，是我们党对中国特色社会主义建设规律认识的新突破，是马克思主义中国化的新成果。

（二）基本经济制度更加完善稳固

坚持和完善社会主义基本经济制度是习近平新时代中国特色社会主义思想的重要内容。党的十九届四中全会把以公有制为主体、多种所有制经济共同发展，按劳分配为主体、多种分配方式，社会主义市场经济体制一起作为基本经济制度。这一制度既体现了社会主义制度优越性，又同我国社会主义初级阶段社会生产力发展水平相适应，是党和人民的伟大创造。

（三）宏观调控更加精准有效

创新和完善宏观调控，是完善社会主义市场经济体制、建设现代化经济体系、实现社会主义现代化的必然要求。党的十八大以来，我们在宏观经济领域不断推进改革创新，全面提高宏观调控的科学性和实施力度；以高质量发展为根本要求，创造性地将宏观调控目标扩展为稳增长、促改革、调结构、惠民生、防风险，统筹各类长期目标和短期目标；放弃"大水漫灌"的调控模式，创造性地确立了区间调控思路，明确经济增长合理区间，在区间调控的基础上采取定向调控、相机调控、精准调控等新举措；依据国家中长期发展规划目标和经济改革目标实施短期宏观调控，确保短期宏观调控保持战略定力、服务于现代化建设和民族复兴大局。

（四）国家安全体制加快建立

按照总体国家安全观的要求，国家安全体系主体框架不断完善，国家安全工作协调机制日益健全。《中华人民共和国国家安全法》施行，作为国家安全领域的综合性、全局性、基础性的法律，其对政治安全、国土安全、军事安全、文化安全、科技安全等 11 个领域的国家安全任务进行了明确，也为此后制定相关配套法律法规预留了空间。国防交通法、网络安全法、国家情报法、核安全法等一系列国家安全配套法律相继出台，搭建起国家安全法制体系的"四梁八柱"，国家安全法治化水平大幅提升。并且，强化突发事件应急体系建设，防灾减灾救灾能力全面提升。在灾情明显偏重的情况下，全国大江大河主要堤防、重点地区防洪工程未发生重大险情。

面对各种严峻复杂的挑战，我国经济社会发展取得举世瞩目的辉煌成就，全面建成了小康社会，实现了第一个百年奋斗目标，正无比自信地朝着第二个百年奋斗目标奋进。中国共产党已经成长为始终走在时代前列的坚强领导核心，中国特色社会主义制度更加完善，人民生活水平不断提高，社会生产力不断解放和发展，精神力量更加自觉自信、积极能动、坚强有力。展望未来，在以习近平同志为核心的党中央领导下，我国在现代化的新征程上将会取得一个又一个新的胜利，迈上一个又一个新的台阶。

第二章
创新：自立自强大步迈向科技强国

党的十八大以来，党中央坚持把创新摆在国家战略发展全局的核心位置，把科技自立自强作为国家发展的战略支撑，深入实施科教兴国、人才强国和创新驱动发展战略，努力推进以科技创新为核心的全面创新，加快建设科技强国，取得了举世瞩目的成就。

一、创新实力和国际地位持续提升

面对百年未有之大变局以及中华民族伟大复兴战略全局，以习近平同志为核心的党中央准确研判发展趋势，高度重视科技创新的地位和作用，大力推动实施创新驱动发展战略。十年来，我国创新能力建设取得了巨大成就。

（一）创新在国家发展中的地位不断提升

党的十八大以来，中国特色社会主义进入新时代，我国科技创新面临前所未有的新形势、新局面。从全球视野来看，新一轮科技革命和产业变革蓬勃兴起，大数据、物联网、5G移动互联网、人工智能、高性能计算等新一代信息技术，以及生物技术、绿色技术等不断涌现。世界发展正经历百年未有之大变局，国际政治经济格局正在发生着深刻变化，大国博弈不断加剧。以美国为首的少数西方国家遏制我国科技发展的意图越来越明显，贸易和技术保护主义倾向越来越严重。随着投资、劳动力等传统生产要素对经济社会发展的驱动力逐渐减弱，以及社会主义市场经济体制的逐步完善，我国已经从要素驱动、效率驱动转向创新驱动阶段，实现高质量发展对科技进步和创新驱动的需求日益紧迫。

面对新形势、新局面，以习近平同志为核心的党中央提出了关于新时代科技创新的一系列重大理论判断和重要论述。2015年3月5日，习近平总书记在参加十二届全国人大三次会议上海代表团审议时首次提出："创新是引领发展的第一动力。抓创新就是抓发展，谋创新就是谋未来。"10月29日，习近平总书记在党的十八届五中全会第二次全体会议上再次强调，必须把创新作为引领发展的第一动力，让创新贯穿党和国家一切工作，让创新在全社会蔚然成风。党的十九大报告进一步明确："创新是引领发展的第一动力，是建设现代化经济体系的战略支撑"。

"坚持创新在我国现代化建设全局中的核心地位"成为社会各界推动发展的共同遵循。党的十八大报告指出，"科技创新是提升社会生产力和综合国力的战略支撑，必须摆在国家发展全局的核心位置"。党的十九届五中全会明确强调，要坚持创新在我国现代化建设全局中的核心地位。这一系列重大理论创新是指引我国实现创新驱动发展的战略纲领。

（二）以科技创新推动全面创新

实施创新驱动发展战略是党中央在新发展阶段确立的国家重大发展战略。2016年5月，中共中央、国务院印发了《国家创新驱动发展战略纲要》，对加快实施创新驱动发展战略作出了一系列重大战略部署。

"三步走"是新时代创新驱动发展的总体战略。第一步，到 2020 年我国要进入创新型国家行列，基本建成中国特色国家创新体系，有力支撑全面建成小康社会目标的实现，这一步我们已经成功实现。第二步，到 2030 年跻身创新型国家前列，发展驱动力实现根本转换，经济社会发展水平和国际竞争力大幅提升，为建成经济强国和共同富裕社会奠定坚实基础。第三步，到 2050 年建成世界科技创新强国，成为世界主要科学中心和创新高地，为我国建成富强民主文明和谐的社会主义现代化国家、实现中华民族伟大复兴的中国梦提供强大支撑。

"坚持双轮驱动、构建一个体系、推动六大转变"是实现创新驱动发展的战略布局。习近平总书记多次强调，创新是一个系统工程，科技创新、制度创新要协同发挥作用，两个轮子一起转。按照《国家创新驱动发展战略纲要》的部署，要构建高效运行的国家创新体系。明确国家实验室、科研院所、高校、企业等创新主体的角色定位，形成各类创新主体优势互补、协同互动的有机合作关系。构建开放高效的创新网络，促进资金、人才、技术、数据等创新要素顺畅流动、优化配置。改进创新治理，加大知识产权保护力度，完善激励创新的政策体系，进一步发挥有效市场和有为政府的各自优势。六大转变就是发展方式从以规模扩张为主导的粗放式增长向以质量效益为主导的可持续发展转变；发展要素从传统要素主导发展向创新要素主导发展转变；产业分工从价值链中低端向价值链中高端转变；创新能力从"跟踪、并行、领跑"并存、"跟踪"为主向"并行""领跑"为主转变；资源配置从以研发环节为主向产业链、创新链、资金链统筹配置转变；创新群体从以科技人员的小众为主向小众与大众创新创业互动转变。

（三）整体创新能力显著提升

经过十年的不懈努力，中国从要素驱动发展向创新驱动发展转型取得突破性进展，全要素生产率持续提高，创新支撑经济社会发展取得显著成就，在全球创新格局中的位势不断提升。

十年来，中国研发经费保持高速增长，研发强度显著提升。全国研究与试验发展经费由 2012 年的 10298.4 亿元增长至 2021 年的 27864.0 亿元，年均增速超过 12%，远超经合组织国家约 4% 的水平。从世界范围来看，中国研发经费支出总量稳居世界第二，按现价汇率计算已经超过美国同期研发经费的一半，按购买力平价计算则已经超过美国的 80%。中国研发经费投入占国内生产总值的比重由 1.98% 提升至 2.44%，已经接近经合组织国家 2.48% 的平均水平。

科技创新支撑经济社会发展取得显著成就，成为推动高质量发展的

（单位：亿元）   （单位：%）

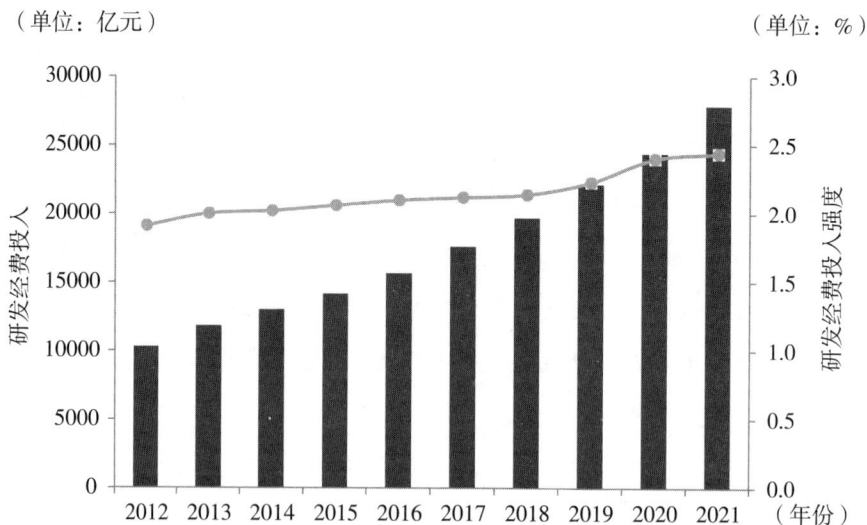

2012—2021 年中国研发经费支出和研发经费投入强度

重要支撑和不竭动能。党的十八大以来，我国科技进步贡献率持续提升，2020 年已经超过 60%。高新技术企业如雨后春笋般快速发展，入统企业数量由 2012 年的 4.5 万余家增至 2020 年的近 27 万家；工业总产值也由 15.2 万亿元增至 36.7 万亿元。旺盛的产业需求和丰富的科技成果为经济发展提供了新的内生动力，2020 年中国技术合同成交金额达到 28252 亿元，与 2012 年相比翻了两番。

（单位：%）

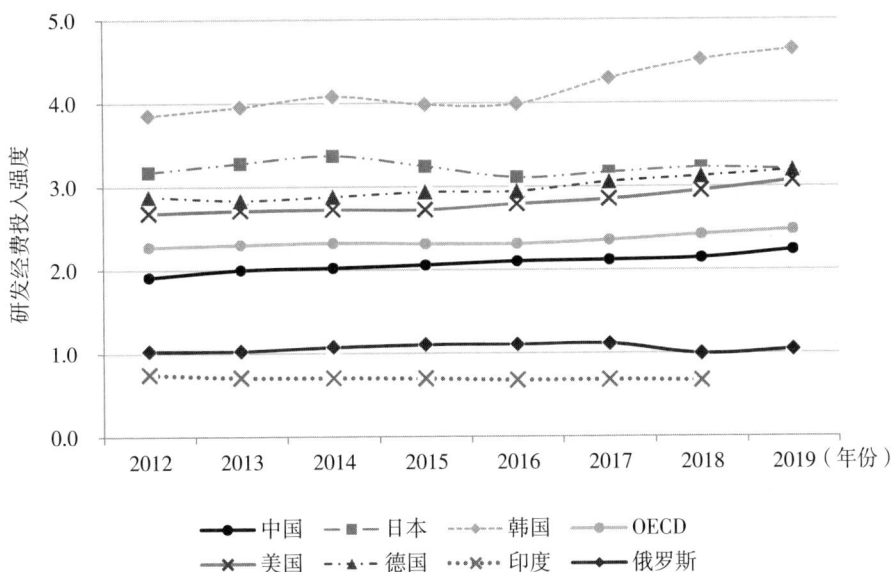

2012—2019 年全球主要经济体研发经费投入强度

企业创新日趋活跃，专利规模和质量均有大幅提升。中国企业研发支出约占国内总研发支出的 3/4。在欧盟委员会发布的全球研发最密集的 2500 家企业名单中，2020 年中国企业的数量为 597 家，比 2015 年增加 270 家；研发总投入 1409 亿欧元，比 2015 年增加 911 亿欧元，占全球2500 家企业的比重达到 15.5%。企业研发支出的稳定增长带来了专利的大幅增加。2020年中国境内发明专利授权43.4万件，比2012年的13.7万件增长了三倍多；根据专利合作条约（PCT）提交的国际专利申请数量也由2012年的1.8万件增至2020年的6.8万件，超越美国排名世界第一。

中国创新能力的全球排名持续提升，已经进入创新型国家行列。世界知识产权组织（WIPO）联合欧洲工商管理学位（INSEAD）、康奈尔大学发布的全球创新指数报告中，中国的全球创新指数由2012年的全球第34位逐年上升至2021年的全球第12位，是排名最高的中等收入经济体，在亚洲国家中仅次于韩国和新加坡。在2021年全球创新指数的81个关键创新指标中，中国有9项位居全球第一。此外，中国拥有全球第二的顶尖科技城市集群(19个)，仅次于美国(24个)，高于德国(9个)和日本(5个)，其中深圳—香港—广州和北京分列全球科技城市集群排名的第二、三位。

在其他较有影响的全球创新能力榜单中，中国同样取得了引人瞩目的

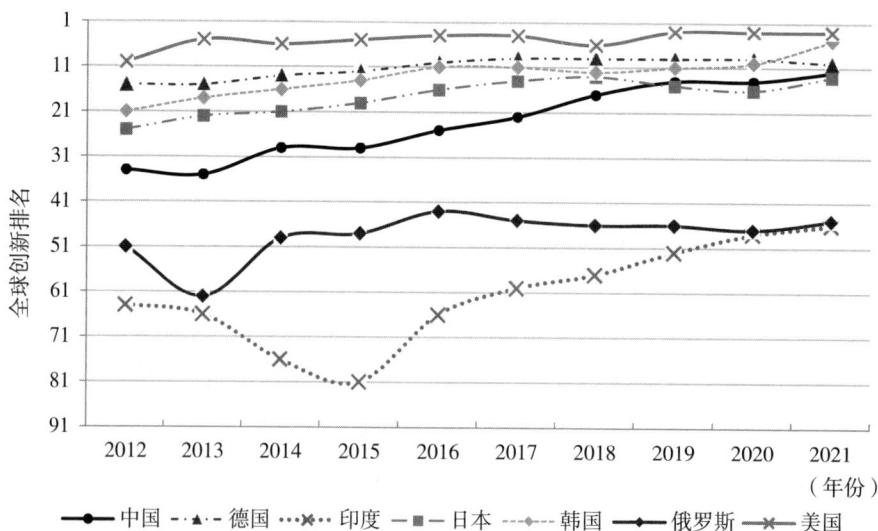

2012—2021年全球创新指数排名

进步。世界经济论坛（WEF）的全球竞争力报告对中国的创新能力给予了充分的肯定，中国在"激励公司拥抱多元化、平等与包容，提升创新能力"方面得分位列全球第 1 位，在"面向'未来市场'促进对研究、创新、发明的投资"方面位居全球第 9 位。2021 年彭博创新经济指数（Bloomberg Innovation Index）中，中国排名第 16 位，与 2015 年的第 22 位相比显著提升；其中，专利活动（第 3 位）、高科技密度（第 7 位）、研发强度（第 13 位）、第三产业效率（第 17 位）以及制造业附加值（第 20 位）等方面都已进入世界先进行列。

二、基础研究和关键技术取得重大突破

我国已经进入现代化建设的新阶段，能否破除制约发展的瓶颈，掌握关键核心技术，关乎发展全局。以习近平同志为核心的党中央作出了推进科技自立自强的战略决策，各有关部门大力落实，增加资源投入，优化力量布局，加强基础研究和关键核心技术攻关，科技自强取得了明显成效。

（一）科技自立自强决策部署不断落地

党的十九届五中全会提出，把科技自立自强作为国家发展的战略支撑，这是党中央在国家发展的新起点上，对我国"十四五"时期和中长期科技发展的奋斗方向提出的战略要求。2021 年 5 月，在中国科学院第二十次院士大会、中国工程院第十五次院士大会、中国科协第十次全国代表大会上，习近平总书记深刻指出，科技立则民族立，科技强则国家强。只有实现"高水平"科技自立自强，才能立足新发展阶段、贯彻新发展理

念、构建新发展格局，推动高质量发展。在参观国家"十三五"科技创新成就展时，习近平总书记殷殷叮咛，"全国广大科技工作者要面向世界科技前沿、面向经济主战场、面向国家重大需求、面向人民生命健康，坚定创新自信，紧抓创新机遇，勇攀科技高峰，破解发展难题，自觉肩负起光荣历史使命，加快实现高水平科技自立自强，为建设世界科技强国、实现中华民族伟大复兴作出新的更大贡献"。

习近平总书记指出，基础研究是整个科学体系的源头，是所有技术问题的总机关。要持之以恒加强基础研究，明确我国基础研究领域方向和发展目标，加大基础研究投入，在财政、金融、税收等方面给予必要政策支持，创造有利于基础研究的良好科研生态。党的十八大报告提出，强化基础研究、前沿技术研究、社会公益技术研究，提高科学研究水平和成果转化能力，抢占科技发展战略制高点。十九大报告提出，要瞄准世界科技前沿，强化基础研究，实现前瞻性基础研究、引领性原创成果重大突破，加强应用基础研究。

十年来，国家不断加大基础研究投入，优化基础研究布局，壮大基础研究体系，改革基础研究领域的科技计划管理方式，推动基础研究持续取得进展。基础研究经费支出稳步增长，2020 年达到 1467.00 亿元，是 2011 年 411.81 亿元的 3.6 倍。基础研究支出强度（基础研究／国内生产总值）从 2011 年的约 0.08％增加到 2020 年的 0.14％，基础研究摆到了更重要的位置。基础研究人员全时当量 2020 年达到 42.68 万人年，是 2011 年 19.32 万人年的 2.2 倍。2018 年 1 月，国务院印发《关于全面加强基础科学研究的若干意见》，提出突出原始创新，促进融通发展，明确了 2020 年、2035 年发展目标，从完善布局、建设高水平研究基地、壮大人才队伍、提高国际化水平、优化发展机制与环境等五个方面对基础研究工作进行了全面部署。2020 年 3 月，科技部、国家发展改革委等五部门联合印发《加强"从 0 到 1"基础研究工作方案》，从优化原始创新环境、强化国家科技计划的原创导向、加强基础研究人才培养、创新科学研究方法手段、强化国家重点实验室原始创新、提升企业自主创新能力、加强管理服务等七方面提出具体措施。2020 年 4 月，科技部办公厅、财政部办公厅等六部门联合印发《新形势下加强基础研究若干重点举措》，提出优化布局、激发活力、深化改革、营造环境、完善支持等十条措施。科技部制定《基础研究十年行动方案（2021—2030)》，对未来十年我国基础研究的发展作出系统安排。

（单位：亿元）

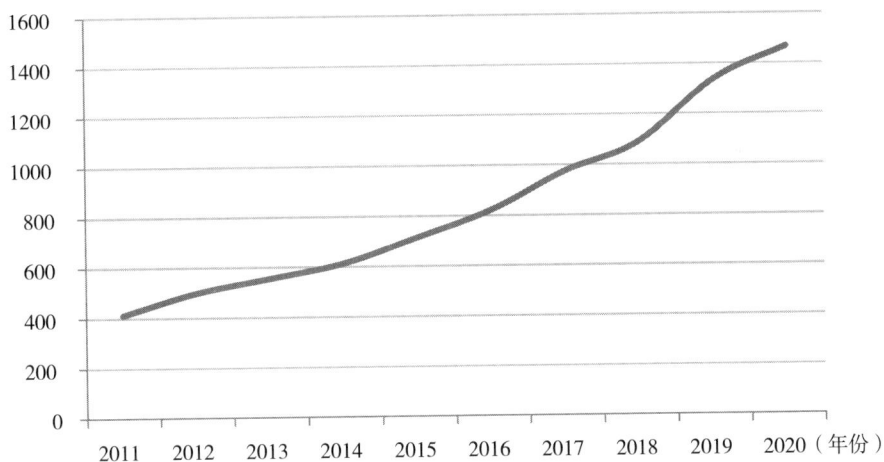

数据来源：国家统计局网站年度数据。

2011—2020 年基础研究经费支出

关键核心技术要不来、买不来、讨不来，习近平总书记在"十三五"规划建议的说明中明确指出，要发挥市场经济条件下新型举国体制优势，集中力量、协同攻关，为攀登战略制高点、提高我国综合竞争力、保障国家安全提供支撑。2021 年 5 月，中国科学院第二十次院士大会、中国工程院第十五次院士大会、中国科协第十次全国代表大会上，习近平总书记再次强调，科技攻关要坚持问题导向，弄通"卡脖子"技术的基础理论和技术原理，要健全社会主义市场经济条件下新型举国体制，充分发挥国家作为重大科技创新组织者的作用，把政府、市场、社会等各方面力量拧成一股绳，推动有效市场和有为政府更好结合，形成推进科技创新的强大合力。党的十九届四中全会提出，强化国家战略科技力量，健全国家实验室体系，构建社会主义市场经济条件下关键核心技术攻关新型举国体制。"十四五"规划纲要提出，要以国家战略性需求为导向推进创新体系优化组合，加快构建以国家实验室为引领的战略科技力量；要聚焦量子信息等重大创新领域组建一批国家实验室，重组国家重点实验室，形成结构合理、运行高效的实验室体系。党中央、国务院近年来相继出台政策措施加以推动。强化战略科技力量已成为落实《"十四五"数字经济发展规划》《2030年前碳达峰行动方案》等具体领域政策的重要举措。《国务院关于全面加强基础科学研究的若干意见》就布局建设国家实验室和优化国家重点实验室作了具体部署。2021年修订的《科学技术进步法》规定，国家在事关国家安全和经济社会发展全局的重大科技创新领域建设国家实验室，建立健全以国家实验室为引领、全国重点实验室为支撑的实验室体系，完善稳定支持机制。

（二）科技创新取得重大突破

我国基础研究能力不断强化，水平不断提高。科技论文数量从2011年的150.00万篇增长到2020年的195.17万篇，除2020年受到新冠肺炎疫情影响外，近年来增速明显加快。在数量"井喷"的同时，科技论文质量稳步提升。2008年到2020年，在被引次数全球排名前10%的科技论文中，我国占比从5.9%上升到25.3%，于2019年超过美国居全球第一。不仅高校和科研机构从事基础研究，一批企业也进入行业技术前沿、迈入"无人区"，基础研究投入逐年增加，如华为每年 150 亿—200 亿美元的研发费用中有 20%—30%用于基础研究。

（单位：万篇）

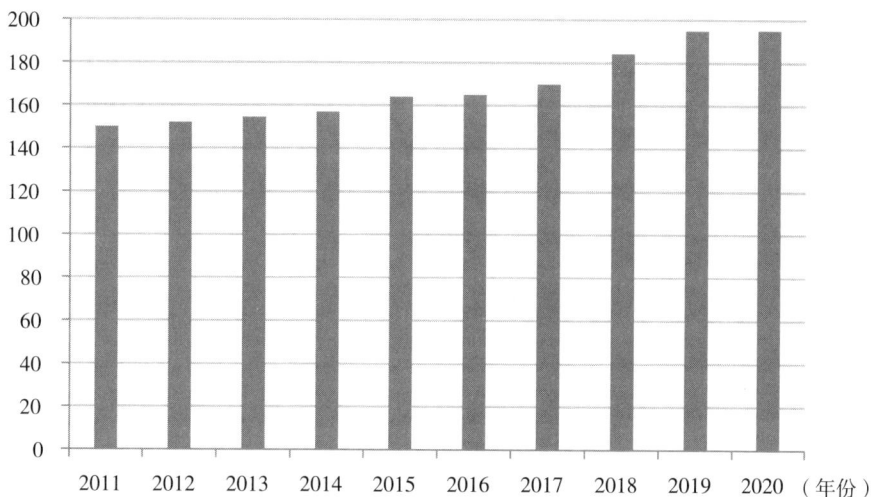

数据来源：国家统计局网站年度数据。

2011—2020 年我国发表科技论文情况

　　源源不断的基础研究成果从源头上推动我国科研实力稳步攀升，一些领域开始在国际上实现了"并跑"甚至"领跑"。实现多自由度量子隐形传态、人工合成淀粉、新型冠状病毒逃逸宿主天然免疫和抗病毒药物的机制研究等重量级基础研究成果，纳米孪晶金刚石、用于肿瘤治疗的智能型 DNA 纳米机器人、高温块体金属玻璃、类脑芯片"天机芯"、量子直接通信样机等世界级原创性成果不断涌现。

三、科技英才队伍不断壮大

党的十八大以来，以习近平同志为核心的党中央作出人才是实现民族振兴、赢得国际竞争主动的战略资源的重大判断，将创新作为引领发展的第一动力，把人才作为支撑发展的第一资源，系统布局、稳步推出一系列"全方位培养、引进、使用人才"的重大战略举措，推动新时代创新人才队伍建设取得历史性成就。

（一）人才成为创新第一资源

习近平总书记对建设世界重要人才中心和创新高地作出一系列科学论断。2012 年 10 月，习近平总书记在广东考察工作时强调，综合国力竞争归根到底是人才竞争，哪个国家拥有人才上的优势，哪个国家最后就会拥有实力上的优势。现实和历史都证明习近平总书记重要论断的科学性和前瞻性。从近年来国际政治经济格局演变来看，我国正日益走近世界舞台的中央，继续推动世界"东升西降"趋势发展；而美国等西方国家不甘于主动让出世界舞台和放弃全球霸权，将我国定位为"战略竞争对手"，其主要目标是要维持西方国家在科技、产业、金融、军事等领域的压倒性优势。未来世界格局的走向取决于主要国家综合国力竞争的相对变化态势。美国等西方国家都将吸引和争夺创新人才作为提升综合国力的核心战略举措。例如，特朗普政府执政期间，在收紧普通移民政策的同时，扩大了高技术移民配额，并对科学、技术、工程和数学（STEM）教育投入巨资。拜登政府上台后，进一步出台政策降低 STEM 人才移民和就业门槛。从世界主要大国崛起的历程来看，吸引、集聚和使用人才对综合国力的增长和国家的兴衰起到至关重要的作用。15世纪末，意大利籍航海家哥伦布在遭到多国拒绝后，得到西班牙王室任用和资助，开启了大航海和地理大发现时代，西班牙也一跃成为世界强国。18世纪末，英国机械师斯莱特偷渡美国，成功复制出当时英国最先进的阿克莱特棉纺机，成为美国"制造业之父"。

习近平总书记在参加十二届全国人大三次会议上海代表团审议时提出，"创新驱动实质上是人才驱动"。此前，习近平总书记在上海考察工作时就指出，"人才是创新的第一资源。没有人才优势，就不可能有创新优势、科技优势、产业优势"。要实现创新驱动发展必须获得充足的创新人才供给。习近平总书记在多个场合反复强调，要"全方位支持人才、帮助人才，千方百计造就人才、成就人才，以识才的慧眼、爱才的诚意、用才的胆识、容才的雅量、聚才的良方，着力把党内和党外、国内和国外各方面优秀人才集聚到党和人民的伟大奋斗中来"。

（二）全方位培养引进使用人才

党的十八大以来，以建设人才强国为战略目标，我们坚持党对人才工作的全面领导，坚持人才引领发展的战略地位，加快建设世界重要人才中心和创新高地。

第一，坚持全方位培养用好人才。党的十八大报告提出，要"统筹推进各类人才队伍建设，实施重大人才工程，加大创新创业人才培养支持力度，重视实用人才培养，引导人才向科研生产一线流动"。党的十九大报告强调，要"培养造就一大批具有国际水平的战略科技人才、科技领军人才、青年科技人才和高水平创新团队"。

第二，坚持深化人才发展体制机制改革。党的十八大报告提出，"加快人才发展体制机制改革和政策创新，建立国家荣誉制度，形成激发人才创造活力、具有国际竞争力的人才制度优势，开创人人皆可成才、人人尽展其才的生动局面。"2016年3月，中共中央印发《关于深化人才发展体制机制改革的意见》，对人才发展体制机制改革作出全面部署。党的十九大以来，围绕实行以增加知识价值为导向的分配政策，国家支持和鼓励事业单位专业技术人员创新创业，深化职称制度改革，深化项目评审、人才评价、机构评估改革，以及为科研人员减负松绑等出台一系列指导意见和专项行动，有力地推动了人才发展体制机制的逐步完善。

第三，坚持聚天下英才而用之。党的十八大以来，我国进一步加大了引进海外人才的力度。党的十八大报告提出，"充分开发利用国内国际人才资源，积极引进和用好海外人才。"2021年9月，习近平总书记在中央人才工作会议上的讲话中强调，要"用好全球创新资源，精准引进急需紧缺人才，形成具有吸引力和国际竞争力的人才制度体系，加快建设世界重要人才中心和创新高地"。

第四，坚持营造识才爱才敬才用才的环境。党的十八大提出，"要尊重劳动、尊重知识、尊重人才、尊重创造，加快确立人才优先发展战略布局，造就规模宏大、素质优良的人才队伍，推动我国由人才大国迈向人才强国。"党的十九大以来，党中央出台一系列措施，积极推动营造有利于人才成长和发挥作用的社会环境、制度环境、生活环境、社会氛围。

第五，坚持弘扬科学家精神。党的十九大以来，党中央高度重视作风学风建设。2019年5月，中共中央办公厅、国务院办公厅印发《关于进一步弘扬科学家精神加强作风和学风建设的意见》，就崇尚学术民主，坚守诚信底线，反对浮夸浮躁、投机取巧，反对科研领域"圈子"文化作出系统部署，着力营造风清气正的科研环境。

（三）新时代创新人才队伍蓬勃发展

在以习近平同志为核心的党中央坚强领导下，我国创新人才队伍规模日益宏大、结构日益合理、效能日益凸显，创新人才国际竞争力稳步增强。

第一，创新人才队伍快速壮大。全国专业技术人才从2010年的5550.4万人增长至2019年的7839.8万人。我国科学家对全球科学界的影响力显著增强。2020年，在科睿唯安公司公布的全球6167位高被引科学家中，我国内地上榜770人次，位居全球第二。

第二，创新人才结构大幅优化。截至2019年底，主要劳动年龄人口受过高等教育的比例从2010年的12.5%提高到21.2%。专业技术人才中本科及以上学历人员的比例由35.9%跃升至48%。

第三，创新人才"双向流动"步伐加大。2013年至2019年，我国出国留学人数从41.4万人增至70.4万人，留学回国人数从35.4万人增至58万人。2013年，《中华人民共和国外国人入境出境管理条例》增设"人才签证"（R签）类别；2017年，全面实施外国人来华工作许可制度；2019年，国家移民局在全国范围内推广12条移民与出入境便利政策。截至2021年9月，全国累计发放外国人工作许可超过70万份。

第四，科技创新领军人才持续涌现。通过实施一系列人才计划，一大批爱党爱国、专业精深、品德崇高的科技英才从科技创新主战场中不断成长和脱颖而出。为中国"巡天探地潜海"填补多项技术空白的地球物理学家黄大年，FAST（500米口径球面射电望远镜）工程的奠基人南仁东，行走藏地50万公里、收集种子4000万颗的复旦大学生命科学学院教授钟扬，投身祖国航空事业30年、矢志不渝航空报国的歼-15舰载机工程总指挥罗阳，让140万亩荒山重现绿色、带领10万农民脱贫致富的河北大学教授李保国；等等，这些杰出创新人才，为我国科技发展作出巨大贡献，也为科技界树立了光辉楷模。

四、新技术新业态新产业蓬勃发展

党的十八大以来，党中央高度重视全球新一轮科技革命和产业变革带来的机遇，针对新科技革命和产业变革的大方向大趋势，制定了一系列战略和政策，有力地推动了我国新技术、新业态、新产业的快速发展。

（一）敏锐把握新一轮产业变革机遇

党的十八大以来，以习近平同志为核心的党中央多次强调，要牢牢把握科技进步大方向和产业革命大趋势，赢得新一轮全球科技竞争的战略主动。早在 2013 年，习近平总书记在中国科学院考察工作时就指出，"实施创新驱动发展战略，首先要看清世界科技发展大势"。习近平总书记在十八届中央政治局第九次集体学习时强调，新一轮科技革命和产业变革正在孕育期，一些重要科学问题和关键核心技术已经呈现出革命性突破的先兆，新科技革命和产业变革将是最难掌控但必须面对的不确定性因素之一，抓住了就是机遇，抓不住就是挑战。为此，他指出，要密切跟踪、科学研判世界科技创新发展的趋势，看到差距，找准问题，对看准的方面超前规划布局，将成熟的思路及时转化为政策举措。

针对新科技革命的大方向，习近平总书记在 2021 年中国科学院第二十次院士大会、中国工程院第十五次院士大会、中国科协第十次全国代表大会上明确指出，新一轮科技革命和产业变革已"突飞猛进"，科研范式变革、学科交叉融合，科技和经济社会加速渗透。他从四个维度强调，

"科技创新广度显著加大，宏观世界大至天体运行、星系演化、宇宙起源，微观世界小至基因编辑、粒子结构、量子调控，都是当今世界科技发展的最前沿。科技创新深度显著加深，深空探测成为科技竞争的制高点，深海、深地探测为人类认识自然不断拓展新的视野。科技创新速度显著加快，以信息技术、人工智能为代表的新兴科技快速发展，大大拓展了时间、空间和人们认知范围，人类正在进入一个'人机物'三元融合的万物智能互联时代。生物科学基础研究和应用研究快速发展。科技创新精度显著加强，对生物大分子和基因的研究进入精准调控阶段，从认识生命、改造生命走向合成生命、设计生命，在给人类带来福祉的同时，也带来生命伦理的挑战。"

针对新产业变革的大趋势，习近平总书记在地方考察工作时强调，"要从实际出发，着眼于全球产业发展和变革大趋势，瞄准世界产业发展制高点，以提高技术含量、延长产业价值链、增加附加值、增强竞争力为重点，发展战略性新兴产业，发展先进制造业，发展以生产性服务业为重点的现代服务业，推动工业化和信息化深度融合，尽快形成结构优化、功能完善、附加值高、竞争力强的现代产业体系"。

加快数字化发展和绿色低碳转型是习近平总书记高度重视并亲自谋划推动的重大领域。习近平总书记在中央政治局第三十四次集体学习时强调，数字经济发展速度之快、辐射范围之广、影响程度之深前所未有，正在成为重组全球要素资源、重塑全球经济结构、改变全球竞争格局的关键力量。要站在统筹中华民族伟大复兴战略全局和世界百年未有之大变局的高度，统筹国内国际两个大局、发展安全两件大事，充分发挥海量数据和丰富应用场景优势，促进数字技术与实体经济深度融合，赋能传统产业转型升级，催生新产业新业态新模式，不断做强做优做大我国数字经济。习近平总书记还强调，要紧跟国际能源技术革命新趋势，以绿色低碳为方向，分类推动技术创新、产业创新、商业模式创新，狠抓绿色低碳技术攻关，加快先进适用技术研发和推广应用，大力推进经济、能源、产业结构转型升级。

"努力成为世界主要科学中心和创新高地"，是习近平总书记对把握新一轮科技革命和产业变革新机遇指明的重大战略方向。他特别强调，进入21世纪以来，全球科技创新进入空前密集活跃的时期，新一轮科技革命和产业变革正在重构全球创新版图、重塑全球经济结构，科学技术从来没有像今天这样深刻影响着国家前途命运，从来没有像今天这样深刻影响着人民生活福祉。中国要强盛、要复兴，就一定要大力发展科学技术，努力成为世界主要科学中心和创新高地。形势逼人，挑战逼人，使命逼人。我们比历史上任何时期都更需要建设世界科技强国！我国广大科技工作者要把握大势、抢占先机，直面问题、迎难而上，瞄准世界科技前沿，引领科技发展方向，肩负起历史赋予的重任，勇做新时代科技创新的排头兵。

（二）努力抢占全球科技竞争制高点

远近结合，构筑先发优势。我国在深入实施"国家科技重大专项（2006—2020年）"的基础上，面向2030年继续部署启动一批"科技创新2030—重大科技项目"，形成远近结合、梯次接续的系统布局。围绕现代农业、新一代信息技术等十大领域构建现代产业技术体系，围绕生态环保、人口健康等五大领域构建支撑民生改善和可持续发展的技术体系，围绕"深空、深海、深地、深蓝"发展保障国家安全和战略利益的技术体系，部署人工智能、量子信息、脑科学和类脑研究等超前技术，更关注颠覆性技术对产业变革的影响，为更多发挥依托先发优势的引领型发展提供支撑。

革故鼎新，瞄准强国建设。建设科技强国、质量强国、航天强国、交通强国、网络强国、数字中国、智慧社会，是顺应中国特色社会主义进入新时代的新要求作出的一系列重要部署。从工业强基工程到加快发展先进制造业、开展质量提升行动，大力发展一批战略性新兴产业集群，以及在中高端消费、创新引领、绿色低碳、共享经济、现代供应链、人力资本服务等领域培育新增长点，旨在促进产业迈向全球价值链中高端。从实施国家大数据战略、"互联网＋"行动计划、信息化发展战略，到数字经济发展规划、新一代人工智能规划、智能制造、工业互联网，再到新型基础设施建设、数字政府建设以及平台经济规范健康发展，旨在做优做强做大数字经济。

（三）前沿技术突破和新经济新动能培育成效明显

前沿科技领域取得突破性进展。十年来，我国在一些前沿方向已逐步进入"并跑""领跑"阶段，科技实力从量的积累向质的飞跃、从点的突破向系统能力提升转变。第一，在战略高技术领域取得了一大批重大原创成果。载人航天、探月工程、载人深潜、超级计算、北斗导航等领域取得重大突破，成为维护国家战略利益和国家安全的利器。第二，在重要领域和高端产业取得了新跨越。高速铁路、新一代移动通信、核电、大飞机、新能源汽车、特高压输变电、高难度油气田、杂交水稻等重大创新成果加速应用。据统计，2012—2021 年，我国国内（不含港澳台）战略性新兴产业"有效发明专利"从 33.6 万件增至 79.2 万件。第三，在服务人民生命健康上发挥了重要作用，民生科技领域取得显著成效。医用重离子加速器、磁共振、彩超、CT 等高端医疗装备国产化替代取得重大进展。

以数字经济为代表的新经济蓬勃发展。以新产业、新业态、新商业模式为核心内容的经济活动的集合占 GDP 的比重在 2016—2020 年分别为 15.3%、15.7%、16.1%、16.3%、17.1%。高技术制造业占规模以上工业增加值比重也从 2012 年的 9.4% 提高到 2020 年的 15.1%。数字经济总量已跃居世界第二，成为引领全球数字创新的重要策源地。2020 年，我国数字经济核心产业增加值占 GDP 比重达到 7.8%。制造业重点领域企业关键工序数控化率、数字化研发设计工具普及率分别由 2016 年的 45.7% 和 61.8% 增至 2020 年的 52.1% 和 73%。2015—2020 年，电商交易额由 21.8 万亿增至 37.2 万亿，网上零售额连续 8 年位居世界第一。

科技型创业活力加速迸发。伴随我国创新创业环境不断优化，蕴藏在广大人民群众之中的无穷智慧和创造力被持续激发。2015—2020 年，我国经济发展新动能指数也从 119.6 大幅增至 440.3，近三年平均增速超 30%。第一，企业创新主体作用显著增强。2012—2020 年，规模以上工业企业的研发机构总数、研发经费支出均翻了一番，研发强度从 0.77% 增至 1.41%。企业创新调查数据显示，规模以上工业企业开展技术创新活动的比重从 2013 年 34.1% 增至 2020 年的 52.1%。中小企业创业创新也越发活跃，专业化水平持续提升，已培育 4 万多家"专精特新"企业、4700 多家"小巨人"企业、近 600 家制造业单项冠军企业。第二，创新创业服务加速升级。2012—2019 年，科技企业孵化器数量从 1239 家增至 13209 家。第三，高成长初创企业加速集聚。据 CB Insights 数据，截至 2020 年底，中国已有 145 家独角兽企业，全球占比约 20%，居世界第二位。

五、科技体制改革成果丰硕

党的十八大以来，我们坚持科技创新和制度创新"双轮驱动"，通过科技体制改革打通科技创新与经济社会发展通道，激发了科技第一生产力、创新第一动力的巨大潜能。

（一）科技体制改革不断深化

党的十八大以来，习近平总书记高度重视科技体制改革对促进创新的重要作用，指出深化科技体制改革的目标是消除科技创新中的"孤岛现象"，关键是处理好政府与市场的关系，为新时代深化科技体制改革提供了根本遵循和行动指南。2013年3月，习近平总书记在参加全国政协十二届一次会议的科协、科技界委员联组讨论时指出，提高自主创新能力需要从体制机制等多方面来保证。2014年6月，习近平总书记在中国科学院第十七次院士大会、中国工程院第十二次院士大会上的讲话，进一步阐述了科技体制改革对于科技创新的重要性，指出如果把科技创新比作我国发展的新引擎，那么改革就是点燃新引擎必不可少的点火系，只有把科技体制改革的火点燃，才能把创新驱动的新引擎全速发动起来。2013年9月，习近平总书记在十八届中央政治局第九次集体学习时指出，科研和经济联系不紧密问题，是多年来的一大痼疾；改革的目标只有一个，那就是要进一步打通科技和经济社会发展之间的通道。他强调，要坚持科技面向经济社会发展的导向，围绕产业链部署创新链，围绕创新链完善资金链，消除科技创新中的"孤岛现象"。2013年9月，习近平总书记在十八届中央政治局第九次集体学习时指出，推动科技创新与经济社会发展紧密结合，根本上要靠改革，关键是要处理好政府和市场的关系。

围绕习近平总书记关于科技体制改革的系列指示精神，党中央、国务院及相关部门从改革方案制定、资源配置、计划项目管理、人才评价激励等各方面出台了科技体制改革的一系列重大举措。

制定方案，全面部署，持续完善科技体制改革顶层设计。2015年9月，中共中央、国务院印发了《深化科技体制改革实施方案》，形成系统、全面、可持续的改革部署和工作格局。2021年11月，中央全面深化改革委员会第二十二次会议审议通过《科技体制改革三年攻坚方案（2021—2023年)》，提出核心科技力量、企业主体作用和政府管理职能等关键领域的改革框架，包括构建关键核心技术攻关的高效组织体系，建立使命驱动、任务导向的国家实验室体系，改革创新重大科技项目立项和组织管理方式等。

整合资源，优化布局，逐步构建完善科技创新体系。《深化科技体制改革实施方案》提出，要建立现代创新治理结构，内容包括：明确政府和市场分工，持续推进简政放权、放管结合、优化服务改革，推动政府职能向创新服务转变；优化中央与地方分工，强化上下联动和统筹协调；调整资源配置机制，引导社会资源向创新集聚，提高资源配置效率，形成政府引导作用与市场决定性作用有机结合的创新驱动制度；培育创新生态，激发全社会的创造活力，营造崇尚创新创业的文化环境。2016年8月，国务院印发《"十三五"国家科技创新规划》，作出兼顾当前和长远的重大科技战略布局，包括推进颠覆性技术创新，构筑国家先发优势，支持北京、上海建设具有全球影响力的科技创新中心，推动国家自主创新示范区和高新区创新发展，系统推进全面创新改革试验，大力发展科技服务业，提升面向创新全链条服务能力，支持众创众包众扶众筹，服务实体经济转型升级。

整合项目，优化机制，推进政府科技计划项目改革。2014年12月，国务院印发《关于深化中央财政科技计划（专项、基金等）管理改革方案》，将原国家重点基础研究发展计划、国家高技术研究发展计划、国家科技支撑计划、国际科技合作与交流专项、产业技术研究与开发基金和公益性行业科研专项等整合为国家重点研发计划，开展针对事关国计民生的重大社会公益性研究，事关产业核心竞争力、整体自主创新能力和国家安全的战略性、基础性、前瞻性研究。近年来，各部门积极开展计划项目组织模式探索，在采用前补助方式支持的重点研发计划项目中，实施"揭榜挂帅""赛马"等新型组织机制的项目，最大限度吸引研发力量参与。优化科研管理流程，简化科研项目申报和过程管理，赋予科研人员更大技术路线决策权、科研单位科研项目经费管理使用自主权。建立自由探索和颠覆性技术创新活动免责机制。优化科研项目评审管理，国家科技计划项目指南编制工作吸收相关部门、行业、地方以及产业界、科技社团、社会公众共同参与。

全面评价，破除"四唯"，健全科学评价体系和激励机制。2018 年 7月，国务院印发《关于优化科研管理提升科研绩效若干措施的通知》，要求切实精简人才"帽子"，开展"唯论文、唯职称、唯学历"问题集中清理，加大对承担国家关键领域核心技术攻关任务科研人员的薪酬激励。2021年 8 月，国务院办公厅印发《关于完善科技成果评价机制的指导意见》，提出根据科技成果特点和评价目的，有针对性、多元化评价成果。引导规范科技成果第三方评价，发挥行业协会、学会、研究会、专业化评估机构等在科技成果评价中的作用。坚决破解科技成果评价中的"唯论文、唯职称、唯学历、唯奖项"问题，全面纠正科技成果评价中单纯重数量指标、轻质量贡献等不良倾向。

（二）科技体制改革成效显著

科技体制改革作为科技创新的"推进器"，从顶层设计到制度落地成效斐然，科技体制的主体架构已经确立，重要领域和关键环节改革取得实质性突破。

实现了科技管理向科技治理转型。党的十八大以来，科技体制"去行政化"成果卓著，管制、控制、主导性的科研管理活动转化为理解、尊重、服务性的活动，科研人员实现由"被动"向"主动"的地位转变，政府的着力点从创新活动本身拓展到公平竞争环境、激励企业和全社会的创新行为。通过改革，主要依靠行政手段管理科技工作的局面得到显著改变，市场机制在科技资源配置中扮演基本角色，政府科技计划项目实施的竞争资助机制有效完善。法治、规则和程序上全面落实深化科技体制改革的措施，通过治理体系的设计，强调科技管理科学自主性，促使政府职能回归宏观战略制定和宏观政策引导，同时强化企业、科研院所、科研人员、科学共同体等在政策过程中的协同共治。

实现了科技资源配置的整体统筹优化。以科技计划统筹为切入点，采取问题导向、目标导向的方式，针对科技计划体系重复、封闭、各自为政等导致资金使用效率不高的问题，整合了中央各部门管理的上百项科技计划（专项、基金等），形成五类科技计划（专项、基金等）并统一规划和监督；打破条块分割和利益格局，围绕产业链重新布局创新链，根据创新链布局科技计划经费。

实现了激发人才创新活力的机制突破。遵循科技创新规律，以人为本，强化激励，下放了科技经费预算调整权限，允许部分直接费用调剂使用，允许设立绩效奖励等间接费用，简化预算编制，给予科研单位更多经费管理自主权，放宽科研人员出国交流限制，长期困扰科研人员的经费管理得以"松绑"，奠定了激发人才创新活力的基础。2016 年 11 月，中共中央办公厅、国务院办公厅印发《关于实行以增加知识价值为导向分配政策的若干意见》，提出要"把人作为政策激励的出发点和落脚点"，探索不同科学门类知识价值实现的有效方式，推动形成体现增加知识价值的收入分配机制；并提出对科研人员实施股权、期权、知识产权的激励政策，把科研成果的所有权、处置权和收益分配权"下放"给单位，允许科研人员和教师依法依规适度兼职兼薪，调动科研院所和高校人员创新创业热情。

实行以增加知识价值为导向的分配政策，这是国家层面第一次明文提出将"知识价值"作为收入分配的衡量标志，有着里程碑的意义。

促进了科技与经济的紧密结合。党的十八大以来，以科技成果使用处置收益权管理改革为突破口，科技成果转化的政策机制不断完善。成果转化的政策实现了多方面的突破：完善了科技成果市场化定价机制；加大了对成果完成人和转化人的激励力度，奖励比例从不低于转化净收入的20%大幅提高到不低于50%；完善了科技成果评价体系和相关处置、收益、分配、发布等制度。通过构建成果转化法律法规体系和服务支撑体系，打通成果转化通道，进一步推动了技术市场的发展。

第三章
协调：国家发展整体性持续增强

党的十八大以来，在习近平新时代中国特色社会主义思想的指引下，我们牢牢把握中国特色社会主义事业总体布局，适应新发展阶段社会主要矛盾的变化，着力促进经济社会协调发展。十年来，我国城乡差距显著缩小，城乡一体化发展取得明显进展；各地优势充分发挥，基本公共服务均等化持续推进，区域差距有效缩小；产业结构显著优化，一大批新兴产业快速崛起，制造业正在发生由大变强的演变，产业链供应链现代化水平明显提高，国家发展的整体性、协调性持续增强。

一、城乡迈向融合发展的新阶段

党的十八大以来，以人为核心的新型城镇化深入推进，城镇化品质进一步提升，美丽乡村建设取得巨大成效，城市带动乡村更为有力，乡村支持城市更为广泛，工农互促、城乡互补的新型工农城乡关系加快形成。

（一）全面实施城乡融合发展和乡村振兴战略

党的十九大首次将"城乡融合发展"写入党的文件，强调要建立健全城乡融合发展体制机制和政策体系，为我国构建新型工农城乡关系指明了路径，标志着中国特色社会主义工农城乡关系进入新的历史时期。2019年4月，中共中央、国务院印发《关于建立健全城乡融合发展体制机制和政策体系的意见》，强调要加快建立健全城乡融合发展体制机制和政策体系，处理好农民和土地、农民和集体、农民和市民的关系，推动人才、土地、资本等要素在城乡间双向流动和平等交换，激活乡村振兴内生活力，开启城乡融合发展和现代化建设新局面。要健全多元投入保障机制，增加对农业农村基础设施建设投入，加快城乡基础设施互联互通。要建立健全城乡基本公共服务均等化的体制机制，推动公共服务向农村延伸、社会事业向农村覆盖。要把县域作为城乡融合发展的重要切入点，赋予县级更多资源整合使用的自主权，强化县城综合服务能力。

党的十九大指出，农业农村农民问题是关系国计民生的根本性问题，必须始终把解决好"三农"问题作为全党工作的重中之重，实施乡村振兴战略。习近平总书记指出，要推动农业农村经济适应市场需求变化、加快优化升级、促进产业融合，加快推进农村生态文明建设、建设农村美丽家园，弘扬社会主义核心价值观、保护和传承农村优秀传统文化、加强农村公共文化建设、提高乡村社会文明程度，推进乡村治理能力和水平现代化、让农村既充满活力又和谐有序，不断满足广大农民群众日益增长的美好生活需要。

（二）城镇带动乡村发展的能力显著提升

党的十八大报告提出，要"坚持走中国特色新型工业化、信息化、城镇化、农业现代化道路"。2013年中央城镇化工作会议强调，要以人为本，推进以人为核心的城镇化。2014 年 3 月,《国家新型城镇化规划(2014—2020 年)》明确要求,新型城镇化要"以人的城镇化为核心"。《中华人民共和国国民经济和社会发展第十四个五年规划和二○三五年远景目标纲要》进一步强调,要"坚持走中国特色新型城镇化道路,深入推进以人为核心的新型城镇化战略"。

在这一战略的指导下,我国已形成了以城市群为主体、以都市圈为依托,大中小城市和小城镇协调发展的城镇体系。城镇化水平迅速提升,我国常住人口城镇化率从 2012 年的 53.10% 增至 2020 年 63.89%,年均增长约 1.35 个百分点,年均新增城镇人口约 2000 万人。我国以 19 个国家级城市群为基本蓝图的城镇化格局正在形成。2020 年,这 19 个城市群承载了我国 75% 以上的城镇人口、贡献了全国 80% 以上的国内生产总值。

在这一战略的指导下,城市基础设施和公共服务明显改善。2020 年中国城市供水普及率和燃气普及率分别达到 99% 和 98%,城市污水处理率和生活垃圾无害化处理率分别达到 97.5% 和 99.7%,城市建成区绿化覆盖率达 42.1%。居民基本生活需求得到充分保障,教育资源更优质,医疗体系更完善,出行方式更便捷,就业机会更多元,住房保障更完备。文化娱乐供给更加充分,质量不断提升,居民有更多选择,也更普惠。城市人居环境明显改善,望得见山、看得见水、记得住乡愁的美好愿景正在生动展现出来。保护历史遗存、留住城市记忆、延续城市文脉正在成为城市建设的新常态。

城镇带动乡村发展的能力显著提升。新型城镇化的快速发展提升了城镇吸纳农村剩余劳动力的能力,促进农村资源配置效率的提升,推动农村居民收入水平的显著增长。2012—2020 年,城镇就业占比提升 13 个百分点。农村居民人均工资性收入从 2012 年的 3447.5 元增至 2020 年 6973.9 元,年均增长 9.2%。新型城镇化的快速推进还为乡村振兴提供更大市场和更

（单位：%）

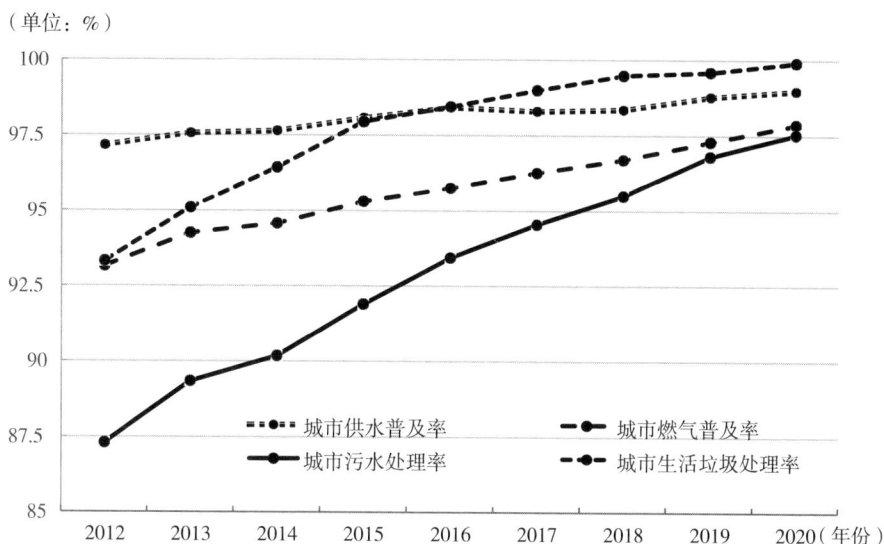

数据来源：wind 数据库。

2012—2020 年我国城市基础设施日趋完善

多的资金支持。2012—2020 年，土地出让金用于支持农业农村发展资金增长了四五倍。另外，城镇化发展可以辐射带动农村基础设施和配套设施建设，促使乡村基本公共服务水平的显著提升。

（三）乡村支持城市发展的基础更为坚实

乡村振兴战略深入实施，农业全面升级、农村全面进步、农民全面发展的目标逐步实现。农业现代化建设迈上新台阶。2020 年，我国果菜茶肉蛋鱼等产量稳居世界第一，粮食产量连续 6 年稳定在 1.3 万亿斤以上。农业科技进步贡献率突破 60%，全国农作物耕种收综合机械化率超过 70%，主要农作物良种实现全覆盖。全国家庭农场超过 100 万家，农民合作社达到 222.5 万家，农业社会化服务组织达到 89.3 万个，成为引领现代农业发展的主力军，有力推动了小农户与现代农业有机衔接。农产品质量安全监测合格率稳定在 97% 以上，质量兴农、绿色兴农成为现代农业主旋律。

农村生产生活条件明显改善，乡村面貌发生了较大变化。2020 年，具备条件的建制村全部通硬化路，自来水普及率达到 83%，卫生厕所普及率超过 68%，生活垃圾收运处置体系已覆盖全国 90% 以上的行政村，全国行政村通光纤、通 4G 网络比例均超过 98%。

十年来，农民收入持续较快增长，农村居民人均可支配收入提前 1 年实现比 2010 年翻一番目标。农民收入结构更加优化，务农、外出打工、在乡创业成为增收的主要手段。2019 年，农村居民人均可支配收入达到 16021 元，提前 1 年实现翻一番目标。2021 年，农民收入水平实现新提升，全年农村居民人均可支配收入达到 18931 元，实际增长 9.7%。

（单位：元）

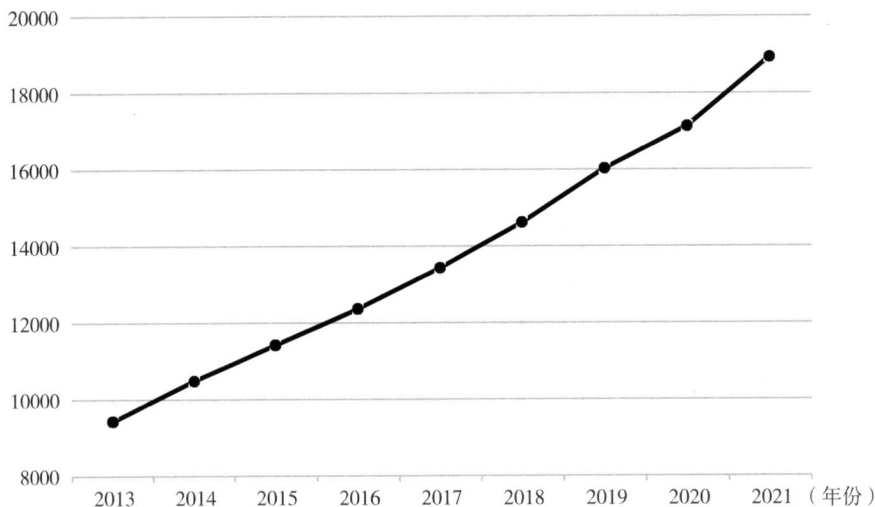

数据来源：wind 数据库。

2013—2021 年全国农村居民人均可支配收入增长情况

（四）新型工农城乡关系加快形成

党的十八大以来，我国采取了一系列举措深入推动"工业反哺农业、城市支持农村"，坚持多予少取放活方针，全面实施乡村振兴战略。在一系列政策的支撑下，我国城乡发展差距显著缩小，城乡融合发展的程度不断提升，工农互促、城乡互补、协调发展、共同繁荣的新型工农城乡关系加快形成。城乡统一的户口登记制度全面建立，中小城市落户限制全面取消，大城市落户条件全面放宽，农业转移人口市民化取得了重大进展。"十三五"期间，约 1 亿左右农业转移人口在城镇落户，农业转移人口城镇化进程不断加速。2021 年，农村居民人均可支配收入实际增长 9.7%，高于城镇居民收入增速 2.6 个百分点。农村居民收入增长连续 14 年快于城镇，城乡居民人均可支配收入比从 2012 年的 2.88 降至 2021 年的 2.50。

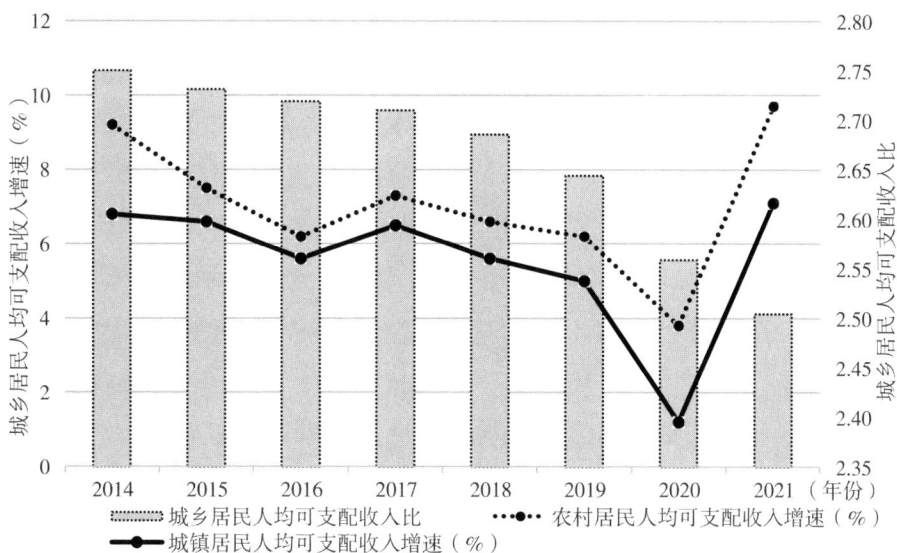

数据来源：wind 数据库。

2014—2021 年我国城乡居民人均可支配收入增速和收入比

城乡基本公共服务均等化扎实推进。建立了城乡统一的居民基本养老保险制度、居民基本医保和大病保险制度，全国95%的县通过县域义务教育基本均衡发展评估认定，城乡均等的公共就业创业服务水平明显提升。城乡教育资源均衡配置机制、乡村医疗卫生服务体系、城乡公共文化服务体系、统一城乡的社保制度等一系列基本公共服务制度体系更加健全。

城乡融合发展的程度不断提升。城镇为农业农村发展提供人才、资金、科技支撑，为进入城镇的农村居民提供越来越多的就业机会和越来越完善的基本公共服务。乡村不仅是城市的"米袋子""菜篮子"，让城市居民吃得更好、更健康，而且为城市发展输送更多建设者、提供庞大消费市场。

二、区域协调发展新格局正在形成

党的十八大以来，我们坚持实施区域协调总体战略，推出一系列新的重大区域战略，推动东、中、西和东北地区协调发展，加快优化国土空间开发格局，优势互补、高质量发展的区域经济布局加快实现。

（一）推动形成优势互补高质量发展的区域经济布局

我国经济已从高速发展阶段转向高质量发展阶段，区域协调发展的要求也必然发生变化。针对区域发展过程中出现的发展分化态势明显、发展动力极化现象日益突出和部分区域发展面临较大困难等新情况和新问题，习近平总书记强调，我国幅员辽阔、人口众多，各地区自然资源禀赋差别之大在世界上是少有的，统筹区域发展从来都是一个重大问题，新形势下不能简单要求各地区在经济发展上达到同一水平，而是要根据各地的条件，走合理分工、优化发展的路子。习近平总书记指出，新形势下的区域协调发展，要按照客观经济规律调整完善区域政策体系，发挥各地区比较优势，促进各类要素合理流动和高效集聚，增强创新发展动力，加快构建高质量发展的动力系统，增强中心城市和城市群等经济发展优势区域的经济和人口承载能力，增强其他地区在保障粮食安全、生态安全、边疆安全等方面的功能，形成优势互补、高质量发展的区域经济布局。

（二）重大区域发展战略加快推进

习近平总书记高度重视区域发展问题，亲自部署推动京津冀协同发展、长江经济带发展、粤港澳大湾区建设、长三角一体化发展、黄河流域生态保护和高质量发展等区域重大战略，为形成新发展阶段的空间战略格局奠基垒柱。

京津冀协同发展迈出坚实步伐。目标一致、层次明确、互相衔接的协同发展规划体系日趋完善，基本公共服务均等化水平持续提高，河北雄安新区和北京城市副中心加快建设，疏解北京非首都功能有力有序有效推进。

长江经济带绿色发展成效显著。长江沿线各地区坚持生态优先、绿色发展的战略定位，坚持共抓大保护、不搞大开发，推动经济社会发展全面绿色转型，生态环境突出问题整改取得显著成效，生态环境保护发生转折性变化。

粤港澳大湾区建设稳步推进。硬联通、软联通不断加强，"1＋N"规划政策体系逐步构建，与国际接轨的开放型经济新体制加速构建，大湾区国际科技创新中心"两廊""两点"建设框架初步形成，规则衔接、机制对接工作加快推进，创新要素流动更加便捷。

长三角一体化发展新局面正在形成。政策协同、产业合作、设施共建、服务共享、分工合理的一体化格局逐渐成型，规划政策体系"四梁八柱"初步构建，多层次工作机制发挥实效，生态绿色一体化发展示范区启动建设，公共服务共享水平不断提升，全国发展强劲活跃增长极、全国高质量发展样本区的定位率先基本实现。

黄河流域生态保护和高质量发展开局良好。生态系统修复加速，新旧动能转换成效显著，一批流域治理和生态环境保护修复重大工程谋划实施。

（三）区域协调发展总体战略深入实施

党的十八大以来，我国推动西部大开发形成新格局，推动东北振兴取得新突破，推动中部地区高质量发展，鼓励东部地区加快推进现代化，促进区域协调发展不断取得新进展。

我国区域发展差距逐步缩小。中部和西部地区生产总值占全国的比重不断提高，分别从 2010 年的 19.7% 和 18.6% 上升至 2020 年的 22.0% 和 21.1%。中西部地区经济增速连续多年高于东部地区，与东部人均地区生产总值差距不断缩小。省份之间的差距也在不断缩小，2020 年全国各省（自治区、直辖市）人均地区生产总值最高地区与最低地区的比值为 4.6，显著低于 2010 年 10.8 的水平。

十年来，各地基本公共服务均等化水平不断提高，人民生活水平普遍改善。区域间义务教育发展基本均衡，东、中、西部地区九年义务教育师生比基本持平。交通基础设施通达均衡程度明显改善，中西部地区铁路可达性与东部地区之间的差距明显缩小，西部地区公路密度从 1999 年的 7.8 公里／百平方公里增加到 2020 年的 32.1 公里／百平方公里，在建高速公

（单位：%）
地区生产总值占全国比重

	2010	2011	2012	2013	2014	2015	2016	2017	2018	2019	2020
东部地区	53.1	52.0	51.3	51.2	51.2	51.6	52.6	52.9	52.6	51.9	51.9
中部地区	19.7	20.0	20.2	20.2	20.3	20.3	20.6	20.8	21.1	22.2	22.0
西部地区	18.6	19.2	19.8	20.0	20.2	20.1	20.1	19.9	20.1	20.8	21.1
东北地区	8.6	8.7	8.8	8.6	8.4	8.0	6.7	6.4	6.2	5.1	5.0

数据来源：历年中国统计年鉴。

2010—2020年我国区域差距变化情况

路、国省干线公路规模超过东中部总和，有的省份已实现县县通高速。东部和西部地区居民人均可支配收入差距不断缩小。东部产业持续向中西部转移，中西部地区就业机会和吸引力不断增加，"十三五"期间，中西部地区城镇就业增长对全国的贡献率超过50%。

三、产业发展在高端化进程中更加协调

党的十八大以来，我国产业结构持续优化，在全球价值链体系中地位不断提高，绿色化、数字化转型升级成效逐步显现，产业协调发展迈上更高水平。

（一）实体经济加快转型升级

2010 年前后，新一轮科技革命和产业变革在全球范围内兴起，特别是随着工业 4.0 等智能制造在全球发展，发达国家掀起了再度重视制造业发展，甚至吸引制造业回流的新趋势，发达国家的再制造业化与我国产业升级相叠加，我国产业发展面临"后端追赶、前端挤压"的挑战更加突出。

在这一背景下，党中央高度重视实体经济特别是制造业高质量发展。习近平总书记多次强调指出，实体经济是一国经济的立身之本、财富之源，制造业是实体经济的重要基础。要靠创新驱动来实现转型升级，通过技术创新、产业创新，在产业链上不断由中低端迈向中高端。要推动制造业高质量发展，主动融入新一轮科技和产业革命，加快数字化、网络化、智能化技术在各领域的应用，推动制造业发展质量变革、效率变革、动力变革。要健全体制机制，打造一批有国际竞争力的先进制造业集群，提升产业基础能力和产业链现代化水平。

党中央高度重视利用新一轮科技革命和产业变革的最新成果推动制造业高质量发展。党的十九大报告指出，加快建设制造强国，要推动互联网、大数据、人工智能和实体经济深度融合，在中高端消费、创新引领、绿色低碳、共享经济、现代供应链、人力资本服务等领域培育新增长点、形成新动能。

党中央高度重视在产业升级过程中提高产业链供应链的安全性。2020年，习近平总书记在中央财经委员会第七次会议上的讲话中指出，我国完备的产业体系、强大的动员组织和产业转换能力，为疫情防控提供了重要物质保障。疫情冲击也暴露出我国产业链供应链存在的风险隐患。要着力打造自主可控、安全可靠的产业链供应链，力争重要产品和供应渠道都至少有一个替代来源，形成必要的产业备份系统。要牢固树立安全发展理念，加快完善安全发展体制机制，补齐相关短板，维护产业链供应链安全，积极做好防范化解重大风险工作。

（二）产业结构显著优化

1. 三次产业结构进一步演进优化

在供给侧结构性改革系列举措的支持下，我国实体经济发展环境不断改善，实体经济得到了快速发展，并带动产业结构不断优化。从三次产业看，我国第三产业增加值占 GDP 的比重 2012 年首次超过第二产业，三次产业增加值占比为 9.1∶45.4∶45.5，到 2020 年这一比重调整为

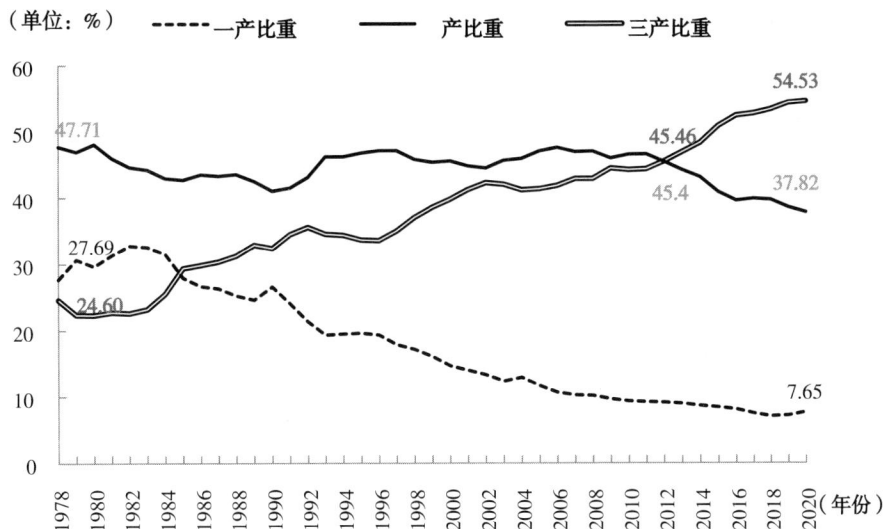

数据来源：中国统计年鉴。

1978—2020 年三次产业结构变动及增速

7.7∶37.8∶54.5，第三产业撑起"半壁江山"。第三产业的快速发展和占比提高，反映了工业化后期产业结构调整演进的一般规律，也反映出制造业升级带动的生产性服务业需求增长的趋势。

　　服务业比重提升的同时，我国制造业比重保持在适宜的水平。根据2017年不变价购买力平价法测算①，2020年我国人均GDP为1.94万美元左右，在这一发展水平上，土耳其的制造业比重为16.2%（2013年，人均GDP为1.96万美元），法国为20.1%（1970年，人均GDP为1.89万美元），美国为25.1%（1959年，人均GDP为1.92万美元），韩国为25.3%（1994年，人均GDP为1.96万美元），都较我国低；只有日本为28.4%（1976年，人均GDP为1.89万美元）、英国为30.1%（1973年，人均GDP为1.95万美元），高于我国。从国际比较看，在当前发展水平上我国的制造业比重处于中间偏上水平。

（单位：%）

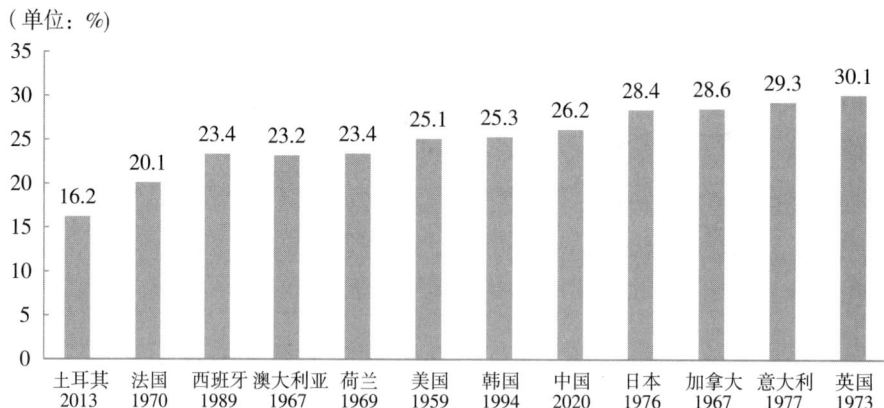

与我国2020年相似发展水平时各国的制造业比重

_____

　　①　此处的购买力平价等根据麦迪森GK国际元和宾大世界表（PWT10.0）两种方法的平均值（均为2017年不变价）。

2.制造业内部结构不断优化升级

服务型制造成为提升附加值的重要渠道。服务型制造，是制造与服务融合发展的新兴产业形态，是制造业转型升级的重要方向。制造业企业通过创新优化生产组织形式、运营管理方式和商业发展模式，不断增加服务要素在投入和产出中的比重，从以加工组装为主向"制造＋服务"转型，从单纯出售产品向出售"产品＋服务"转变，有利于延伸和提升价值链，提高全要素生产率、产品附加值和市场占有率。工业和信息化部2017年公布了30家服务型制造示范企业、60个示范项目和30个示范平台。2018年又公布了33家示范企业、50个示范项目和31个示范平台。通过三年的发展，服务型制造水平明显提升，对企业提质增效和转型升级的促进作用进一步增强，基本实现了与制造强国战略进程相适应的服务型制造

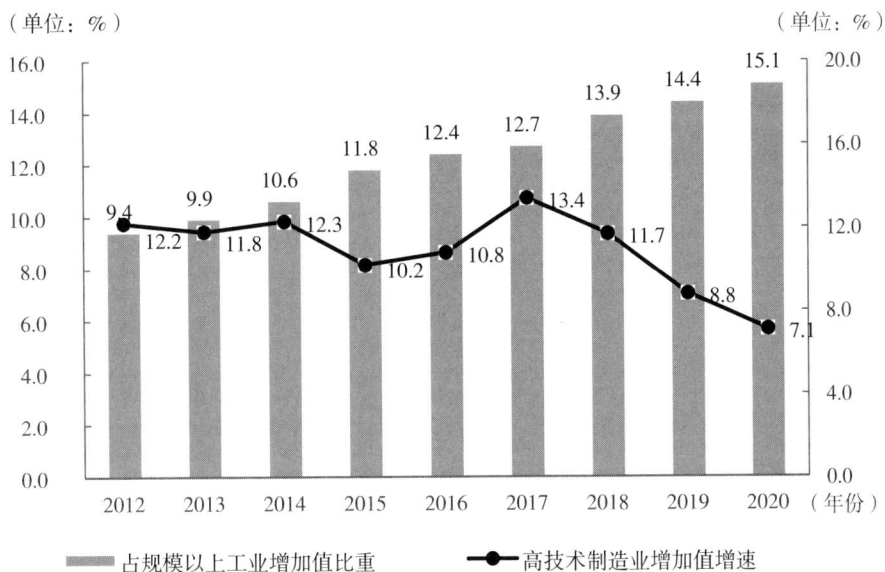

数据来源：2012—2020 年《国民经济和社会发展统计公报》。

2012—2020 年高技术制造业增加值占比及增速

发展格局。

制造业内部高技术制造业占比持续增长。2012—2020年，高技术制造业增加值的年均增速几乎都保持在两位数左右，高于同期规模以上工业增加值增速约4个百分点。高技术制造业占规模以上工业增加值比重由2012年的9.4%提高到2020年的15.1%。高技术制造业主要包括医药制造业，航空、航天器及设备制造业，电子及通信设备制造业，计算机及办公设备制造业，医疗仪器设备及仪器仪表制造业等，其占比的提高体现出我国产业结构正在向高技术密集型转变。

战略性新兴产业占比稳步提高。十年来，我国在新一代信息技术、新能源、新材料、新能源汽车、生物、节能环保等领域培育了一批战略性新兴产业。2016—2020年，我国战略性新兴产业增加值增速分别为10.5%、11%、8.9%、8.4%、6.8%，高出同期工业增加值增速2.7—4.6个百分点，2020年战略性新兴产业占规模以上工业增加值比重达到11.7%。战略性新兴产业发展不仅增速快，而且呈现出质量高、效益好等特点，成为经济高质量发展的新引擎。

3.生产性服务业加速发展

服务业内部的产业结构显著优化。一是对实体经济有重要支撑和促进作用的服务业占比提升。例如，信息传输、软件和信息技术服务业的规模从2011年的1.03万亿元增长到2021年的4.40万亿元，占服务业的比重从2011年的4.8%提高到2021年的7.2%，比重提高了约一半。另外，我国科学研究和技术服务业也取得了快速发展，自2011年到2019年，其占服务业的比重从3.7%提高到4.2%。二是反映实体经济成本的交通运输业比重有显著下降。我国交通运输、仓储和邮政业占服务业增加值的比重，从2011年的10.1%下降到2021年的7.7%。三是反映社会服务和居民生活质量的产业加快发展。例如，卫生和社会工作的比重从2011年的3.4%

提高到 2019 年的 4.2%。

（三）制造业由大变强的进程加快

1.传统优势行业不断升级

在促进新兴产业、高技术高附加值产业大力发展的同时，着力提升传统产业的质量效益水平，是过去十年间我国产业发展的重要内容之一。对此，除了通过供给侧结构性改革，为传统产业降本增效以外，我国还针对性地开展了一系列行动。一是大力开展工业质量品牌建设。2012 年，工业和信息化部开展了"工业质量品牌建设年""加快工业品牌培育""千家企业学标杆，提升质量促转型"活动。此后，持续组织实施工业质量品牌能力提升专项行动。重点围绕提升企业品牌培育能力、质量管理能力和食品药品企业质量安全保障能力，明确目标、开展活动，解决突出问题。此外，还针对我国手机、彩电、服装家纺等行业开展了专项的品牌建设活动，并且持续建立工业品牌培育示范企业名单，不断促进制造业产品和服务质量提升。二是开展消费品工业"三品"专项行动。2016 年，国务院部署开展消费品工业"三品"专项行动，针对我国消费品工业核心竞争力和创新能力仍然较弱，品种、品质、品牌与国际先进水平相比尚有较大差距，有效供给能力和水平难以适应消费升级的需要的问题，支持我国消费品工业"增品种、提品质、创品牌"。2016—2020 年，共在 40 座城市开展消费品工业"三品"战略示范试点，通过试点示范带动工业品质量品牌建设。

十年来，我国原材料、纺织服装、轻工家电等传统优势产业已经进入国际一流行列。我国钢铁、建材、纺织服装、轻工家电等传统产业在较好发展的基础上，进一步加快转型升级和创新追赶，发展水平进入世界前列。我国钢材产量从不到 9.6 亿吨提高到 2020 年的超过 13.2 亿吨，在技术工艺水平、节能减排和绿色发展、出口竞争力等方面进一步提升。纺织服装行业在劳动力成本上升、出口竞争力削弱的情况下，加快向智能制造转型，强化设计、品牌、高端面料研发能力建设，已经形成全产业链综合优势，在加快对外直接投资和并购整合的进程中，产业国际竞争力和影响力进一步提高。家电业通过创新带动质量、品牌升级，带动产业链综合竞争实力快速提升。目前主要家电产品产量多数居世界前列，其中空调器、微波炉全球比重约为 70%—80%，电冰箱 / 冷柜、洗衣机比重约为 50%—55%，空调压缩机比重约为 70%—80%，冰箱压缩机比重约为

（单位：万吨）

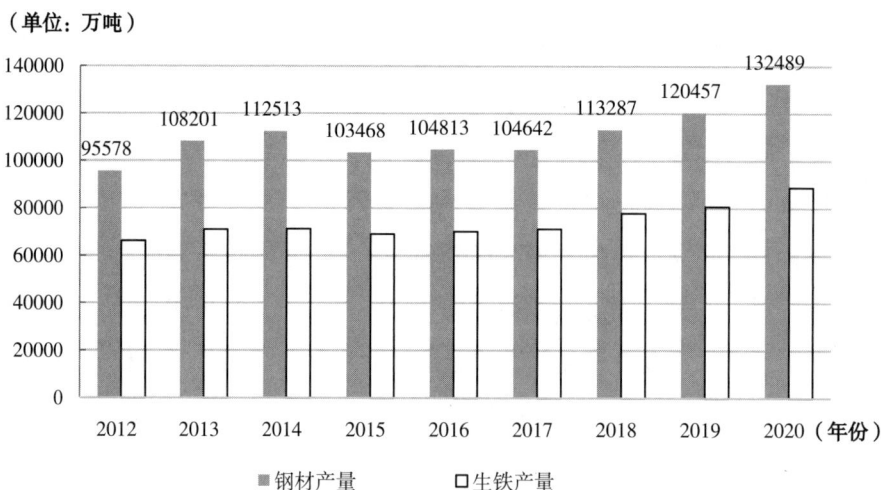

数据来源：2012—2020 年《中国统计年鉴》。

2012—2020 年全国钢材、生铁产量

60%—70%。在全球传播集团 WPP 和谷歌联手发布的全球化品牌 50 强中，海尔、海信、创维、小米、TCL、科沃斯、格力等一批家电企业成功入选。

2.高技术高附加值新兴产业快速崛起

　　我国高度重视促进创新发展，对创新驱动进行了全面部署。为推动创新驱动，我国不仅编制了《"十二五"国家自主创新能力建设规划》《产业技术创新能力发展规划（2016—2020年）》等系列规划，相关部门和各个地方还实施了一系列专项工程，主要包括四个方面：一是大力支持各地积极构建产业技术基础公共服务平台。自2016年我国公布了第一批19家产业技术基础公共服务平台起，至2021年共公布了四批计125家平台。二是发展重点实验室。重点实验室围绕我国科技发展战略目标和重大工程建设，开展基础研究和应用基础、重大关键技术、产业共性技术的创新性研究，解决工业发展中的技术难题。三是广泛建立制造业创新中心。到2021年9月，我国已经布局了国家动力电池创新中心、国家增材制造创

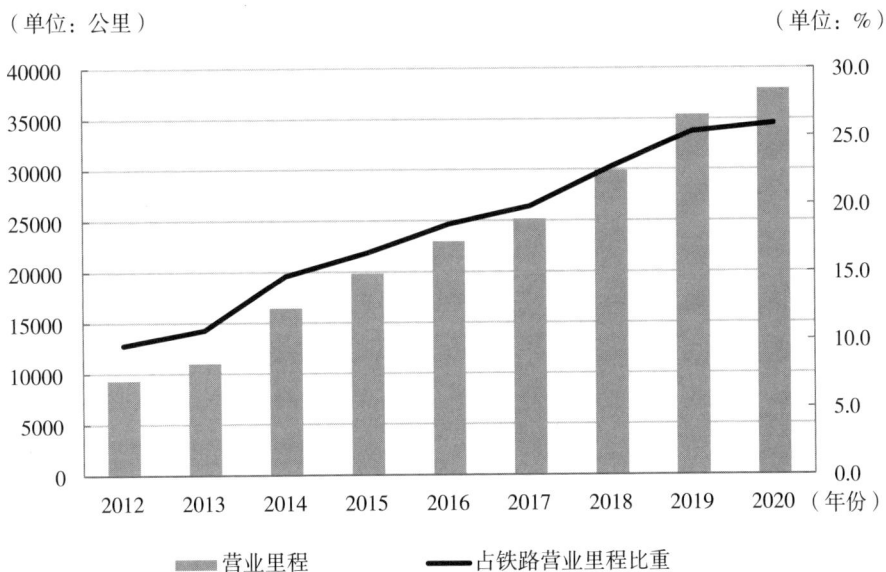

数据来源：2012—2020年《中国统计年鉴》、国家铁路局。

2012—2020年我国高铁营业里程及占铁路营业里程比重

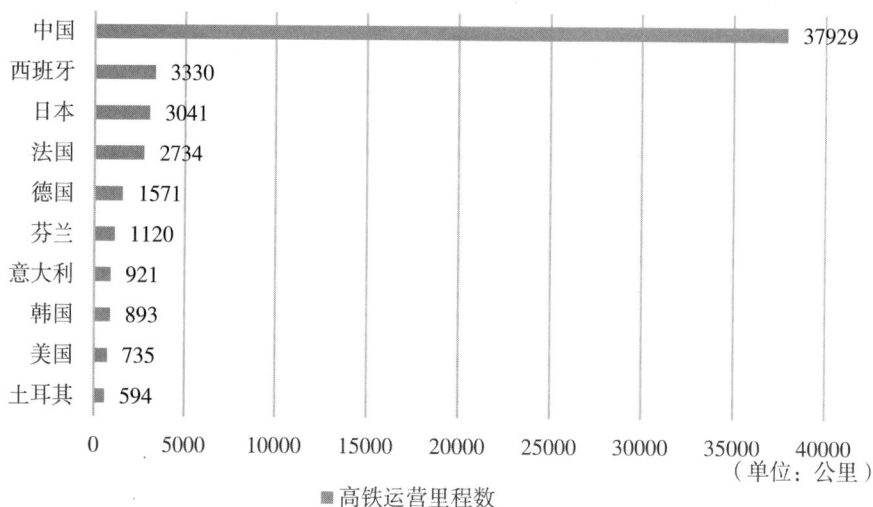

中国									37929
西班牙	3330
日本	3041
法国	2734
德国	1571
芬兰	1120
意大利	921
韩国	893
美国	735
土耳其	594

0   5000   10000   15000   20000   25000   30000   35000   40000

（单位：公里）

■ 高铁运营里程数

数据来源：前瞻产业研究院。

2020 年全球高铁运营里程 TOP10 国家

新中心、国家机器人创新中心、国家集成电路创新中心等共 17 家国家制造业创新中心。四是不断优化新型基础设施建设。我国实施了"宽带中国"战略，大力建设 5G、物联网、大型数据中心等下一代信息基础设施，不断提高我国信息基础设施能力和水平，为产业转型升级创造基础设施的支撑。并且大力培育技术创新示范企业，发挥示范企业的榜样作用。2013—2020 年共认定 403 家国家技术创新示范企业。

十年来，我国轨道交通、电力装备、新能源、通信设备等一批高技术制造业已经成为中国制造新名片。以高铁为代表的轨道交通发展迅速，依托超大规模国内市场需求优势，同时加强系统集成创新能力建设，目前已经形成全产业链优势。2012—2020 年我国高铁运营里程从 9356 公里发展至 37929 公里，占全国铁路营业里程的比重从 9.6% 提高到 25.9%，客运量从不到 3.9 亿人提高到近 15.6 亿人，在带动基础设施建设投资和相关产业发展的同时，也为社会经济快速发展注入了强大动能。

十年来，我国光伏、风电产业发展和新能源应用突飞猛进，已经在全球牢牢占据了一席之地。得益于我国光伏、风电等新能源装备产业的快速发展，2012—2020 年，我国光伏发电装机从 341 万千瓦发展至 2.5 亿千瓦，装机容量占比从 0.3% 提高到 11.5%。风力发电装机从 6142 万千瓦提高到超过 2.8 亿千瓦，装机容量占比从 5.4% 提高到 12.8%。我国光伏风电产品和装备在支撑国内能源转型的同时，也形成了在国际市场上全产业链的出口竞争力。其中光伏玻璃、电池片、光伏逆变器等产品出口份额位居全球第一。

（单位：万千瓦）

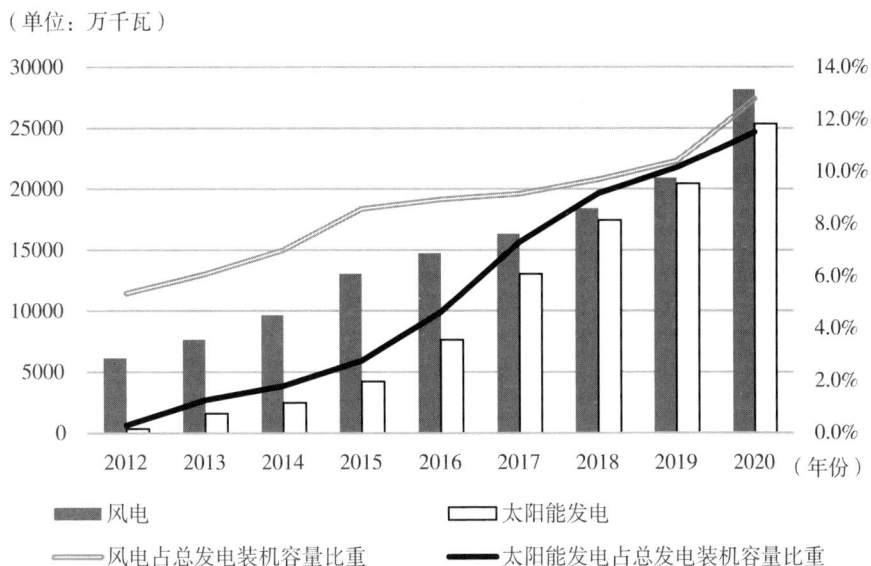

数据来源：2012—2020 年《中国电力年鉴》。

2012—2020 年全国风电、太阳能发电装机容量及比重

十年来，以 5G 为代表的通信设备产业和应用持续快速增长，已形成多个全球领先优势。一是网络建设领先，根据工业和信息化部的数据，截至 2021 年 11 月，我国建设 5G 基站超过 139.6 万个，已建成全球规模最大的 5G 独立组网网络，并且 5G 网络持续向县城乡镇深化覆盖。二是用户规模领先，5G 手机终端连接数达 4.97 亿户，占移动电话用户总数的 30.3%。三是 5G 产业能力领先，我国企业在欧洲电信标准化协会（ETSI）声明的 5G 标准必要专利中，声明量占到了 1/3。四是 5G 应用快速发展，矿山、港口、医院、电力、交通、教育、文旅、安防、智慧城市的示范应用取得积极成效。

十年来，我国单项冠军和"专精特新"企业加速发展。制造业单项冠军企业是指长期专注于制造业某些特定细分产品市场，生产技术或工艺国际领先，单项产品市场占有率位居全球前列的企业。制造业单项冠军企业是制造业创新发展的基石，实施制造业单项冠军企业培育提升专项行动，有利于引导企业树立"十年磨一剑"的精神，长期专注于企业擅长的领域，走"专特优精"发展道路。我国自 2016 年起，开始专门培育制造业单项冠军。2017 年共发布了 54 家示范企业和 50 家培育企业，至 2019 年共发布四批计 257 家示范企业和 161 项示范产品。2018 年起，工业和信息化部开展了专精特新"小巨人"企业培育工作，2019 年共公布了 249 家"小巨人"企业。

3. 制造业规模优势和竞争力进一步提升

促进产业转型升级中，我国紧紧抓住新一轮科技革命和产业变革机遇，充分利用智能制造、大数据等技术，进行了多方面部署，着力推动制造业转型升级。一是推广智能制造工程。自 2015 年起，我国开始大力推广智能制造项目，印发了《智能制造发展规划（2016—2020 年）》，产生了一批试点示范项目，2015—2018 年共发布了试点示范项目计 305 家。

二是推进工业强基工程。开展工业强基工程，致力于提升关键基础材料、核心基础零部件（元器件）、先进基础工艺、产业技术基础（简称工业"四基"）发展水平，夯实工业发展基础。自2014年起，开展了工业强基专项行动计划，遴选了工业强基工程重点产品、工艺"一条龙"应用计划示范企业和示范项目名单。例如2019年遴选出传感器"一条龙"应用计划示范企业35家、示范项目27个，控制系统"一条龙"应用计划示范企业32家、示范项目51个。三是开展关键技术攻关工程。党的十八大以来，工业和信息化部等相关部委每年都会发布《产业关键共性技术发展指南》，组织"新一代宽带无线移动通信网""核高基"重大专项、国家科技重大专项课题。此外，还采取多种措施加大对重大技术装备融资支持力度、开展首台（套）重大技术装备保险补偿机制试点，发布首台（套）重大技术

（单位：万亿美元）　　　　　　　　　　　　　　　　　　　（单位：%）

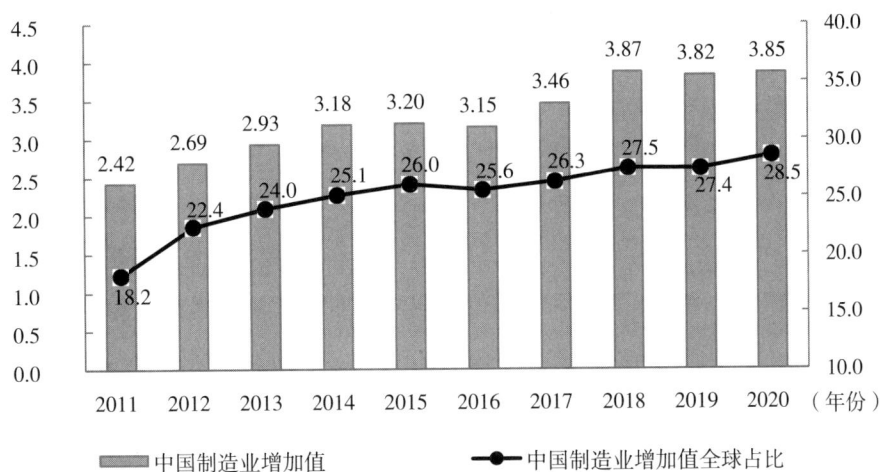

数据来源：世界银行。

2011—2020年中国制造业增加值及全球占比

装备推广应用指导目录。2018年后，还创新采用"揭榜挂帅"等新方法推动产业创新重点任务的突破。

十年来，在一系列政策支持下，我国制造业第一大国的地位更加巩固。根据世界银行的数据，我国制造业增加值由2012年的2.69万亿美元提高到2020年的3.85万亿美元，全球占比从22.37%提高到28.55%。2018年我国制造业增加值是美国和日本的总和；2019年我国制造业增加值约相当于美国、日本、德国之和。

我国高技术出口在全球也保持了较高的水平。根据世界银行数据库，我国高技术出口从2012年的5938.58亿美元，提高到2020年的7576.83

（单位：亿美元）

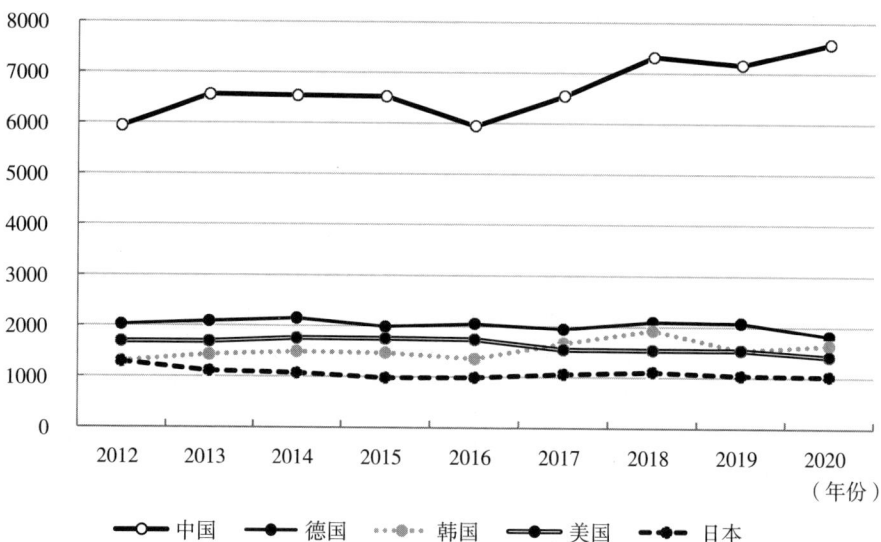

2012—2020年主要国家高技术出口情况

亿美元，规模远大于德国、美国、韩国、日本等发达国家。当然，我国高技术出口的很大比例还是加工装配环节，很多关键零部件还依赖从发达国家进口，但本土供应链正在发展和进步，国内配套的比例在逐步提高。

（四）产业绿色化转型深入推进

我国长期高度重视产业绿色化转型，并采取了系列政策措施。一是标准引领和推动。我国高度重视利用产品生产和质量标准引导企业不断提高能源利用效率。每年都要及时更新大量的产品标准。例如，2020年共安排标准制定和修订计划415项，其中制定287项、修订128项，节能与综合利用标准19项。二是大力推广节能、节水、减排的技术/产品或装备。我国通过各种方式推广节能节水装备。例如，开展了"能效之星"产品评价，对能效水平领先、核心技术竞争力强以及节能经济性、环境友好性和社会认可度高的产品，授予"能效之星"称号并允许使用"能效之星"标志。国家每年还公布工业节能技术装备推荐目录、国家鼓励的工业节水工艺、技术和装备目录、绿色建材评价标识、新型墙材推广应用等，多角度推广节能的技术、装备和产品。三是持续指导和认证清洁生产/节能/节水/减排的示范企业，发挥榜样作用。例如，2012年我国共确定了钢铁行业能效标杆企业12家、有色金属行业标杆15家、平板玻璃标杆企业3家、轻工行业标杆企业9家、纺织行业标杆企业9家，并在钢铁、氮肥、电镀、印染等28个行业培育了43家清洁生产示范企业。2020年，工业和信息化部和市场监管总局在钢铁、铁合金、电解铝等行业共遴选出65家达到行业能效领先水平的"领跑者"企业。四是开展工业节能与绿色发展专项行动/绿色制造专项行动。党的十八大以后，我国持续开展工业节能与绿色发展专项行动，出台了《2013年工业节能与绿色发展专项行动实施方案》《"十四五"工业绿色发展规划》等系列政策或行动，发布绿色制造业示范名单。例如，2017年发布第一批绿色制造示范名单，其中，绿色工厂201家，绿色设计产品193种，绿色园区24家，绿色供应链管理示范

（单位：吨标煤／万元）

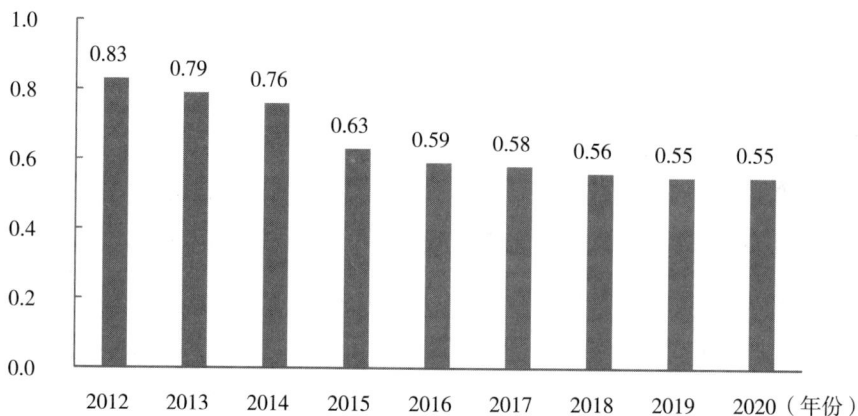

数据来源：2012—2020 年《中国统计年鉴》。

2012—2020 年单位 GDP 能耗

（单位：立方米／万元）

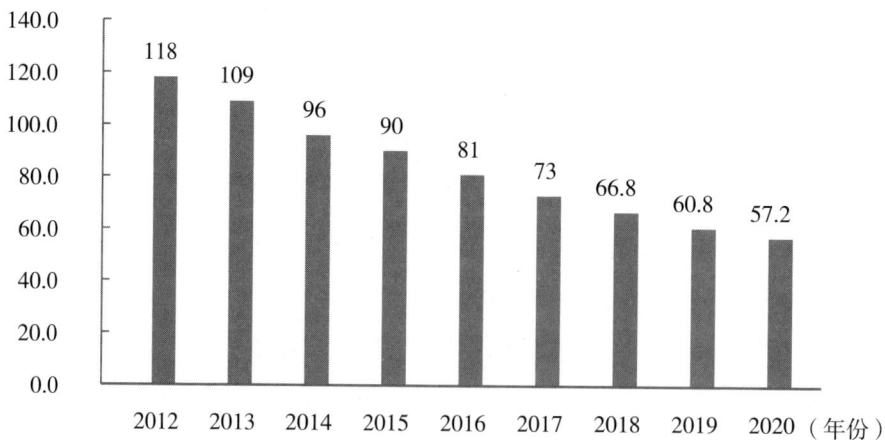

资料来源：国家水利局、2012—2020 年《中国水资源公报》。

2012—2020 年单位 GDP 水耗

企业 15 家。

十年来，在中央和地方层面政策、标准、法规的引导和推动下，我国产业绿色化转型成就斐然。相关行业特别是高耗能行业节能减排技术改造的力度进一步加大。总体看，单位 GDP 能耗、水耗、污染物排放等出现了积极的变化，产业发展与资源环境的协调性进一步增强。2012—2020 年，我国万元 GDP 能耗从 0.83 吨标煤降至 0.55 吨标煤。

单位 GDP 水耗进一步下降。万元 GDP 用水量从 2012 年的 118 立方

（单位：万吨）

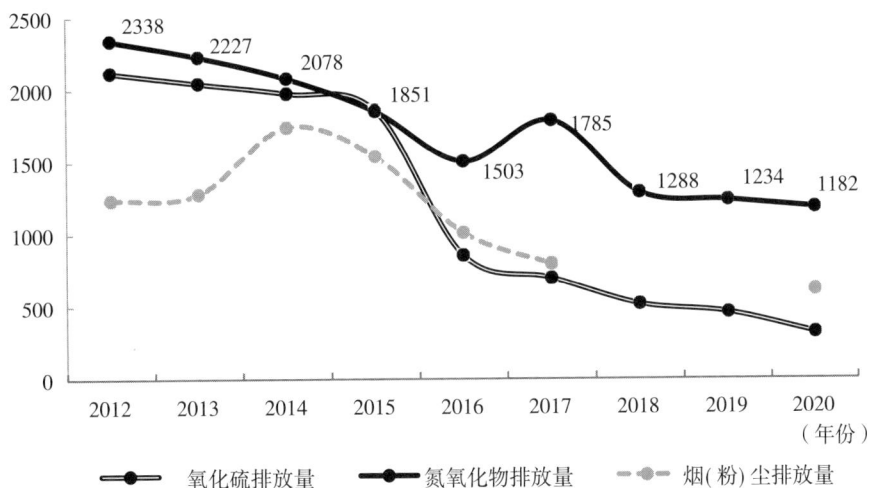

数据来源：2012—2020 年《中国统计年鉴》，统计年鉴缺失烟（粉）尘排放量 2018 年、2019 年数据。

2012—2020 年主要污染物排放情况

米降至 2020 年的 57.2 立方米，下降了 51.5%。

主要污染物排放指标明显降低。其中，废气中二氧化硫排放量、氮氧化物排放量、烟（粉）尘排放量分别从 2012 年的 2117.63 万吨、2337.76

万吨、1235.77 万吨，降至 318.22 万吨、1181.65 万吨和 613.35 万吨。

（五）产业数字化和数字产业化共同发展

党的十八大以来，党中央高度重视工业化与信息化融合发展，把两化融合发展作为促进产业转型升级的重要途径，及时提出了促进信息化与工业化融合发展的战略部署。2013—2018 年开展了《信息化和工业化深度融合专项行动计划（2013—2018 年）》，制定了《信息化和工业化融合发展规划（2016—2020 年）》《"十四五"信息化和工业化深度融合发展规划》，从"企业两化融合管理体系"标准建设和推广、企业两化深度融合示范推广、电子商务和物流信息化集成创新等多方面系统促进两化融合。

（单位：%）

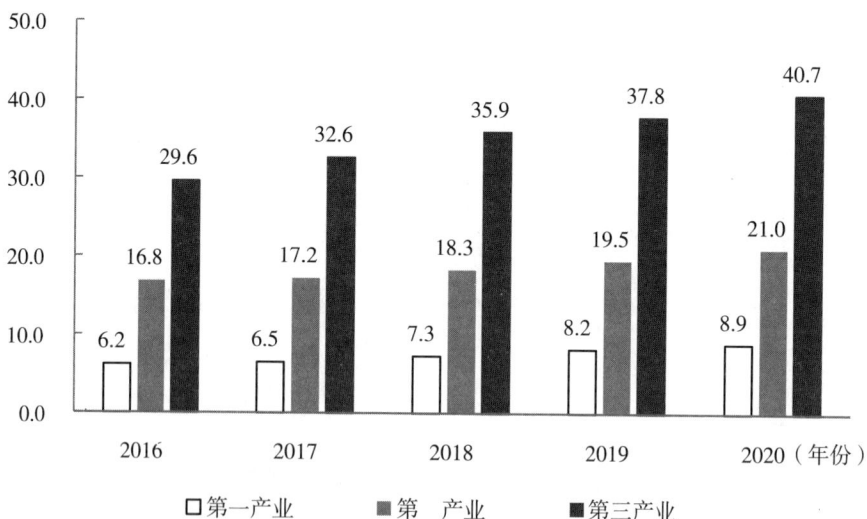

数据来源：中国信息通信研究院《中国数字经济发展白皮书》。

2016—2020 年中国数字经济渗透率

　　十年来，数字经济已经成为我国经济增长新引擎。随着工业 4.0、智能制造，特别是工业互联网的进一步发展，我国高度重视应用互联网促进制造业转型升级，2017 年发布了《关于深化"互联网＋先进制造业"发展工业互联网的指导意见》，2018 年起实施了《工业互联网发展行动计划（2018—2020 年）》，2019 年进一步开展了"5G ＋工业互联网"512 工程推进方案，2021 年发布了 121 个物联网关键技术与平台创新类、集成创新与融合应用类示范项目名单。推动企业上云是促进数字化转型的又一重要举措。经过近十年来持续不断推进，我国产业数字化转型不断取得新进展。三次产业数字化渗透率分别由 2016 年的 6.2%、16.8%、29.6%提高到 2020 年的 8.9%、21.0%和 40.7%，产业融合发展向深层次演进。

　　十年来，我国数字产业化深入发展。我国积极推广工业大数据的发展与应用。工业大数据是工业领域产品和服务全生命周期数据的总称，包括

（单位：万亿元）

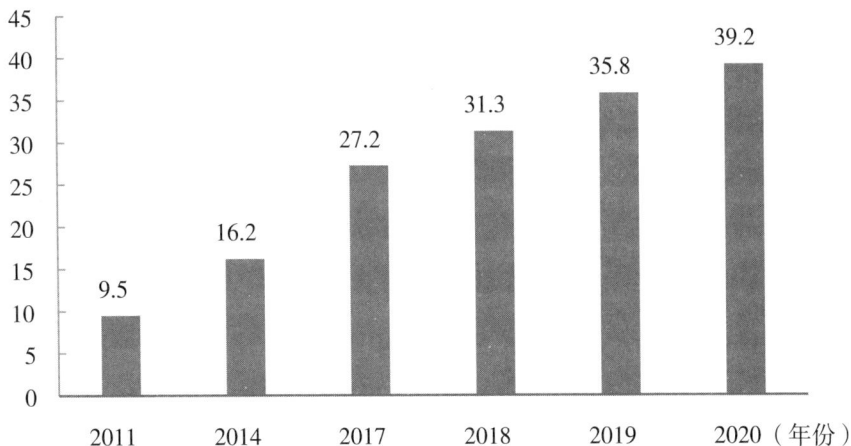

资料来源：中国信息通信研究院，《中国数字经济发展白皮书》。

2011—2020 年中国数字经济规模增长情况

工业企业在研发设计、生产制造、经营管理、运维服务等环节中生成和使用的数据，以及工业互联网平台中的数据等。为贯彻落实国家大数据发展战略，促进工业数字化转型，激发工业数据资源要素潜力，加快工业大数据产业发展，我国制定了《工业数据分类分级指南（试行）》，开展了《新型数据中心发展三年行动计划（2021—2023 年）》。数字技术新业态层出不穷，一批大数据、云计算、人工智能企业创新发展，产业生产体系更加完备，正向全球产业链中高端跃进。据中国信息通信研究院发布的《中国数字经济发展白皮书（2020 年）》显示，2020 年，数字产业化规模达到 7.5 万亿元，占 GDP 的比重为 7.3%，同比名义增长 5.3%。根据中国信息通信研究院的测算，2020 年我国数字经济规模达到 39.2 万亿元，占 GDP 的比重为 38.6%。数字经济已成为当前最具活力、最具创新力、辐射最广泛的经济形态。

党的十八大以来，我国协调发展取得了突出成就，但依然存在一些短板，未来应按照党中央的既定部署，全面贯彻新发展理念，以更大的力度促进城乡、区域和产业协调发展，进一步提高国家发展的整体性，为基本实现现代化和建成现代化强国奠定更雄厚的物质基础。

第四章
绿色：人与自然和谐共生建设迈出重大步伐

生态文明建设是关系中华民族永续发展的根本大计。党的十八大以来，以习近平同志为核心的党中央，以前所未有的力度抓生态文明建设，明确生态文明建设在党和国家事业发展全局中的重要地位，以前所未有的魄力推动生态环境保护和绿色发展工作，我国生态文明建设从认识到实践都发生了历史性、转折性、全局性的变化，人与自然和谐共生建设迈出重大步伐。

一、生态文明建设力度空前

党的十八大以来，以习近平同志为核心的党中央，把生态文明建设摆在治国理政的突出位置，在生态文明建设处于"关键期""攻坚期""窗口期"的重要阶段，全面加强党对生态文明建设的领导，全方位、全地域、全过程加强生态文明建设。

（一）生态文明思想深入人心

党的十八大以来，针对我国生态文明建设领域存在的突出问题和紧迫任务，习近平总书记提出了一系列新理念、新思想、新战略，形成了习近平生态文明思想。这一思想内涵丰富、博大精深，深刻回答了"为什么建设生态文明""建设什么样的生态文明""怎样建设生态文明"等重大理论和实践问题，集中体现为"生态兴则文明兴"的深邃历史观、"人与自然和谐共生"的科学自然观、"绿水青山就是金山银山"的绿色发展观、"良好生态环境是最普惠的民生福祉"的基本民生观、"山水林田湖草是生命共同体"的整体系统观、"实行最严格生态环境保护制度"的严密法治观、"共同建设美丽中国"的全民行动观、"共谋全球生态文明建设之路"的全球共赢观。习近平生态文明思想，是习近平新时代中国特色社会主义思想的重要内容，是马克思主义中国化的重大理论成果，是我国新时代生态文明建设的根本遵循，为推动生态文明建设提供了思想指引和实践指南。

（二）生态文明建设成为现代化不可或缺的重要方面

党的十八大站在历史和全局的战略高度，从经济、政治、文化、社会、生态文明五个方面，制定了新时代统筹推进"五位一体"总体布局的战略目标，并对推进新时代"五位一体"总体布局作了全面部署。党的十八大通过的《中国共产党章程（修正案）》，把"中国共产党领导人民建设社会主义生态文明"写入党章，首次把生态文明建设纳入执政党的行动纲领。党的十九大深刻阐明了习近平新时代中国特色社会主义思想和基本方略的"十四个坚持"，构成新时代坚持和发展中国特色社会主义的基本方略。其中，"坚持人与自然和谐共生"是十四个坚持之一。与此同时，党的十九大提出了生态文明建设的目标，即从 2020 年到 2035 年，生态环境根本好转，美丽中国目标基本实现；到本世纪中叶，在基本实现现代化的基础上，再奋斗十五年，把我国建成富强民主文明和谐美丽的社会主义现代化强国。根据党的十九大精神，2018 年 3 月，第十三届全国人民代表大会第一次全体会议通过的《中华人民共和国宪法修正案》，把生态文明写入宪法，为生态文明建设提供了国家根本大法遵循。生态文明建设已经全方位体现在中国特色社会主义现代化事业的各层次、各领域，成为中国式现代化新道路的重要组成部分，成为人类文明新形态的重要特征。

（三）党对生态文明建设的领导全面加强

党的十八大以来，党将生态文明建设上升到政治高度来认识和推进。党中央持续紧抓习近平生态文明思想宣传阐释工作，把生态文明纳入社会主义核心价值体系，推动全民增强生态环保意识，绿色青山就是金山银山的理念成为全党全社会的共识。党和国家相继出台了《中共中央国务院关于加快推进生态文明建设的意见》《生态文明体制改革总体方案》，制定了数十项生态文明建设领域的改革方案，从总体目标、基本理念、主要原则、重点任务等多方面，对生态文明建设进行了全面部署，加强了党对生态建设的全面领导，不断完善生态文明领域统筹协调机制，健全了党委领导、政府主导、企业主体、社会组织和公众参与的现代环境治理体系，构建了一体谋划、一体部署、一体推进、一体考核的生态文明制度实施机制。党中央高度重视生态文明建设政策的落实和成效及考核。2018年5月，习近平总书记在第八次全国生态环保大会上，提出建设"以改善生态环境质量为核心的目标责任体系"。6月，中共中央、国务院印发《关于全面加强生态环境保护坚决打好污染防治攻坚战的意见》，进一步提出"落实领导干部生态文明建设责任制，严格实行党政同责、一岗双责"。通过完善工作考核评价机制，实行严格问责和"一票否决"，地方党委和政府的生态环境保护责任得以全面落实，提高了全党生态文明建设的自觉性。

二、生态治理体系和治理能力现代化水平显著提升

自党的十八大把生态文明建设纳入中国特色社会主义事业"五位一体"总体布局以来,党中央、国务院围绕生态文明制度体系建设作出一系列部署,使生态文明制度体系逐步建立健全,使生态文明领域国家治理体系和治理能力现代化水平显著提升。

(一)大力推进生态文明建设和体制改革

强调生态文明建设的顶层设计。2015 年中共中央、国务院先后印发《关于加快推进生态文明建设的意见》和《生态文明体制改革总体方案》,为生态文明建设和生态文明体制改革作了顶层设计。在这两个文件指导下,制定实施了长江经济带绿色发展、黄河流域生态保护和高质量发展、国家公园体制、生态环境监测体制、河长制、生态保护红线、生态保护补偿、生态保护赔偿、生态文明试验区、生态产品价值实现、生态环境保护督察等领域的一系列改革文件。

重视试点先行的改革策略。为了稳妥开展生态文明体制改革,加强生态文明制度集成创新,中央分别选择在东部、中部、西部和南部的典型地区福建、江西、贵州、海南设立生态文明试验区,开展改革试点。为了保障改革试点能够规范、有序进行,中央讨论审议上述四个生态文明试验区的实施方案,加强试验区生态文明建设工作并给予指导。同时,为了鼓励和指导各地以国家生态文明建设示范区为载体,以市、县为重点,全面践行"绿水青山就是金山银山"理念,积极推进绿色发展,不断提升区域生态文明建设水平,推行国家生态文明建设示范区创建活动,并由生态环境

部制定指导意见，以促进生态文明建设示范区创建的规范化。

（二）系统完整的生态文明制度体系逐步确立

党的十八届三中全会决定指出，"建设生态文明，必须建立系统完整的生态文明制度体系，用制度保护生态文明"。2015 年中共中央、国务院制定了《生态文明体制改革总体方案》，规划到 2020 年，构建起由自然资源资产产权制度、国土空间开发保护制度、空间规划体系、资源总量管理和全面节约制度、资源有偿使用和生态补偿制度、环境治理体系、环境治理和生态保护市场体系、生态文明绩效评价考核和责任追究制度等八项制度构成的产权清晰、多元参与、激励约束并重、系统完整的生态文明制度体系。党的十九届四中全会进一步明确，"坚持和完善生态文明制度体系，促进人与自然和谐共生"。目前，八大制度体系建设的目标都已经实现。

（三）生态环境领域法治建设扎实推进

开展生态文明相关党内法规建设，促进国家法律的实施。2015 年以来，党中央、国务院印发了《党政领导干部生态环境损害责任追究办法（试行）》《生态文明建设目标评价考核办法》《中央生态环境保护督察工作规定》等规范性文件，倒逼地方党委重视生态环境保护和绿色发展工作，保障国家法律法规的有效实施。

查漏补缺，修订升级，全面系统提升资源环境领域立法水平。全国人大制定了《中华人民共和国民法典》，规定了绿色原则和生态环境保护侵权责任章节；全国人大常委会制定了《中华人民共和国环境保护税法》等法律或者决定，修改了《中华人民共和国环境保护法》等专门法律，国务院制定、修订和实施了《城市市容和环境卫生管理条例》《中华人民共和国自然保护区条例》等行政法规，巩固了生态保护红线、生态环境保护补偿、生态环境损害赔偿、自然资源资产产权、环境信用管理、禁止滥食野生动物等改革成果。全国人大制定《中华人民共和国长江保护法》，推进国家公园法立法进程，开展体制、制度和机制的综合集成创新。最高人民检察院、最高人民法院出台了环境刑事犯罪、环境民事侵权、环境公益诉讼等领域的司法解释，印发了保障污染防治攻坚战、长江大保护、黄河流域生态保护与高质量发展、碳达峰碳中和领域的司法审判意见，并会同有关部门出台了环境司法审判的会议纪要；最高人民法院和一些省市县级法院设立了生态环境保护法庭或者合议庭，强化了生态环境司法保护，深入推进了生态环境司法的专门化。

（四）环境治理体系更具效能

2020年3月，中共中央办公厅、国务院办公厅印发《关于构建现代环境治理体系的指导意见》。党委领导、政府主导、企业主体、社会组织和公众共同参与的中国特色现代环境治理体系初步建成。国家法律法规明确了政府及其执法监管部门的生态环境保护执法监管责任，细化了企业应当履行的生态环境保护主体义务和违法责任，提出了社会组织和个人参与和监督生态环境保护工作的方式、路径和程序。《中央生态环境保护督察工作规定》等党内法规规定了党政机关和领导干部的生态环境保护领导责任及问责条件、方式和程序，通过中央环保督察加强了环境监管问责。

三、美丽中国建设迈出重大步伐

党的十八大以来，我国对大气、水、土壤污染防治工作作出全面战略部署，接续实施大气、水、土三大行动计划和污染防治攻坚战，开展了长江、黄河流域大保护等系列行动，生态环境质量持续明显改善，人民群众对生态环境质量改善的满意感明显增强。

（一）环境质量不断提升

空气环境质量明显改善。城市空气质量和平均优良天数不断提升，2021 年全国 339 个地级及以上城市平均优良天数比例为 87.5%，较 2013 年增长了 27 个百分点。主要空气污染物浓度下降，全国地级及以上城市

（单位：%）

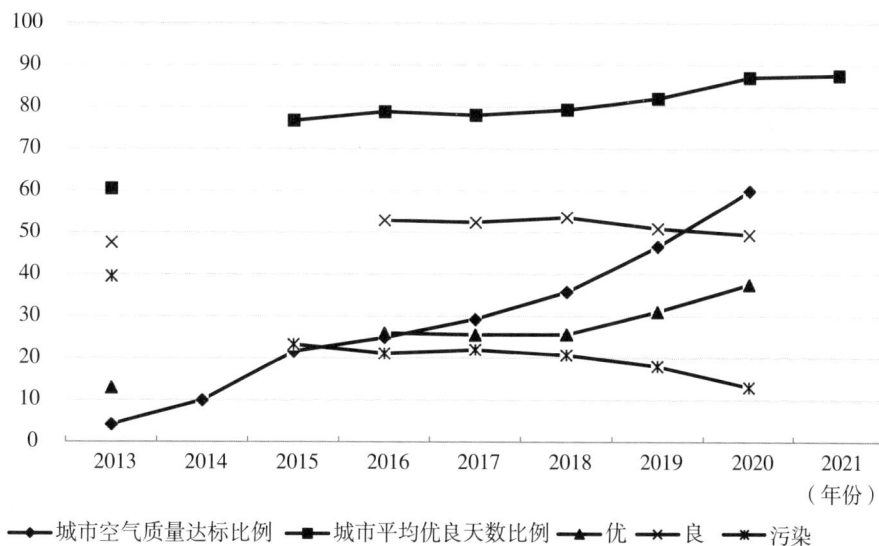

数据来源：数据来自 2012/2013—2020 年《中国生态环境状况公报》；2022 年 1 月生态环境部通报：2021 年 12 月和 1—12 月全国地表水、环境空气质量状况。

2013—2021 年地级以上城市空气质量达标和城市平均优良天数比例情况

（单位：微克/立方米）

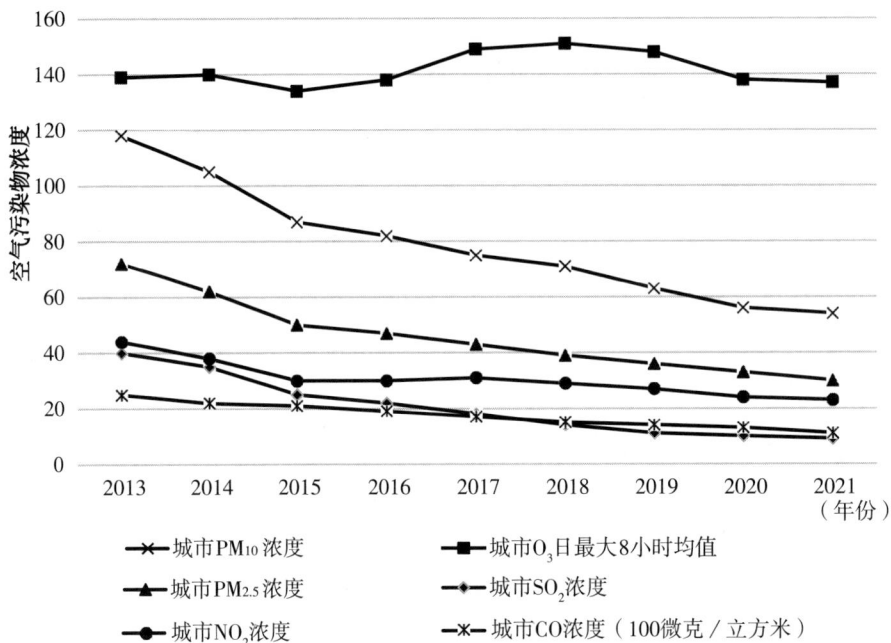

数据来源：数据来自 2012/2013—2020 年《中国生态环境状况公报》；2022 年 1 月生态环境部通报：2021 年 12 月和 1—12 月全国地表水、环境空气质量状况。

2013—2021 年全国地级及以上城市主要污染物浓度趋势

主要污染物浓度降幅显著：2021 年二氧化硫、二氧化氮、一氧化碳、可吸入颗粒物（PM10）、细颗粒物（PM2.5）、臭氧（O3）年均浓度分别为 9 微克/立方米、23 微克/立方米、1.1 毫克/立方米、54 微克/立方米、30 微克/立方米、137 微克/立方米，较 2013 年分别下降 77.5%、47.7%、56.0%、54.2%、58.35%、1.4%。

地表水环境质量明显提升。2021 年地表水优良水体比例为 84.9%，劣 V 类水体比例为 1.2%。重点流域和湖库水质稳中向好，2020 年重点流域和湖库优良比例分别为 87.4%、76.8%，较 2012 年分别提升 18.5、15.5

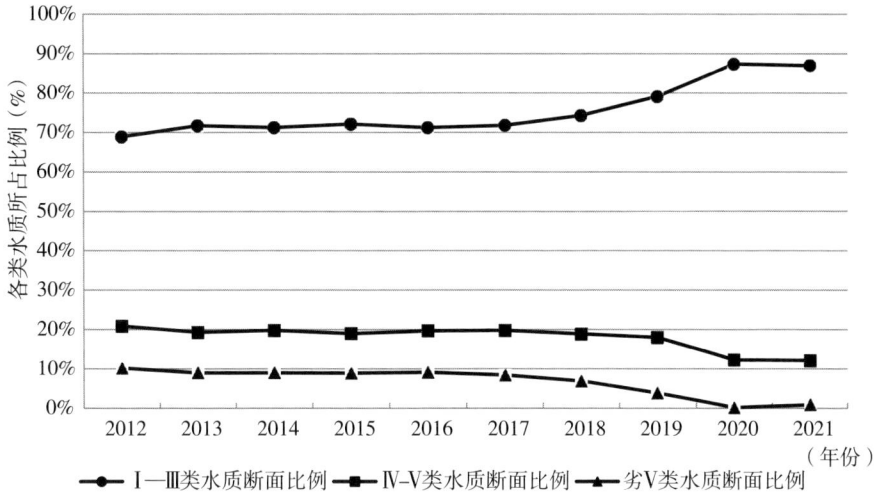

数据来源：数据来自 2012/2013—2020 年《中国生态环境状况公报》；2022 年 1 月生态环境部通报：2021 年 12 月和 1—12 月全国地表水、环境空气质量状况。

2012—2020 年中国主要江河（流域）水质监测情况

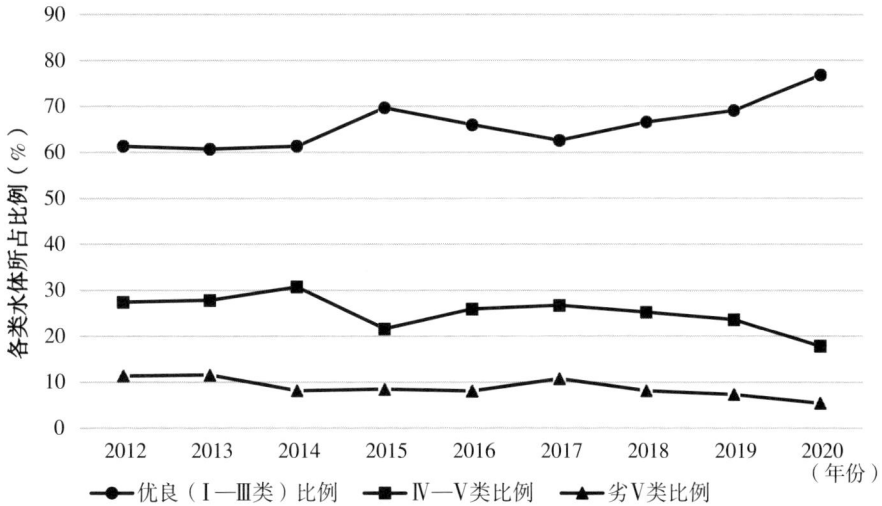

数据来源：数据来自 2012/2013—2020 年《中国生态环境状况公报》；2022 年 1 月生态环境部通报：2021 年 12 月和 1—12 月全国地表水、环境空气质量状况。

2012—2020 年中国湖泊（水库）水质监测情况

个百分点。

近岸海域水质保持平稳向好。2020年海水水质优良比例为77.4%，较2012年提升8个百分点。2020年夏季符合一类标准的海域面积占96.8%。

土壤污染防治取得初步进展。全国土壤环境风险得到基本管控，2020年受污染耕地安全利用率达到90%左右，污染地块安全利用率达到93%以上，土壤污染加重趋势得到初步遏制；2020年底，基本实现固体废物零进口，"洋垃圾"被彻底挡在国门之外。

（二）农村人居环境显著改善

农村人居环境整治效果明显。2019年1月，中央农办、农业农村部等18个部门启动实施村庄清洁行动，集中整治村庄"脏乱差"问题。到2020年10月，全国95%以上的村庄开展了清洁活动，村容村貌明显改善。截至2020年底，农业农村治理攻坚战所确定的8项主要指标、22项重点任务都顺利完成。15万个行政村完成了农村环境的综合整治，超额完成"十三五"目标。2021年生态环境部门完善农村环境整治成效评估机制，全年累计新增完成1.6万个行政村环境整治。

农村"厕所革命"取得积极进展。2017年11月，习近平总书记主持的十九届中央全面深化改革领导小组第一次会议上通过了《农村人居环境整治三年行动方案》，"厕所革命"上升至国家层面议题。2018年至2020年累计改造农村户厕4000多万户，2020年全国农村卫生厕所普及率达68%以上，每年提高约5个百分点。2019年至2020年，中央财政安排144亿元，采取先建后补、以奖代补等方式，支持和引导各地推动有条件的农村普及卫生厕所，中央预算内投资60亿元支持中西部地区以县为单位推进农村厕所粪污治理等农村人居环境整治。

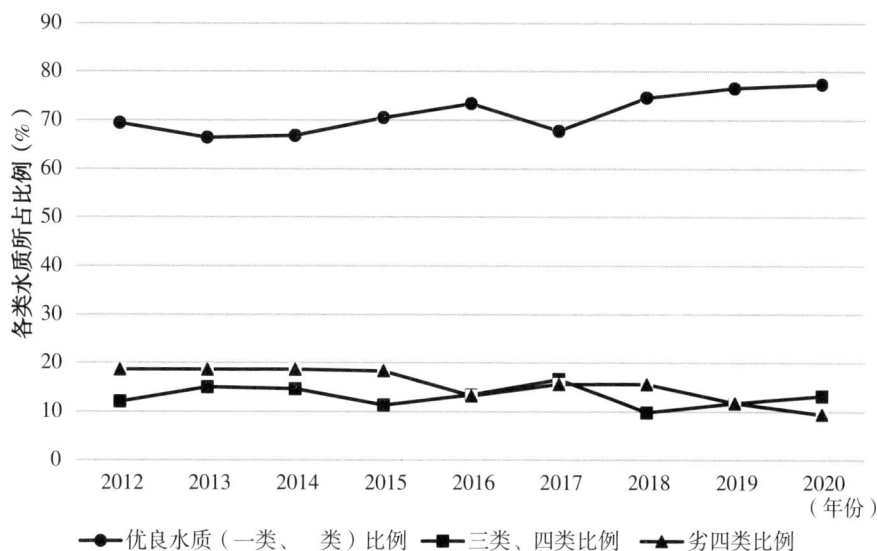

数据来源：数据来自 2012/2013—2020 年《中国生态环境状况公报》；2022 年 1 月生态环境部通报：2021 年 12 月和 1—12 月全国地表水、环境空气质量状况。

2012—2020 年全国近岸海域海水水质情况

农村饮用水安全性稳步提升。"十二五"期间，我国基本解决农村饮水安全问题；"十三五"期间，国家实施农村饮水安全巩固提升工程，83%以上农村人口用上自来水，巩固提升了 2.7 亿农村人口供水保障水平，解决 1710 万建档立卡贫困人口饮水安全问题，贫困人口饮水安全问题已全面解决。全国 1 万多个"千吨万人"的农村饮用水水源地完成了保护区划定，18 个省份实现了农村饮用水卫生监测乡镇全覆盖。2021 年，农村自来水普及率达到 84%，创历史新高。

农村生活垃圾、污水处理能力稳步提高。"十三五"时期，农村生活垃圾收运处置体系已覆盖全国 90%以上的行政村，并逐渐完善"户分类、村收集、乡转运、县处理"农村生活垃圾收运处置体系；农村生活污水治理水平提高，农村生活污水治理率达到 25.5%，基本建立了农村生活污水排放标准和县域规划体系，初步确定了农村黑臭水体的清单。另外，2020年全国秸秆综合利用率达到86.7%；化肥农药减量增效已顺利实现预期目标，水稻、小麦、玉米三大粮食作物化肥利用率、农药利用率分别达到了40.2%和40.6%；新型粪污综合利用率达到76%以上，规模养殖场粪污处理设施装备配套率达到97%。

（三）重要流域生态环境保护与高质量发展成效明显

长江大保护成果显著。一是水环境质量稳步提升，长江流域19省（自治区、直辖市）均完成"十三五"水环境质量约束性指标；2021年长江流域水质优良（Ⅰ—Ⅲ类）断面比例为97.1%，高于全国平均水平近10

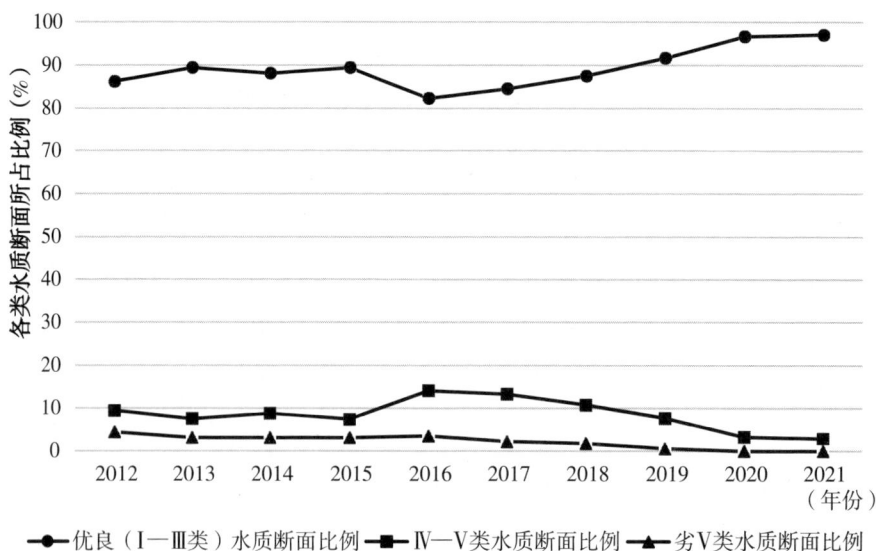

数据来源：2012—2020年《中国生态环境状况公报》；2022年1月生态环境部通报：2021年12月和1—12月全国地表水、环境空气质量状况。

2012—2021年长江流域水质监测情况

个百分点，较 2012 年提高 10.9 个百分点，长江干流水质连续两年全线年均值达到了 II 类，无劣 V 类水质断面情况。二是长江经济带工业园区污水处理设施整治专项行动成果显著，2021 年 1064 家工业园区全部建成污水集中处理设施，累计建成 6.62 万公里污水管网。三是加强自然保护地生态环境监管，2021 年长江经济带 11 省市自然保护区发现整改问题点位 2654 个，已完成整改 2374 个。四是加大长江入河排污口监测、溯源、整治工作力度，2021 年排污口监测工作基本完成，溯源完成率 80% 以上，指导各地整治污水直排、乱排排污口 7000 多个。五是长江十年禁渔促进生物多样性修复，通过统筹推进水生生物资源养护、修复栖息生境等一系列举措，水生生物资源恢复向好趋势逐步显现。

黄河大保护成果显著。"十三五"时期，黄河流域生态环境逐步改善。

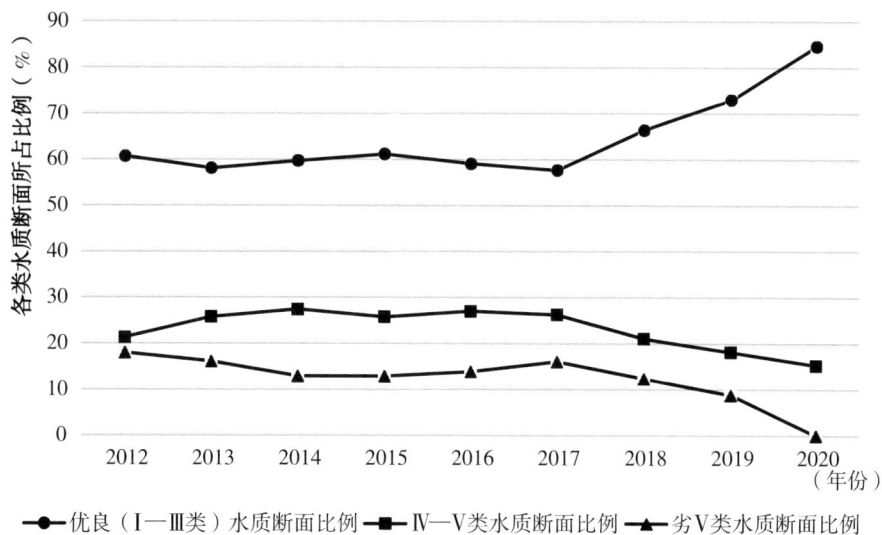

数据来源：2012—2020 年《中国生态环境状况公报》。

2012—2020 年黄河流域水质监测情况

2021年黄河干流全线达到了Ⅲ类水质，其中90%以上断面还达到了Ⅱ类以上水质，黄河水质得到了显著的改善。2021年全面完成黄河干流上游和中游部分河段5省区18个地市7827公里岸线排污口排查，登记入河排污口4434个。

四、绿色发展水平显著提升

党的十八大以来，我国持续建立健全并实施最严格的水资源管理制度、耕地保护和土地集约节约制度以及节能减排考核制度，全面促进资源循环高效利用，推动单位GDP能耗、水耗、物耗显著下降，绿色发展方式加速形成。

（一）资源利用水平显著提升

能源和水资源利用效率明显提升。国家统计局数据显示，党的十八大以来，我国单位GDP能耗降低24.4%，实现了以能源消费年均2.8%的增长支撑了国民经济年均6.5%的增长。与此同时，自2012年最严格水资源管理制度正式实施以来，全国31个省（自治区、直辖市）用水总量在5813亿至6183亿立方米，万元GDP用水量、万元工业增加值用水量分别累计下降42%、51.9%，农田灌溉水有效利用系数也由0.516提高到0.565。

土地和矿产资源集约节约利用程度持续提高。2012—2020年，我国单位GDP建设用地使用面积实际下降率约为32%，增量建设用地规模得到有效控制，存量建设用地挖潜力度持续加大，地均GDP产出大幅提高。

同期，我国非油气矿山数量从 10.4 万个减少到 4.6 万个，大中型矿山比例由 9.1% 迅速突破 34.7%。此外，矿产资源"三率"标准建设工作有序推进，原油和煤层气采收率、有色金属开采回采率和选矿回收率等关键指标明显提升，建成绿色矿业发展示范区 50 个、绿色矿山千余家，主要矿产资源产出率较 2015 年提高超 15%。

资源循环和综合利用水平稳步提升。国家发改委和工信部数据显示，2010 年以来，全国农作物秸秆综合利用率提高 15 个百分点，达 86% 以上；建筑垃圾综合利用率提高 45 个百分点，达 50%；大宗固废综合利用率提高 19 个百分点，达 56%；首批先行先试的 46 个重点城市生活垃圾分类居民小区覆盖率达 86.6%。再生资源利用也取得长足发展，2012—2020 年，废纸、废钢铁、废塑料等十种主要品种再生资源回收利用量增长 1.4 倍，达到 3.8 亿吨。与 2015 年相比，2020 年我国主要资源产出率提高了约 26%。资源循环和综合利用已成为保障我国资源安全的重要途径。

（二）绿色发展方式加速形成

产业结构、能源结构、交通结构持续绿色化。2012—2020 年，高技术制造业、装备制造业增加值在规模以上工业增加值中占比分别达到 15.1%、33.7%，均提高了 5.7 个百分点。农业生产方式绿色化转型步伐加快。中国农业科学院《中国农业绿色发展报告 2020》显示，2012—2019 年，全国农业绿色发展指数提高了 5.01%，由 73.46 增加至 77.14，提前实现了化肥农药的零增长。能源结构持续清洁化低碳化。2012—2021 年，煤炭消费比重由 68.5% 下降到 56%，清洁能源消费比重由 14.5% 提高到 25.5%，我国已成为世界利用新能源、可再生能源第一大国。新能源汽车快速发展。2021 年新增量和保有量分别达 292 万辆和 784 万辆，均占据全球总量半数以上；截至 2021 年底，新能源车充电基础设施全国保有量达 261.7 万处，已建成全球最大规模充电网络。

绿色产业发展势头良好。我国节能环保产业蓬勃发展且初具规模，产值已由 2012 年的约 3 万亿元快速上升到 2020 年的 7.5 万亿元左右。其中，太阳能电池组件全球市场份额占比达 71%，新能源汽车累计推广量多年保持全球第一。绿色制造体系初步建立，研制节能与绿色发展行业标准 468 项，建设绿色工厂、绿色供应链企业和绿色工业园区分别为 2121 家、189 家、171 家，推广绿色产品近 2 万种，对绿色转型形成重要支撑。

清洁生产水平明显提高。《清洁生产促进法》修订实施，《清洁生产审核评估和验收指南》《清洁生产审核办法》等一批政策文件印发施行，钢铁、水泥等重点行业发布 51 项清洁生产评价指标体系。燃煤机组全面完成超低排放改造，已建成全球最大清洁煤电供应体系，正在推进 6.2 亿吨粗钢产能超低排放改造。据不完全统计，仅"十三五"期间，全国重点行业通过实施清洁生产项目降低主要污染物排放强度超过 20%，其中前四年工业企业累计削减主要污染物排放 110 余万吨，实现节电超 300 亿度、节水 45.6 亿吨。

绿色发展政策持续建立健全。我国绿色生产和消费的法规政策体系加快建立健全，财税、金融等支持力度不断加大。资源能源节约、生态环境保护、循环综合利用等方面的税收优惠政策不断细化落实，国家绿色发展基金注册挂牌，金融机构绿色信贷和债券余额分别约为 14 万亿和 1 万亿元（截至 2021 年 9 月底），均位居全球前列。国家环境保护标准体系持续完善，重点地区重点行业开始执行更为严格的污染物特别排放限值，建设项目环评准入标准提高，近两千个"两高一资"、产能过剩、低水平重复建设等项目未通过国家和省级环保部门审批。绿色技术推广目录印发，绿色技术创新步伐加快，绿色产业发展的配套政策持续完善。2021 年 2 月，国务院发布《关于加快建立健全绿色低碳循环发展经济体系的指导意见》，旨在通过建立健全绿色低碳循环发展经济体系，促进经济社会发展全面绿色转型。

（三）绿色生活方式逐步建立

绿色生活创建行动广泛开展。2019 年 11 月，国家发改委印发《绿色生活创建行动总体方案》。统筹开展七个重点领域的创建行动，内容包括绿色家庭、绿色社区、绿色商场、绿色学校、节约型机关、绿色建筑、绿色出行。"1 + 7"政策体系基本形成，引领全社会绿色生活和绿色消费逐步从理念走向实践。在全国范围部署开展"美丽中国，我是行动者"主题实践活动，倡导社会各界及公众身体力行，从选择简约适度、绿色低碳生活方式做起，参与美丽中国建设。依托世界环境日、地球日、森林日、水日、生物多样性日、湿地日等纪念活动，创新生态环境保护主题宣传方式，多次开展日常生活节水节电、生活垃圾污水不随意排放等公众参与度高的绿色生活行动，有效增强公众生态意识和素养。组织开展"中国生态文明奖"等表彰与评选活动，实施生态文明和环保宣传"十进"（进家庭、进机关、进社区、进学校、进企业、进商场、进景区、进交通、进酒店、进医院）活动。此外，生活方式绿色化全民行动逐步纳入文明单位、文明家庭、文明村镇和文明城市创建内容，绿色幼儿园、绿色学校和绿色大学陆续创建，典型示范引领作用开始显现，极大激发了全社会践行绿色生活的热情。

全民绿色生活和消费自觉性显著增强。通过弘扬生态文明价值理念，鼓励宣传并倡导绿色生活方式，全社会践行绿色简约生活和低碳休闲模式的理念意识和内在动力不断增强。2015 年 7 月，生态环境部等部门出台《环境保护公众参与办法》；2018 年 6 月，生态环境部等 5 部门联合发布《公民生态环境行为规范（试行）》，倡导简约适度、绿色低碳的生活方式；开通"12369"环保微信举报平台，公众参与渠道和范围不断拓展，进一步促进了绿色生活和消费的全民行动自觉。2021年12月，生态环境部环境与经济政策研究中心向社会公开发布《公民生态环境行为调查报告》。报告显示，目前社会公众对绿色生活方式表现出较高的关注度、责任感和认知水平等，公民绿色生活和消费意识普遍提高，人人崇尚生态文明的社会新风尚正加速形成。

五、生态系统质量和稳定性显著增强

党的十八大以来，我国持续优化国土空间格局，稳步实施重要生态系统保护和修复重大工程，创新开展山水林田湖草沙一体化保护和修复治理，加速构建市场化、多元化生态补偿机制，推动生态系统质量和稳定性稳步提升。

（一）生态系统保护修复工作稳步推进

山水林田湖草沙一体化保护修复示范作用显现。2016年以来，我国陆续实施25个山水林田湖草沙生态保护修复试点工程，中央财政累计下达奖补资金500亿元，实际完成投资近1700亿元，涉及全国24个省份，惠及65个国家级贫困县，为提升区域生态系统质量和功能、统筹推进山水林田湖草沙系统治理发挥了示范作用、积累了实践经验。

森林资源总量和质量"双提升"。通过大力实施重点防护林体系建设工程、天然林资源保护工程、退耕还林工程，广泛开展全民义务植树活动，森林覆盖率、蓄积量持续保持"双增长"，分别由2012年的20.36%、

137亿立方米提高到2020年底的23.04%、175亿立方米以上，成为全球森林资源增长最多的国家，目前我国森林面积和蓄积量分列世界第五、第六位，人工林面积长期位居世界之首。

草原生态系统质量和稳定性逐步恢复。通过实施草原生态保护补助奖励等政策，扎实推进草原生态保护和修复、退牧退耕还草等工程，2011年至2020年全国草原覆盖度综合植被由51%提高至56.1%，重点天然草原牲畜超载率由28%大幅降低至10.1%，草原生态系统恶化趋势得到遏制。2020年，全国完成种草改良草原283万公顷，鲜草产量突破11亿吨，优质生态产品供给得以有效增加。

河湖、湿地保护和恢复取得积极成效。大力推行河湖长制，着力实施湿地保护修复、退耕还湿、退田（圩）还湖、生态补水等工程。目前，初步形成由64处国际重要湿地、889处国家湿地公园、602处湿地自然保护区、1600余处湿地公园和湿地保护小区构成的保护体系，河湖、湿地生态状况初步改善，全国湿地保护率已达52.65%。

海洋生态保护恢复初见成效。扎实开展沿海防护林建设和红树林保护、滨海湿地和岸线整治修复、海岛保护、海湾综合整治等工作，仅"十三五"时期整治修复岸线和滨海湿地就分别达1200公里、2.3万公顷，推动近岸海域生态状况总体趋稳向好，红树林、海草床、珊瑚礁、盐沼等典型生境退化趋势基本得到遏制。

荒漠化和水土流失治理成效明显。通过实施国家水土保持和防沙治沙重点工程，试点开展沙化土地封禁保护区建设，我国水土流失状况自2012年以来持续呈现面积强度"双下降"、水蚀风蚀"双减少"态势，荒漠化和沙化土地面积已实现连续三个五年监测期"双减少"。

生物多样性保护进程加速。扎实开展濒危野生动植物抢救性保护工程，持续加强自然保护区建设，稳步推进国家公园体制试点。目前，已建立各级各类自然保护地万余处，占到陆域国土面积的 18%，有效保护了 65% 的高等植物群落、90% 的植被类型和陆地生态系统、85% 的重点保护野生动物种群，珍稀濒危野生动植物种群如大熊猫、朱鹮、亚洲象、藏羚羊、苏铁、西藏巨柏等实现恢复性增长。

（二）绿色发展的空间格局基本形成

全国国土空间开发保护"一张图"加快形成。2014 年，全国 28 个市县开展经济社会发展规划、城乡规划、土地利用规划、生态环境保护规划等"多规合一"试点；2019 年，《中共中央国务院关于建立国土空间规划体系并监督实施的若干意见》印发。国土空间规划体系架构正式建立。目前，我国"多规合一"的规划编制审批、实施监督、法规政策和技术标准等体系逐步建立，"三区三线"（即城镇、农业、生态三种空间类型和生态保护红线、永久基本农田保护红线、城镇开发边界三条控制线）划定工作接近尾声，省市县级国土空间总体规划编制基本完成，以国土空间规划为基础的全国国土空间开发保护"一张图"正加速构建。

生态安全屏障骨架初步构建。党的十八大以来，随着主体功能区战略和制度的逐步完善与落实，我国初步搭建起以主体功能区为基础的国土空间开发保护格局总体战略架构，并以生态保护红线、国家重点生态功能区、国家级自然保护地等为重点，通过持续实施重要生态系统保护和修复重大工程，推动生态安全屏障建设取得重要进展。目前，依据生态空间对应划定全国生态保护红线工作基本完成，初步划定的生态保护红线面积比例不低于陆域国土面积的 25%，覆盖了重点生态功能区、生态环境敏感区和脆弱区，以及全国生物多样性分布的关键区域。以"两屏三带"（"青藏高原生态屏障""黄土高原—川滇生态屏障"和"东北森林带""北方防沙带""南方丘陵山地带"）及大江大河重要水系为骨架的生态安全屏障已初步构筑，以分级分类国土全域保护为导向的陆海统筹国土生态安全战略格局加速形成，对维护国家生态安全、支撑生态文明建设发挥了基础性关键作用。

国家公园体制试点取得显著成效。党的十八届三中全会提出建立国家公园体制以来，习近平总书记亲自谋划、亲自部署、亲自推动国家公园建设，主持审定《建立国家公园体制总体方案》《关于建立以国家公园为主体的自然保护地体系的指导意见》，构建起国家公园制度体系的"四梁八柱"。2015年起，陆续启动10个国家公园体制试点。2018年3月，国家公园管理局揭牌成立，负责统一行使国家公园管理职责，国家公园管理体制初步确立。目前，国家公园体制试点任务基本完成，三江源、大熊猫、东北虎豹、海南热带雨林、武夷山等第一批国家公园正式设立，基本构建起了统一的自然保护地分类分级管理体制，国家公园强大的生命力日益凸显。

（三）生态保护补偿机制正在建立

生态保护补偿制度建设成果丰硕。自2014年新修订的《中华人民共和国环境保护法》明确提出建立健全生态保护补偿制度以来，国家陆续出台了《关于建立健全生态产品价值实现机制的意见》《关于深化生态保护补偿制度改革的意见》，加之各地各部门陆续出台的相关细化文件，我国生态保护补偿制度建设取得丰硕成果。目前，已建成世界范围内受益人口最多、覆盖领域最广、投入力度最大的生态保护补偿机制，实现了森林、草原、水流、湿地、耕地、荒漠、海洋等重点领域和禁止开发区域、重点生态功能区等重要区域全覆盖，跨地区、跨流域补偿试点示范广泛开展，市场化、多元化补偿格局加速形成。

生态保护补偿实践丰富多元。党的十八大以来，各地结合实际大力探索市场化、多元化生态保护补偿机制，重点领域、区域和流域生态保护补偿范围逐步扩大，投入力度持续增加，补偿方式丰富多元。截至 2020 年，我国生态保护补偿财政资金投入达 2000 亿元左右，重点生态功能区生态补偿范围扩展到 818 个县、补偿资金提高到 794.5 亿元，森林生态效益补偿实现国家级生态公益林全覆盖；横向生态补偿实践积极探索，15 个省份参与开展了 10 个跨省流域生态补偿试点，21 省（自治区、直辖市）建立了行政区内全流域生态补偿机制，10 省（自治区、直辖市）50 个县（市、区）启动了生态综合补偿试点工作，长江全流域横向生态保护补偿开始实施，黄河全流域横向生态补偿机制试点也已启动；用能权、用水权、排污权、碳排放权等市场交易体系加速培育，国家级水权交易平台—中国水权交易所开业运营，全国碳市场正式上线交易，多地还探索设立了市场化"生态银行"；绿色信贷规模和绿色债券发行规模跻身世界前列，新安江绿色发展基金、国家绿色发展基金等相继设立，社会资本参与生态环境保护的市场化机制不断增强。包括生态保护补偿在内的生态产品价值实现机制的初步建立和不断完善，正激发全社会提供生态产品的内生动力，推动我国生态环境保护工作步入良性循环新阶段。

六、开创建设地球生命共同体新局面

党的十八大以来，我们秉持地球生命共同体和人类命运共同体理念，持续推进国内生态文明建设，为全球生态保护和气候治理贡献了中国智慧和中国力量。

（一）严格履行国际生态环境公约

严格履行各类国际环境公约。中国积极参与生态环境领域国际公约，截至 2020 年底，已签署或加入 50 多项生态环境国际公约，为各项公约履行作出了中国表率。在《蒙特利尔议定书》框架下，中国累计淘汰的消耗臭氧层物质占发展中国家淘汰总量的 50% 以上。签署《斯德哥尔摩公约》20 年来，全面淘汰 17 种持久性有机污染物，提前完成多氯联苯电力设备下线和处置的履约目标，实现了二噁英排放和有机氯类 POPs 排放强度的全面快速下降。为履行《湿地公约》，中国是全球首个完成三次全国湿地资源调查、持续改善湿地生态状况的国家。

积极应对全球气候变化。中国高度重视应对气候变化这一人类共同挑战，并付诸实际行动，采取了一系列战略措施并取得积极成效。2020 年中国碳排放强度比 2005 年下降 48.4%，超额完成了中国向国际社会承诺的到 2020 年下降 40%—45% 的目标，基本扭转了二氧化碳排放快速增长的局面。在此基础上，2020 年中国又提出"二氧化碳排放力争于 2030 年前达到峰值，努力争取 2060 年前实现碳中和"的目标，并宣布"到 2030 年，单位 GDP 二氧化碳排放将比 2005 年下降 65% 以上，非化石能源占一次能源消费比重将达到 25% 左右，森林蓄积量将比 2005 年增加 60 亿立方米，风电、太阳能发电总装机容量将达到 12 亿千瓦以上"等目标任务，并陆续发布碳达峰、碳中和"1 + N"政策体系。

大力推进生物多样性保护。围绕生物多样性保护，中国形成了涵盖法律、政策、行动等一整套有效治理体系，为全球生物多样性保护作出了中国贡献。在政策法规方面，将生物多样性保护纳入各地区、各领域中长期规划，颁布和修订野生动物保护法、环境保护法等 20 余部相关法律文件。在措施行动方面，建立各级各类自然保护地，划定生物多样性保护优先区域，启动国家公园体制试点，有力推动了生态环境改善。目前，设立陆地自然保护区、恢复和保障重要生态系统服务、增加生态系统的复原力和碳储量等3项目标超额完成，生物多样性主流化、可持续管理农林渔业、可持续生产和消费等13项目标取得良好进展，绝大多数的陆地生态系统类型和国家重点保护野生动植物物种得到有效保护。

（二）绿色"一带一路"建设取得显著成效

推动绿色"一带一路"理念共识持续深化。中国制定绿色"一带一路"建设顶层设计，并参与构建多方平台，推动绿色发展的理念共识不断深化。在政策方面，先后印发了《关于推进绿色"一带一路"建设的指导意见》，实施了《"一带一路"生态环保合作规划》等文件，明确绿色"一带一路"建设的总体目标、主要任务以及具体工作要求，推动绿色发展理念融入"一带一路"建设的各个环节。在平台方面，生态环保大数据服务平台、"一带一路"绿色供应链合作平台等，支持沿线国家在绿色贸易、绿色投资和绿色基础设施等领域加强信息交流和知识共享，"一带一路"绿色发展国际联盟、"一带一路"智库合作联盟、"一带一路"国际智库合作委员会等，成为各国绿色发展理念、政策与实践的分享平台，对沿线国家绿色发展产生积极影响。

绿色"一带一路"合作伙伴关系全面加强。在绿色"一带一路"框架下，通过开展联合研究、人员培训、学术交流等方式，与沿线国家、相关区域和国际组织等开展合作，构建形成了绿色发展的全球合作网络。截至2021年8月，中国已同172个国家和国际组织签订了200多份共建"一带一路"的合作文件。与东盟启动了中国—东盟生态友好城市伙伴关系、中国—东盟环境信息共享平台等建设，以上海合作组织为依托开展了中国—中亚—西亚经济走廊的多边绿色合作，与法国、德国等进行生态环境保护和应对气候变化战略对接，并与联合国开发计划署、环境规划署以及世界银行等围绕基础设施、金融服务等开展绿色合作。地方、城市、企业和智库等日益成为绿色"一带一路"的重要参与者和建设者。

绿色"一带一路"务实行动成效显著。通过绿色基础设施建设、绿色贸易、绿色技术等一系列看得见、摸得着的实际举措，"一带一路"绿色发展对沿线国家经济绿色转型升级的拉动效能日益显现，沿线国家可持续发展目标指数呈现上升趋势。在基础设施和基础产业方面，以太阳能、风能和水电等可再生能源项目为代表的绿色能源设施建设加速推进，雅万高铁、中老铁路、瓜达尔港等重大项目实施，带动了当地实现可持续发展。在绿色发展交流共享方面，"一带一路"生态环保大数据服务平台和绿色发展典型案例报告，为沿线国家政府、企业、智库及民众等提供环境与发展政策、标准、技术等信息，提供开发清洁能源、保护生态环境、应对气候变化、履行企业社会责任等示范性案例。在人才培养方面，通过实施"绿色丝路使者计划"、环境管理对外援助培训等项目，为发展中国家培训了大批环境部门官员以及青年、学者、企业代表。在亚洲基础设施投资银行、丝路基金和金砖国家新开发银行等支持下，绿色"一带一路"建设日益成为落实《联合国 2030 年可持续发展议程》的新途径。

（三）成为全球生态文明建设的重要参与者贡献者引领者

做全球生态文明建设的参与者、贡献者和引领者。中国率先发布实施可持续发展战略国家方案，积极推动气候变化《巴黎协定》的签署、生效和实施，自我加码宣布"双碳目标"提振全球应对气候变化信心，是世界上第一个大规模开展 $PM_{2.5}$ 治理的发展中大国，形成了世界最大的污水处理能力，成为对全球臭氧层保护贡献最大的国家。中国大力开发风能、光伏等新能源，为加快全球从化石能源向可再生能源的转型作出了重要贡献。从人类命运共同体理念，到绿色"一带一路"建设，再到全球生态科学治理体系，中国主张受到国际社会的高度赞誉和热烈响应，中国在全球生态文明建设领域的影响力大大提升，引领者作用和地位日益凸显。

推动构建公平合理、合作共赢的全球环境治理体系。中国坚定捍卫以联合国为核心的国际体系和以国际法为基础的国际秩序，坚定践行多边主义，努力推动构建公平合理、合作共赢的全球环境治理体系。中国率先发布《中国落实 2030 年可持续发展议程国别方案》，支持《联合国气候变化框架公约》第二十六次缔约方会议取得积极成果，积极承办《生物多样性公约》第十五次缔约方大会，同各方一道推动全球生物多样性治理迈上新台阶。秉持"授人以渔"理念，通过多种形式的南南务实合作，尽己所能帮助发展中国家提高应对气候变化能力。引领全球绿色投融资，在第七十六届联合国大会一般性辩论上宣布将大力支持发展中国家能源绿色低碳发展，不再新建境外煤电项目。中国始终坚持共谋全球生态文明建设，坚持多边主义，愿同世界各国加强团结、推进合作，携手共建人类命运共同体，让全球生态文明建设行稳致远。

第五章
开放：更高水平开放新格局加快形成

党的十八大以来，以习近平同志为核心的党中央坚持扩大开放不动摇，坚持与时俱进调整开放战略，坚持开放发展新理念，坚持内外联动新思维，加快构建更高水平的开放型经济新体制，主动塑造全面开放新格局，推动我国从适应型开放到主动型开放，从商品和要素流动型开放到制度型开放。新时代的对外开放，为推动经济实现跨越式发展提供了强大动力，也为构建开放型世界经济、促进各国共赢发展作出重大贡献。

一、从贸易大国迈向贸易强国

党的十八大以来，我们坚定不移同世界共享市场机遇，以贸易高质量发展，促进我国外贸规模与市场份额连续取得历史性跨越，推动我国在全球贸易体系和价值链分工格局中的地位显著提升。

（一）对外贸易总规模跃居世界第一

货物与服务贸易总额首度超越美国，成为全球第一大贸易国。十年来，我国对外贸易规模持续快速扩大。据联合国贸发会议按国际收支口径统计，2020 年我国货物和服务合计进出口总额达 5.1 万亿美元，总规模首度超越美国，成为真正意义上的全球第一大贸易国，全球占比创 11.8% 的历史新高。面对世纪大疫情持续冲击和全球经济大衰退，我国率先实现复工复产，对外贸易展现出超强韧性，2021 年货物和服务贸易双双强劲复苏，外贸总规模再上新台阶，跨越 6.6 万亿美元大关。

　　货物贸易规模升至世界第一，全球市场份额连创新高。2013 年我国货物贸易首次突破 4 万亿美元，超越美国成为货物贸易全球第一大国。2020 年我国货物贸易达 4.5 万亿美元，是世界上唯一实现外贸正增长的主要经济体，全球占比达 13.2% 的历史新高，比 2011 年提高 3.1 个百分点。2021 年我国货物贸易一年内连续跨越 5 万亿美元和 6 万亿美元大关，全

（单位：百万美元）

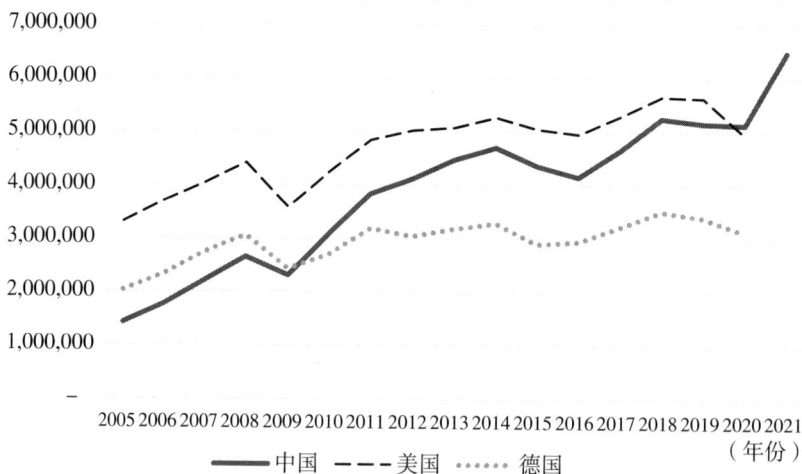

资料来源：联合国贸易和发展会议（UNCTAD）数据库，2021 年中国数据来自国家统计局。

2005—2021 年中国、美国、德国的货物和服务进出口总额

球占比再创新高。

服务贸易规模升至全球第二，逆差大幅缩减。随着服务业对外开放和竞争力提升，我国服务贸易快速发展，正在成为我国融入全球化的新亮点和外贸增长的新引擎。2021 年服务贸易总额达 7700 亿美元，比 2011 年增长 73%，由于出口增幅远超进口，服务贸易逆差降至 1000 亿美元以下，为十年来最低。

（二）贸易高质量发展取得重要突破

贸易伙伴日益多元化，越来越多的发展中国家成为重要贸易伙伴。2021 年，东盟占我国货物进出口总额的比重达到 14.5%，比 2011 年上升 4.5 个百分点，首次成为我国第一大货物贸易伙伴；"一带一路"沿线国家占比接近 30%。同期，美国、欧盟、日本仍是我国重要贸易伙伴，但合计占比下降 5 个百分点至 32.3%。

商品结构持续优化，出口竞争力显著增强。出口产品从消费品为主向消费品和资本品并重转变，产品技术含量和附加值水平不断提高。2021 年机电产品和高新技术产品出口额分别接近 2 万亿美元和 1 万亿美元，比十年前分别增长 83% 和 79%。

全球分工地位显著提升，成为全球价值链三大枢纽之一。以外贸为纽带，我国深度参与国际分工，在较短时间内发展成为与美国和德国并列的全球价值链三大枢纽之一。国内增加值率较高的一般贸易出口持续扩大，2021 年达 2.05 万亿美元，占比 61%，比 2011 年提高近 13 个百分点，出口主要依赖附加值较低的加工贸易的格局明显改变。世界银行赞誉中国为通过融入全球价值链提高供给侧生产率和国际竞争力的典型范例。

新业态新模式蓬勃发展，外贸新增长点不断涌现。2014 年以来，我国分批设立 132 个跨境电商综合试验区，跨境电商从无到有、迅猛扩张，到 2021 年进出口额突破 2 万亿元人民币；在 31 家市场开展市场采购贸易方式试点，2021 年贸易规模达到 9300 亿元。外贸综合服务企业突破 1500 家，海外仓突破 2000 个。

现代服务出口大幅增长，知识密集型服务竞争力快速提升。2021 年我国知识密集型服务进出口占比达 43.9%，其中，电子计算机和信息服务出口额突破 3000 亿元人民币，是 2011 年的 3.6 倍，占服务出口的份额达到 12.6%，比十年前提高 6 个百分点；知识产权使用费收入近 750 亿元人民币，相当于 2011 年的 15.6 倍，出口占比也从 0.4% 提高到 2.9%。

（三）以主动开放推动贸易实现跨越式发展

持续完善政策制度体系，推动对外贸易创新发展。十年来，我国始终坚持主动融入经济全球化进程，制定出台、实施《中共中央国务院关于推进贸易高质量发展的指导意见》、《关于加快发展外贸新业态新模式的意见》和《"十四五"对外贸易高质量发展规划》等一系列指导意见和规划，从降低贸易壁垒、扩大市场准入、提升便利化水平、推动区域经济一体化等方面制定贸易促进政策。同时，培育一批外贸转型升级综合型、专业型基地，鼓励建设"海外仓"、两次扩围推进服务贸易创新发展试点，通过监管模式和管理体制创新，显著提升了贸易便利化水平，为进一步挖掘贸易增长潜力、推动外贸持续健康发展提供了关键支撑。

主动降低关税水平，形成开放发展新动力。我国切实全面履行加入世贸组织承诺，在此基础上多次主动降低进口产品关税。根据世界贸易组织（WTO）与联合国贸易和发展会议（UNCTAD）发布最新一版《2021 世界关税报告》，截至 2021 年，我国关税总水平已降至 7.4%，明显低于 9.8% 的入世承诺，贸易加权平均关税水平更是已降至 3.4%，接近发达国家的水平，形成开放发展新动力，充分体现向全球开放市场的大国气度与担当。

积极扩大服务业开放，提升服务贸易战略地位。根据入世承诺，我国在 12 大类服务部门的 160 个分部门中开放 9 大类 100 个分部门。在完全履行承诺基础上，我国持续扩大服务业开放。截至目前，已不同程度开放近 120 个分部门，超过了所做承诺。

持续提升贸易便利化水平，助力外贸可持续发展。我国积极建设"三互"大通关协作机制，全面建成国际贸易"单一窗口"并覆盖全国所有口岸。2021 年海关进口、出口整体通关时间分别比 2017 年压缩 62% 和 85%，进出口环节需核验的监管证件数量比 2018 年精减 52%，促进贸易便利化水平显著提升。

举办新型展会平台，为贸易融通提供新支撑。在持续办好广交会的基础上，2012 年创办中国国际服务贸易交易会，2018 年举办全球第一个以进口为主题的中国国际进口博览会，2021 年举办中国国际消费品博览会。持续成功举办四大国家级展会，促进了我国对外经贸发展，也为维护开放型世界经济创造新需求、注入新动力。

加快实施高水平自贸区战略，主动融入区域经济一体化。党的十八大提出加快实施自由贸易区战略，十八届三中全会提出要形成面向全球的高标准自由贸易区网络，为我国密切对外经贸关系、参与国际经贸规则制定、促进更高水平开放，奠定了制度基础。十年来，签署了 14 个自由贸易协定（FTA），占签署贸易协定总数的近 3/4，其中 2022 年生效的区域全面经济伙伴关系协定（RCEP）是迄今全球覆盖人口最多、经贸规模最大的自由贸易区协定。

二、成为全球重要投资大国

党的十八大以来，我们积极抢抓全球化机遇，坚持制度创新和扩大开放，坚持统筹结合"引进来"和"走出去"，推动我国双向投资实现跨越，成为全球重要的跨境投资大国。

（一）制度创新为"引进来""走出去"注入新动力

持续深化外资管理体制改革，国际化营商环境不断优化。一是法律基础进一步夯实。2020 年 1 月 1 日，《中华人民共和国外商投资法》正式实施，以新时代的对外开放新理念，构建起我国首部统一的外资基础性法律。坚持开放和安全并重，按国际惯例出台《外商投资安全审查办法》。二是外资管理制度体系进一步健全。实施"准入前国民待遇加负面清单"的管理制度，推进公平竞争审查、外资安全审查、外商投诉管理等综合管理制度，系统覆盖市场开放、外资促进、公平竞争、权益保护等现代化投资治理领域。三是市场准入水平大幅提升。2013—2021 年，自贸试验区外资准入负面清单从 190 条压缩至 27 条，全国版负面清单缩减至 31 条，不断推动更大范围、更宽领域、更深层次对外开放。经合组织（OECD）认为，我国是十余年来全球领先的对外开放者（Top Performer）。四是外商投资服务全面优化。出台稳外资、扩大开放、利用外资促进高质量发展等一系列政策文件，发布我国首份利用外资发展专项规划《"十四五"利用外资发展规划》，出台《优化营商环境条例》，加快营造市场化、法治化、国际化营商环境。我国营商环境在世界银行全球排名中由 2017 年第 78 位跃升至 2020 年第 31 位。

不断增强对外投资管理和服务支撑，"走出去"含金量持续提升。加大"放管服"改革，对外投资活动更加便利。出台《企业境外投资管理办法》，实行以"备案为主、核准为辅"的新型管理体制，简化审批流程和外汇手续，探索资金跨境流动自由化便利化。加强规范指导，对外投资活动更加有序。坚持市场主导与政府引导相结合，出台《关于进一步引导和规范境外投资方向的指导意见》等文件，引导规范企业对外投资行为。加快平台建设，对外投资服务体系更加健全。不断完善对外投资公共服务平台，引导金融、法律等服务业企业加快海外布局。企业在东道国设立境外商协会，搭建信息共享、服务联动的对外投资综合性服务平台，推动提升企业国际化经营水平。统筹推进"引进来""走出去"，国际投资合作环境持续改善。注重升级双边投资协定或自贸协定投资章节，更加全面系统地涵盖投资促进与权益保护等内容。2020年达成中欧投资协定和2021年正式申请加入CPTPP，彰显我国加快对标高标准国际经贸规则的决心。2022年生效的RCEP中，我国在制造业、农业、林业、渔业、采矿业等5个非服务业领域首次承诺采用投资负面清单制度。

（二）利用外资跃升全球前列

利用外资规模不断实现新突破。我国坚持扩大开放，对国际投资者吸引力显著增强。新冠肺炎疫情暴发后，在全球跨境投资2020年规模下降1/3的形势下，我国经济率先恢复、供应链韧性与市场规模等优势凸显，引资逆势增长，跃居全球利用外资第一位，全球占比从2011年的7.7%增至15%。截至2020年底，我国累计设立外资企业超过104万家，累计实际使用外资超过2.4万亿美元，2017—2020年稳居全球引资第二位。2021年，我国非金融类引资规模以美元计增长20.2%，达1734.8亿美元，是2011年的1.5倍；以人民币计首次突破万亿元，达1.15万亿元。

利用外资质量显著提升。十年来，我国加快培育引资新优势，超大规模市场、高质量人力资源、创新应用场景、完备供应链体系和数字经济发展等综合优势明显增强，日益成为跨国公司全球供应链的重要环节及新兴领域投资的重要目的地。先进制造业、服务业、高技术领域外资流入大幅提升，2013 年服务业利用外资占比 58.7%，2020 年达 75.2%。2020 年和 2021 年高技术产业利用外资增幅分别达 11.4% 和 17.1%。跨国公司在华设立地区总部、研发中心已超过 2000 家，以吸收中小企业技术创新为特征的开放创新中心不断涌现，研发创新成为跨国公司在华业务新趋势。

（单位：亿美元）

■中国实际利用外资额

资料来源：我国数据来自国家统计局和商务部。

2011—2021 年我国历年实际用外资规模

利用外资成为高水平融入全球化的重要途径。通过吸引外资，将技术、管理、人才等要素资源与我国比较优势叠加融合，加速融入全球价值链网络，为我国技术创新、产业转型升级、经济高质量发展和国际竞争力提升提供重要助力。据商务部统计，外资企业以占全国企业总数 2% 的企业数量，贡献了全国 1/10 的城镇就业、1/6 的税收、2/5 的进出口；规模以上外资工业企业研发经费持续增长，2020 年达到 1742 亿元，是 2011 年的 1.86 倍。

（三）由引资大国转变为双向投资大国

对外投资规模跃升至全球首位。2011 年以来，我国对外投资快速增长，2015 年起与利用外资流量基本持平，由资本流入为主的引资大国转变为双向投资大国。据商务部统计，2020 年我国对外直接投资流量、存量分别达 1537 亿美元和 2.58 万亿美元，是 2011 年的 2.1 倍和 6.1 倍，流量的全球排名由第六位升至第一位，存量排名由第十三位升至第三位；设立企业数量从 1.8 万家增至 4.5 万家，覆盖国家 / 地区增至 189 个。2021 年，我国对外直接投资进一步实现 9.2% 的新增长。

"高水平"走出去呈加快态势。从产业分布看，我国对外投资结构

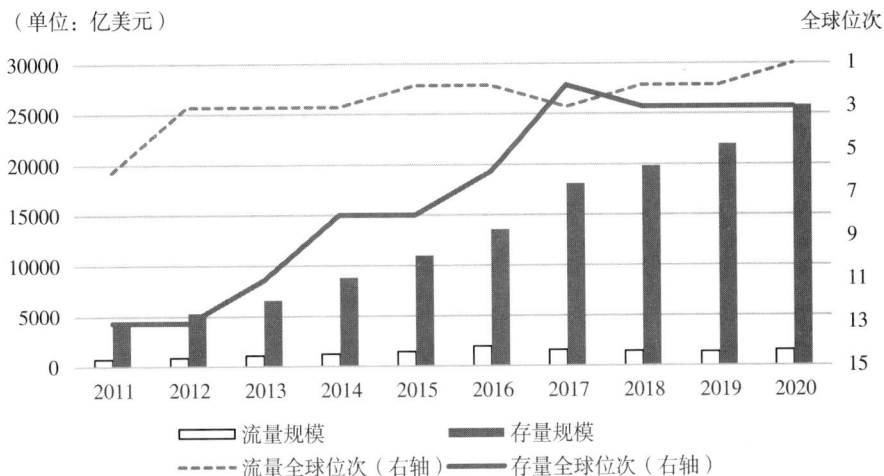

（单位：亿美元）　　　　　　　　　　　　　　　　　　　　全球位次

数据来源：商务部。

2011—2020 年我国对外直接投资存量和流量规模及全球位次

持续优化,由资源能源领域向现代制造业、信息技术、金融等领域拓展。2011—2020 年,制造业投资存量增长 9.3 倍,占比从 6.3％提升至 10.8％;信息技术服务业对外投资存量规模增长 30 倍,占比从 2.2％提升至 11.5％;科研和技术服务业投资存量增长 12.8 倍,占比从 1％提升至 2.3％。从价值链环节看,从贸易和销售向生产制造、服务、研发等环节延伸,高端制造、数字经济、绿色产业等领域对外投资大幅增加。从市场主体看,具有品牌影响力、一定产业链带动能力的跨国企业不断涌现,成为中国企业跨国经营的新典范。2021 年,联合国贸发会议发布的非金融类企业海外资产全球百强中,我国大陆企业有 10 家,数量仅次于美、英、法。从投资模式看,越来越多的企业采取跨国并购、设立海外研发中心等丰富多元的投资方式,加强创新资源优化配置与国际创新合作。2012—2020 年我国企业跨国并购年均规模达 666 亿美元,是 2004—2011 年年均规模的 4 倍。从区域分布看,共建"一带一路"为我国与沿线国家投资与产能合作带来巨大空间。截至 2020 年,我国在"一带一路"沿线 63 个国家设立超过 1.1 万家境外投资企业;截至 2021 年底,累计投资超 1600 亿美元。

境外经贸合作区成为我国与东道国合作共赢的重要载体。境外园区是服务对外投资企业的重要载体与平台。据商务部统计,截至 2021 年底,境外经贸合作区分布在 46 个国家,累计投资 507 亿美元,上缴东道国税费 66 亿美元,创造 39.2 万个当地就业岗位,成为我国企业与东道国共商、共建、共赢的平台。

对外投资成为我国企业全球化经营的重要路径。十年来,我国企业借助对外投资和跨国并购,不断优化资源配置,发挥新技术新业态优势,共建国际产能合作网络,充分利用国内国际两个市场、两种资源联动发展。

三、以先行先试引领更高水平开放

党的十八大以来，我国积极打造高水平开放平台，充分发挥其作为国家改革开放先行探索的"排头兵"和重大制度创新的"试验田"作用，推动从商品和要素流动型向制度型开放转变，促进培育国际合作竞争新优势、构建开放型经济新体制和全方位开放新格局，有力推动开放发展实现新飞跃。

（一）全方位布局高水平开放平台

设立自贸试验区、海南自贸港，为深化改革开放探索新路径、积累新经验。党中央、国务院依据国际高水平经贸规则新趋势和高质量发展新要求，2013 年，在上海设立首个自由贸易试验区，这是在新形势下全面深化改革和扩大开放的一项战略举措，也是我国主动扩大开放的重要平台。8 年多来，我国持续优化自贸试验区布局，从点到线、从线到面共设立 21 个自贸试验区，覆盖全国东西南北中，形成沿海成片、内陆连线的全方位布局，试点范围不断扩大、领域持续拓展、水准显著提高。2019 年，设立临港新片区，提出打造"更具国际市场影响力和竞争力的特殊经济功能区"。2020 年，在习近平总书记亲自谋划、亲自部署和亲自推动下，设立海南自由贸易港，瞄准全球最高开放形态、对标国际高水平经贸规则，把海南自由贸易港打造成为引领我国新时代重要开放门户和开放新高地。

依托深圳、浦东、横琴、平潭等区域，开启新时代改革开放纵深发展的新篇章。深圳、浦东、横琴、平潭的开发开放，是推动拓展改革开放向纵深发展的重要举措。新形势下，党中央、国务院赋予这些地区改革开放新使命。为支持港澳经济社会发展、推动其长期繁荣稳定，为进一步提升粤港澳合作水平、支持深圳建设中国特色社会主义先行示范区建设和横琴粤澳深度合作区发展注入新动力，2021 年 9 月印发《全面深化前海深港现代服务业合作区改革开放方案》和《横琴粤澳深度合作区建设总体方案》。2021 年 7 月，发布《关于支持浦东新区高水平改革开放打造社会主义现代化建设引领区的意见》，赋予浦东新区改革开放新的重大任务，使之成为更高水平改革开放的开路先锋、全面建设社会主义现代化国家的排头兵、彰显"四个自信"的实践范例。

（二）以开放平台先行先试引领构建开放型经济新体制

自贸试验区率先试验，成为全面深化改革开放试验田、新标杆。以制度创新为核心，自贸试验区坚持大胆试、大胆闯、大胆改，积极探索制度型开放新途径，实施外商投资负面清单制度，推动外商投资管理实现历史性变革，率先探索建立国际贸易"单一窗口"、创立自由贸易账户、实施"证照分离"等制度创新。同时探索建立适应高水平开放的监管制度与风险防控体系，努力实现既能放得开，又能管得住。8 年多来，已累计形成 278 项试点经验向全国复制推广。商务部数据显示，2021 年 21 家自贸试验区以不到全国千分之四的国土面积，实现了占全国 17.3% 的进出口规模，实际利用外资占全国比重为 18.5%；贸易投资自由化便利化水平全国领先，带动全国营商环境明显改善。

打造最高水平的开放形态，海南自贸港建设顺利开局、成效初显。2020 年 6 月《海南自贸港建设总体方案》出台后，2021 年 6 月，正式颁布《中华人民共和国海南自由贸易港法》，中央部委和海南省出台 150 多份政策文件，形成初具竞争力的自贸港开放政策和制度体系、法律保障体系，自贸港建设顺利开局，政策成效开始显现，已经从高水平设计进入高标准建设阶段。

深化服务贸易创新发展试点，适应现代服务业开放发展的制度体系逐步形成。2015 年国务院批复在北京市开展服务业扩大开放综合试点，2021 年将天津、上海、海南、重庆纳入试点，形成"1 + 4"格局，2021 年试点地区服务业引资占全国的 33.4%。2016 年以来，我国持续深化服务贸易创新发展试点，大幅提升服务贸易自由化、便利化水平，28 个试点地区服务贸易增速普遍高于全国平均水平，带动全国服务贸易规模扩大、结构优化，知识密集型服务贸易占比不断提高，数字贸易等服务贸易新业态新模式快速发展。2021 年我国服务贸易同比增长 16.1%，知识密集型服务贸易同比增长 14.4%。

充分发挥经开区对外开放主阵地作用，为稳外贸稳外资提供有力支撑。2020 年 217 家国家级经开区实现进出口总额 6.7 万亿元，同比增长 4.8%，占全国进出口总额比重为 20.8%；实际使用外资和外商投资企业再投资 611 亿美元，同比增长 17.5%，占全国利用外资比重为 23.1%，在全国贸易和利用外资的作用不断提升，为我国稳外贸、稳外资发挥了重要的支撑作用。

（三）依托开放平台辐射带动形成全方位区域开放新格局

推进区域协同联动开放，更好支撑国家战略。党的十八大以来，党中央、国务院出台一系列政策举措，鼓励各地立足比较优势，与区域战略有效衔接、协同开放。各地以开放平台建设，积极服务国家开放大局，如广东自贸试验区正在积极建设成为海上丝绸之路重要枢纽，四川自贸试验区正在积极建设成为国际开放通道枢纽区、内陆与沿海沿边沿江协同开放示范区；通过充分发挥重要节点城市和地区的引领作用，辐射带动周边地区，加快形成区域发展新动力；通过开放资源对接、区域开放联动，构建更有韧性的区域产业链供应链;通过服务共享、监管互认和信息对接,助力构建高水平开放型经济新体制,加快培育国际合作竞争新优势。

加快中西部开放发展,提升我国整体开放水平。多次修订《中西部地区外商投资优势产业目录》,支持中西部地区承接产业转移。2012年以来,在中西部地区新设立44个国家级经开区和57个海关特殊监管区。开放平台建设和一系列政策举措,带动中西部融入国际化生产网络,有力推动中西部地区外向型经济发展,使之对外贸易占全国的比重分别由2012年的6.6%和6.1%上升至2020年的11.2%和9.2%,使西部地区引资的全国占比由2011年的4.99%升至2021年的5.6%。2021年,中西部地区利用外资同比增长20.5%,高于东部地区近6个百分点。

加强开放大通道建设,支持内陆沿边地区开拓发展新空间。按照"外部联通、内部贯通"原则,国家大力推进交通与物流设施建设,通过建设陆海空立体开放通道、促进监管体制对接等,加快打造区域交通枢纽和现代化综合交通运输体系,着力畅通开放合作通道。例如,2019年8月,《西部陆海新通道总体规划》出台,进一步增强铁路、公路等交通基础设施建

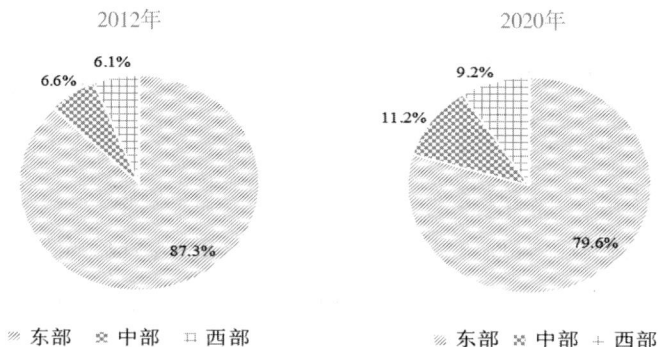

资料来源:海关总署。

东、中、西部地区货物贸易占全国比重(%)

2011年　　　　　　　　　　　　　2021年

4.99%　　　　　　　　　　　　　5.6%

9.84%　　　　　　　　　　　　　6.4%

85.15%　　　　　　　　　　　　88.0%

▨ 东部　▨ 中部　＋ 西部　　　　　▨ 东部　▨ 中部　▢ 西部

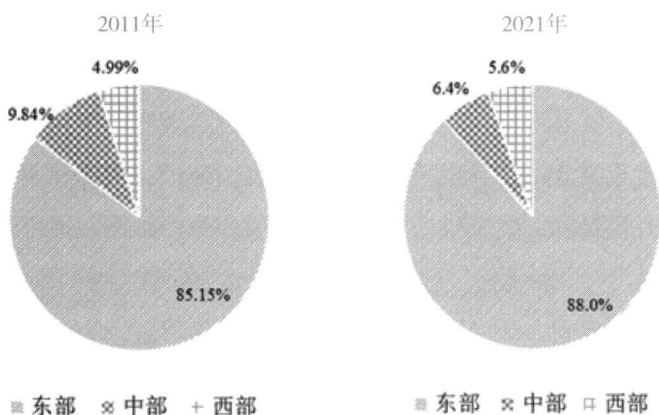

资料来源：商务部。

东、中、西部地区吸引外资占全国比重（％）

设，提升沿海港口功能，发展多式联运，提高通道运行效率，提升西部地区与东南亚地区的互联互通水平。积极支持中西部内陆和沿边地区常态化开行货运班列，增开国际客货运航线，中欧班列成为促进中欧贸易持续发展的陆上大通道。

四、"一带一路"倡议成为全球重要合作平台

2013年，习近平总书记提出共建丝绸之路经济带和21世纪海上丝绸之路倡议。经过持续努力，"一带一路"已从谋篇布局的"大写意"阶段进入精谨细腻的"工笔画"阶段，从全新倡议迅速发展成为全球重要的开放合作平台。

（一）"一带一路"倡议传承与创新丝路精神

"一带一路"是中国主动为全球治理提供的公共产品。2008年国际金融危机以来，贸易投资保护主义不断抬头，逆全球化暗流涌动，多边贸易体系受到严重挑战，世界经济遭遇前所未有的冲击。我国顺应全球治理体系变革的时代要求、顺应各国谋求开放发展的积极意愿，提出基于自主自愿原则共建"一带一路"，推动经济全球化继续向前发展，为世界经济合作发展开辟新空间，为国际贸易投资往来搭建新平台，为完善全球经济治理进行新实践，为增进各国民生福祉提供新支撑。

"一带一路"倡议具有系统多元的合作框架与机制。在合作内容上，包括政策沟通、设施联通、贸易畅通、资金融通、民心相通，既有硬联通，还有软联通。在合作空间上，包括六大经济走廊，呈网状铺开，同时秉持开放的区域主义精神，一切愿意参加合作的国家都可以参与。在合作机制上，强调充分利用现有合作机制，并根据实际发展需要携手建立新机制。在发展愿景上，倡导建设和平之路、繁荣之路、开放之路、绿色之路、创新之路、文明之路、廉洁之路，共同打造可持续发展的标杆。

"一带一路"倡议是实现全球合作共赢的新路径。"一带一路"倡议具有广泛的包容性，不排除也不针对任何一方，强调和而不同、求同存异；强调国不分大小、强弱、贫富，一律平等参与；基于共同利益与责任致力构建人类命运共同体，追求实现"美美与共、天下大同"。共建"一带一路"不是独舞、独奏，而是诸多国家共同参与的"集体舞"、大合唱。共建"一带一路"遵循的主要原则是共商共建共享，共商以体现国际民主，共建以汇聚合力，共享以保障共同繁荣。

（二）"一带一路"建设亮点纷呈、硕果累累

推进战略对接，凝聚政策共识。两届"一带一路"高峰论坛共形成

562 项具体成果。合作机制不断完善，沿线国家海关和税务部门分别建立"一带一路"大通关与税收征管合作机制；在双边经贸联委会等框架下，与多个国家专门设立了贸易畅通与投资合作工作组；六大经济走廊部分形成次区域长期合作规划；分领域合作机制持续丰富，如建立绿色发展国际联盟、中欧班列国际铁路合作机制、丝路国际智库网络（SiLKS）等。

推动项目落地，设施联通改善显著。各方聚焦"六廊六路多国多港"主骨架，一大批基础设施重大投资项目和重大工程顺利完工，有效提升了沿线国家的基础设施水平；加强标准、程序、道路、平台等软硬件对接兼容，加密班列航线，促进沿线国家在港口、交通、电力、通信等领域的合作深化。据不完全统计，中国已在非洲分别修建 6000 多公里铁路和公路，建设近 20 个港口、80 多个大型电力设施和 130 多个医疗设施。目前，中欧班列已铺画 73 条运行线路，通达欧洲 23 个国家的 175 个城市，年开行量从 2013 年的 80 列增至 2021 年的 1.5 万列，到 2022 年 1 月已累计开行超 5 万列。

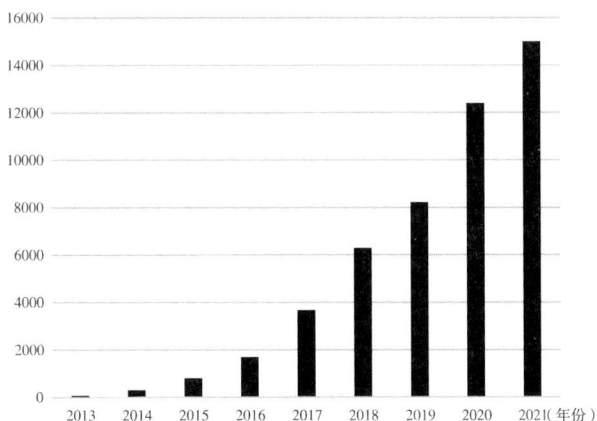

数据来源：中国铁路总公司。

2013—2021 年中欧班列开行数量

深化经贸合作，贸易畅通成效凸显。贸易便利化水平不断提升。截至2021年底，我国海关已与31个沿线国家（地区）签订"经认证的经营者"（AEO）互认安排，拓展国际贸易"单一窗口"功能和应用场景，与哈萨克斯坦、越南、蒙古等开通7条边境口岸农副产品快速通关的绿色通道。贸易规模持续扩大。据海关统计，2013年至2021年期间，我国与"一带一路"沿线国家货物贸易累计达11万亿美元，年贸易额从1.04万亿美元增加到1.80万亿美元，占同期我国外贸总额的比重由25%提升到29.7%。贸易方式创新进程加快。"丝路电商"合作蓬勃兴起，我国已与22个国家建立双边电子商务合作机制，与14个国家建立服务贸易双边合作机制。

加强投资合作，资金融通进展顺利。中国成功发起筹建亚洲基础设施投资银行获得广泛响应，设立的丝路基金对"一带一路"建设项目提供了直接支持，中国国家开发银行、中国进出口银行加大对沿线国家的贷款力度，有力促进了区域融资环境和条件的改善。据商务部统计，中资企业对"一带一路"沿线国家投资从2013年的115.9亿美元增加到2021年的203亿美元，占我国非金融对外投资的比重由12.5%升至17.9%，累计超过1600亿美元。2021年，"一带一路"沿线国家企业在华直接投资大幅增长29.4%，达112.5亿美元，首次突破百亿美元，累计超过700亿美元。

加强沟通交流，民心相通大为加强。围绕民心相通，我国邀请沿线国家代表来华交流，增进对中国国情和文化的认知和了解；派出青年志愿者，成为促进民心相通和文化交流互鉴的桥梁；围绕改善民生，在非洲20多个国家实施"万村通"项目，为其打开了解世界的新窗口。自倡议提出以来，沿线国家来华留学人员已超过150多万人，非洲国家接受培训的各类人才、各类人员达25000多名。通过实施民生援助、加大人文交流与教育合作，巩固了共建"一带一路"的社会基础和民心基础。

推动减贫脱贫，发展促进作用明显。中国积极分享减贫脱贫经验，并在沿线 24 个国家建立 84 个经贸合作区，上缴东道国税收 20 多亿美元，直接为当地创造近 30 万个就业岗位。据世界银行估算，"一带一路"相关投资可帮助全球 760 万人摆脱极度贫困，帮助多达 3400 万人摆脱中度贫困，其中 2940 万人来自"一带一路"沿线国家和地区。

（三）"一带一路"成为重要的全球开放合作平台

"一带一路"倡导的核心原则理念写入国际机制成果文件。2013 年以来，我国政府先后与 149 个国家、32 个国际组织签署 200 多份共建"一带一路"合作文件，建立了 90 多个双边合作机制。"一带一路"倡议及其倡导的"共商共建共享"、构建人类命运共同体等核心原则理念被写入联合国、二十国集团、亚太经合组织、上海合作组织等重要国际机构与合作机制的成果文件。共建"一带一路"，已经成为推动地区和平与发展的重要途径，实现联合国 2030 年可持续发展目标和落实全球发展倡议的重要平台，构建人类命运共同体的重要载体。

"一带一路"国际合作高峰论坛发挥引领作用。"一带一路"国际合作高峰论坛越来越受到各国政府官员、企业家等各界人士的高度关注。第二届"一带一路"国际合作高峰论坛出席的国家元首和政府首脑达到 38 位，参会的国家数量达到 150 多个，国际组织超过 90 个，外宾人数多达 5000 多名。各方共商合作大计、共建合作平台、共享合作成果，为解决当前世界和区域经济面临的问题寻找方案，为实现联动式发展注入新动能。

国际组织和各国领导人对共建"一带一路"作出高度评价。联合国秘书长古特雷斯认为，"一带一路"倡议是当今世界在南南合作背景下最具现实意义的项目，有助于实现更加公平的全球化。俄罗斯总统普京认为，"一带一路"倡议富有成效、内容充实。瑞士联邦主席毛雷尔认为，"一带一路"倡议是面向未来的倡议，将能为实现全球化作出贡献，大家都可以从改善和提升基础设施水平中受益。塔吉克斯坦总统拉赫蒙评价说，"一带一路"倡议用一座多边的桥梁将各国连在一起，旨在构建国际合作新模式、带动沿线国家经济共同发展。

五、日益走近全球经济治理舞台中央

党的十八大以来，面临世界百年未有之大变局，我国提出一系列全球治理新理念、新倡议，积极参与应对全球性挑战、推动治理体系变革，制度性话语权显著提升，成为全球经济治理变革的推动者、参与者和引领者。

（一）倡导全球经济治理新理念

把握时代大势，确立参与全球经济治理体系改革的基本方针。2008年国际金融危机深刻暴露了世界经济体系的缺陷与不足，凸显了全球治理体系改革的必要性和紧迫性，全球经济治理进入加速变革期。我国把握世界格局变化大势，勇于承担大国责任，大力倡导全球治理新理念、积极参与推动全球治理体系改革。党的十八大报告指出，要加强同世界各国交流合作，推动全球治理机制变革，中国坚持权利和义务相平衡，积极参与全球经济治理。十九大报告再次强调，中国将继续发挥负责任大国作用，积极参与全球治理体系改革和建设，不断贡献中国智慧和力量。

坚定维护多边主义，推动开放型世界经济建设。针对逆全球化风潮、贸易保护主义和单边主义，党的十八大提出"推动贸易和投资自由化便利化，反对各种形式的保护主义"。面对全球性挑战不断增多，习近平总书记指出，各国要加强沟通和协调，照顾彼此利益关切，共商规则，共建机制，共迎挑战。2021年在达沃斯论坛致辞中，习近平主席提出了"坚持开放包容，不搞封闭排他；坚持以国际法则为基础，不搞唯我独尊；坚持协商合作，不搞冲突对抗；坚持与时俱进，不搞故步自封"等"四个坚持"的倡议，再次倡导构建以平等为基础、以开放为导向、以合作为动力、以共享为目标的全球经济治理体系。

倡导"共商共建共享"，彰显新兴大国的全球治理观。面对世界经济格局的大发展大调整大变革，习近平总书记强调，"什么样的国际秩序和全球治理体系对世界好、对世界各国人民好，要由各国人民商量，不能由一家说了算，不能由少数人说了算"。十年来，我们坚持倡导国际关系民主化，倡导全球治理体系必须反映世界经济格局深刻变化，推动建立公正合理的国际秩序；主张国家无论大小、强弱、发达欠发达，都是国际社会平等一员，都有平等参与地区和国际事务的权利；强调国际上的事由大家共同商量着办，世界前途命运由各国共同掌握。

强调包容可持续，将发展议题置于全球宏观政策的突出位置。近年来，全球发展进程遭遇严重冲击，世界贫困人口大量增加，促进全球发展是各国人民的普遍愿望。习近平总书记指出，"新兴市场国家和发展中国家希望全球经济治理体系更完善、更符合世界生产力发展要求、更有利于世界各国共同发展"。我国坚持全球经济要包容发展，强调共同应对全球发展不平衡、不可持续问题，支持增加发展中国家在国际事务中的代表性和发言权。2021年9月，在第七十六届联合国大会一般性辩论上，习近平主席提出"全球发展倡议"，呼吁国际社会关注发展中国家面临的紧迫问题，推动全球共同发展。

倡导合作共赢，推动构建人类命运共同体。人类只有一个地球，人类也只有一个共同的未来。2013年，习近平总书记明确指出，"这个世界，各国相互联系、相互依存的程度空前加深""越来越成为你中有我、我中有你的命运共同体"。2017年，习近平主席发表题为《共同构建人类命运共同体》历史性演讲，深刻、全面、系统阐述推动构建人类命运共同体理念；2021年在达沃斯论坛上，他进一步强调，人类面临的所有全球性问题，任何一国想单打独斗都无法解决，必须开展全球行动、全球应对、全球合作。这些高瞻远瞩的论述，深刻揭示了中国和世界的关系，体现了中国关于全球未来发展的战略远见，为人类开放合作与共赢发展指明了方向。

（二）深入参与全球经济治理

推动二十国集团等治理平台发挥新作用，国际宏观政策协调力度加强。我国与其他成员国共同努力，推动二十国集团成为国际宏观经济政策协调和应对全球经济金融风险的主要平台，协商讨论的议题不断拓展深化，在促进全球经济复苏、贸易投资自由化、维护开放型世界经济、加强财政货币政策和金融监管协调等领域发挥积极作用。2016年，我国成功主办G20领导人杭州峰会，这次峰会第一次把发展问题置于全球宏观政策框架的突出位置，第一次制定落实联合国2030年可持续发展议程的行动计划，第一次采取集体行动支持非洲和最不发达国家工业化。在我国倡议下，制定了全球首个多边投资框架《二十国集团全球投资指导原则》，成为全球投资治理的重要文件。

推动建设新兴市场国家合作新机制，"朋友圈"聚合更紧密。金砖五国占世界人口的40%、全球经济总量的1/4，是全球增长的重要引擎。我国推动完善合作机制、拓展合作领域，金砖合作日益成为全球经济治理的新兴力量。2017年我国成功主办金砖厦门峰会，提出"金砖＋"合作模式，倡导构建金砖国家"朋友圈"，吸引其他国家加入，建立更加全球化的峰会形式。2021年9月，金砖国家新开发银行完成第一次扩容。推动上合组织强化合作。2018 年青岛峰会进一步阐述"上海精神"，推动政治、安全、经济和人文等全方位合作，形成"四个层面对话""两个务实载体"等运行机制，目前成员国扩大到 8 个，成为世界上幅员最广、人口最多、市场最大的综合性区域合作组织。此外，积极推进中非、中阿、中拉等合作机制建设，促进大湄公河、中亚、图们江、泛北部湾等次区域经贸合作。

参与世贸组织新一轮改革，坚定维护多边贸易体制权威性。习近平主席在达沃斯论坛上提出，多边机构是践行多边主义的平台，也是维护多边主义的基本框架，其权威性和有效性理应得到维护。面对多边贸易谈判长期停滞，我国积极发挥"促谈、促和、促成"的关键作用，分别促成 WTO《贸易便利化协定》谈判和《信息技术协定》扩围谈判完成与生效实施。支持必要的 WTO 改革，反对"有选择的多边主义"；强调优先处理危及 WTO 生存的关键问题，与欧盟等 21 个成员国共同发起建立"多方临时上诉仲裁安排"（MPIA），对维持争端解决机制运转发挥重要作用；坚持尊重成员发展模式、保障发展权利。

推进区域经济一体化新发展，高标准自贸区网络取得新突破。区域自贸协定日益成为国际经贸规则重构的重要路径、引领各国扩大开放的新动力。党的十八大提出加快实施自由贸易区战略，十九届四中全会提出构建面向全球的高标准自由贸易区网络。十年来，我国与澳大利亚、韩国等签署双边自贸协定，完成与东盟、智利、新加坡等自贸协定升级谈判，目前已与 26 个国家 / 地区签署自贸协定 19 个，贸易覆盖率达到 35%。难能可贵的是，在疫情大流行和逆全球化蔓延的 2020 年和 2021 年，我国自贸区网络建设取得三项重要突破：签署《区域全面经济伙伴关系协定》（RCEP）并于 2022 年生效，正式申请加入《全面与进步跨太平洋伙伴关系协定》（CPTPP）和《数字经济伙伴关系协定》（DEPA），对我国推进区域经济一体化、维护外部环境稳定、支持多边主义和自由贸易具有重大意义。

推动国际经济治理体系改革，发展中国家发言权和影响力不断上升。面对国际经济格局深刻变化，我国积极推动增加发展中国家在国际组织的代表性和发言权，力争"权利、机会、规则"平等，促进发展中国家在世行的投票权提高到47.1%，我国升至4.42%；我国在国际货币基金组织的投票权升至6.394%，排名跃居第三。倡导设立亚洲基础设施投资银行、金砖国家新开发银行，提供新的融资渠道和方式，为丰富和完善全球金融治理体系发挥积极作用。2016年，人民币被正式纳入国际货币基金组织特别提款权（SDR）货币篮子，成为构成货币中唯一的新兴经济体货币。

推动携手应对气候变化，为全球气候治理和绿色发展注入强大动力。党的十八大以来，我国高度重视应对气候变化、开展绿色发展国际合作，以中国理念和实践引领全球气候治理，推动达成和加快落实《巴黎协定》；积极协调"基础四国""七十七国集团和中国"谈判立场，为维护发展中国家在应对气候变化中的共同利益发挥了重要作用；成功举办《生物多样性公约》第十五次缔约方大会，积极参加G20、金砖国家会议等框架下气候议题磋商谈判，发挥多渠道协同效应，推动多边进程持续向前。

顺应技术变革新趋势，成为全球数字经济发展的重要引领者和规则制定的关键参与者。面对信息通信技术加速变革、全球数字化转型快速推进，完善数字治理机制和数字贸易规则，对推动全球数字经济健康发展和世界经济复苏至关重要。中国积极参与WTO电子商务工作组对话和全球电子商务诸边谈判、提出《全球数据安全倡议》、申请加入DEPA等高标准制度安排，体现了中国在全球数字治理中由融入对接到参与引领的角色转换。在议题设置上，中国更加关注发展中国家跨越"数字鸿沟"、挖掘世界经济增长新动能，展现了数字时代的大国担当。

积极承担大国责任，对外发展合作开辟新局面。党的十八大以来，我国援外工作进入新时代。习近平总书记胸怀天下、总揽全局，提出构建人类命运共同体思想、全球发展倡议等重大国际发展理念，在联合国大会、"一带一路"高峰论坛、中非合作论坛等重大国际场合，宣布了一系列对外援助举措，包括设立南南合作援助基金、成立南南合作与发展学院以及中国国际知识发展中心、免除最不发达国家债务等。我国积极推进落实联合国 2030 年可持续发展议程，组建国家国际发展合作署，与国际机构、被援助方和第三方务实推动援助合作，加大对国际组织捐资力度，为国际发展合作注入新动力、贡献中国智慧。

六、中国发展惠及全球

"中国的发展离不开世界，世界的繁荣也离不开中国"。十年来，中国坚定不移奉行互利共赢的开放战略，从世界汲取发展动力，也积极承担大国责任，让中国发展更好惠及世界，中国对世界经济的贡献显著提升。

（一）全球经济增长的重要引擎

为全球经济复苏提供强大推动力。随着自身经济快速发展，特别是全球金融危机后，中国对世界经济增长的贡献也显著上升。按现价美元计算，在入世后的第一年，也就是 2002 年，中国对全球 GDP 增长的贡献率为 10.3%，远低于美国的 27.2%。而在 2012—2021 年的十年间，中国对全球 GDP 增长的贡献率平均达到 45.6%，超出美国 12.5 个百分点，成为全球经济增长最重要的引擎。

为全球提供海量高性价比产品和服务。按国际收支口径，2012 年至

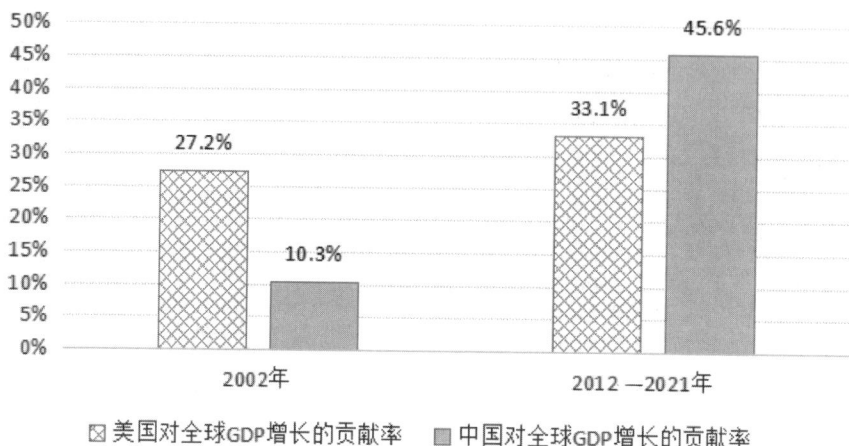

注：2021 年全球 GDP 采用 IMF 世界经济展望估计值，并基于中国 GDP 数据调整，2021 年人民币的美元平均汇率采用 6.45 元 / 美元。

近年中美两国对世界经济增长贡献的比较

2021 年我国累计向全球出口近 26 万亿美元的货物和服务，是 2002 年至 2011 年的 2.2 倍，为进口国人民福利水平的提高作出了重要贡献，为抑制全球通胀、稳定全球供应链提供了重要支撑。

为世界各国提供新的重要市场。随着我国经济发展和生活水平快速提高，进口需求持续增长，2012 年至 2021 年累计进口约 23 万亿美元的货物和服务，是上一个十年的 2.4 倍。自 2018 年举办中国国际进口博览会以来，四届进博会累计意向成交额突破 2700 亿美元，为世界经济增长创造了新需求、注入了新动力。

为各国分享经济全球化利益提供新机遇。我国成为全球价值链新枢纽，十年间累计进口约 14 万亿美元的中间品，有力拉动了这些国家的产业发展、就业增长和收入提升。

（二）在合作中实现共赢发展

成为全球跨境投资的"稳定器"。疫情冲击下，面对全球经济低迷、跨境投资下降的严峻形势，我国利用外资稳步提升。据联合国贸发组织数据，2020 年，全球跨境投资大幅下降 36%，比遭受国际金融危机影响的 2009 年还低约 30%，而我国实际使用外资以美元计逆势增长 4.5%。

成为跨国公司全球发展的重要带动力。2021 年，外商及港澳台商投资企业实现利润总额 2.3 万亿元，是 2011 年的 1.47 倍，营收利润率达 7.9%。全球疫情冲击下，在华美商会商业信心调查显示，26% 的受访企业表示 2020 年在华税前利润率高于全球平均水平，75% 的受访企业对未来两年中国业务实现增长持乐观态度，中国市场在跨国公司全球布局中的重要性进一步提升。

为东道国经济社会发展作出积极贡献。中资企业对外投资，为投资所在国和地区的就业、税收增长、技术创新、产业升级、数字与绿色转型等作出重要贡献。尤其是在全球跨境投资受疫情影响大幅下挫时，我国对外投资保持稳步增长，为支持东道国经济复苏、稳定产业链供应链和就业稳定等发挥了积极作用。据商务部统计，2020 年，我境外企业向所在国家（地区）缴纳税金总额 445 亿美元，年末境外从业员工达 361.3 万人，其中雇佣外方员工 218.8 万人，占比达 60.6%。

（三）在共同抗疫中践行人类命运共同体理念

面对世纪疫情的严重危机和严峻考验，中国坚持把人民生命安全和身体健康放在第一位，始终站在国际抗疫合作"第一方阵"。我国呼吁各国积极开展药物研发合作，加快建设人类卫生健康共同体；实施新中国成立以来时间最集中、范围最广泛的紧急人道主义抗疫援助，先后向 150 个国家和 13 个国际组织提供了 40 亿件防护服、60 亿支检测试剂、3500 亿只口罩等大批防疫物资，向 34 个国家派出 37 支医疗专家组，向 120 多个国家和国际组织提供超过 20 亿剂疫苗，援助疫苗数量占世界首位。

过去十年，在党中央的坚强领导下，中国以前所未有的开放姿态融入经济全球化，实现了开放发展的巨大飞跃，也为全球经济发展注入强大动能。展望未来，中国将坚定不移地扩大对外开放，坚定不移地分享中国发展机遇和经验，坚定不移地推进经济全球化和全球治理体系朝着更加开放、包容、普惠、平衡、共赢的方向演进，为促进世界经济繁荣与可持续发展作出新的更大贡献。

第六章
共享：人民生活日益富足

党的十八大以来，党坚持以人民为中心的发展思想，坚持发展为了人民、发展依靠人民、发展成果由人民共享，坚持共同富裕方向。2015 年 10 月，习近平总书记在党的十八届五中全会上将共享作为新发展理念之一提出，并强调"使全体人民在共建共享发展中有更多获得感"。在共享发展理念的引领下，我国全面打赢脱贫攻坚战、全面建成小康社会，在幼有所育、学有所教、劳有所得、病有所医、老有所养、住有所居、弱有所扶上不断取得新进展，人民生活日益富足，获得感、幸福感、安全感不断提升，在实现共同富裕的道路上迈出了扎实可喜的一步。

一、人民生活质量显著提高

党的十八大以来，党中央出台实施了一系列惠民政策，居民收入和财富大幅增长，消费水平稳步提升，生活质量显著提高。2020 年，我国全面建成了小康社会，历史性地解决了绝对贫困问题，人民生活走向更加殷实。

（一）居民收入和财富水平大幅提高

党的十八大以来，我国经济继续快速增长，在经济快速发展的同时，居民收入增长与经济增长基本同步，人民生活水平和财富水平持续提高。

居民可支配收入快速增长。居民收入迈上新台阶。2010年，全国城乡居民人均可支配收入为1.25万元。此后，又分别于2014年和2019年跨越2万元与3万元大关，居民收入水平不断迈上新台阶。2020年，全国居民人均可支配收入又提高到3.22万元，比2010年增长了1.58倍，年均增速为9.9%。党的十八大提出的到2020年居民人均收入比2010年翻一番的目标如期实现。中等收入群体不断扩大。近年来，居民收入与经济增长保持基本同步，大量低收入者跨过中等收入门槛，中等收入群体规模持续扩大，由2010年1亿多人增长到2020年的4亿多人。中等收入群体的壮大，对于推动经济高质量发展、优化收入分配格局、促进共同富裕

（单位：万元/人）

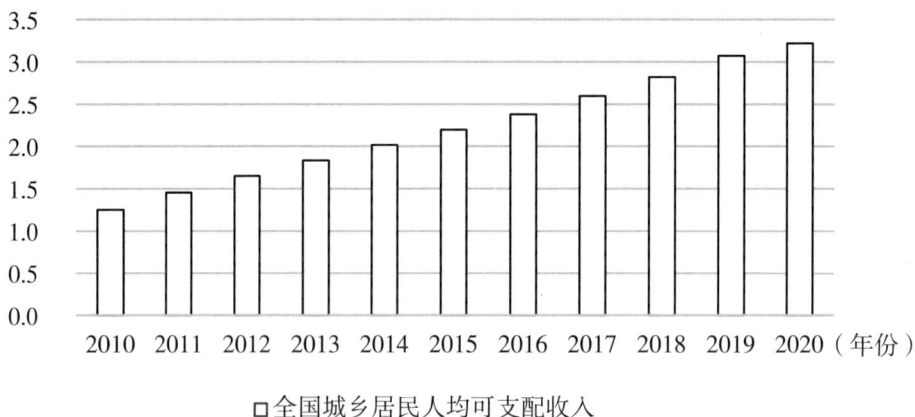

□ 全国城乡居民人均可支配收入

数据来源：根据历年《中国统计年鉴》相关数据整理。

2010—2020年全国城乡居民人均可支配收入

具有重要意义。

居民财富水平持续提高。居民金融资产大幅增长。在居民金融资产中，存款比重最高。2020 年，全国住户存款余额为 93.30 万亿元，相比 2010 年的 30.33 万亿元增加了 2.08 倍，年均增幅 11.89％；人均储蓄存款为 6.67 万元，相比 2010 年的 2.26 万元增加了 1.95 倍，年均增幅 11.43％。此外，还有相当多居民拥有股票、基金、债券等金融资产。2010 年至 2020 年，城镇居民人均财产性收入年均增速为 24.43％，比城镇居民人均可支配收入增速高 15.58 个百分点。居民实物资产迅速增长。2020 年，90％以上的城镇居民家庭拥有自有住房，城镇居民人均住房建筑面积从 2010 年的 31.6 平方米，提高到 2019 年的 39.8 平方米，增幅达25.95％。2010 年，我国每百户家庭汽车拥有量仅为 15 辆，到 2020 年，每百户家庭汽车拥有量已经达到 37 辆，增长 1.47 倍。

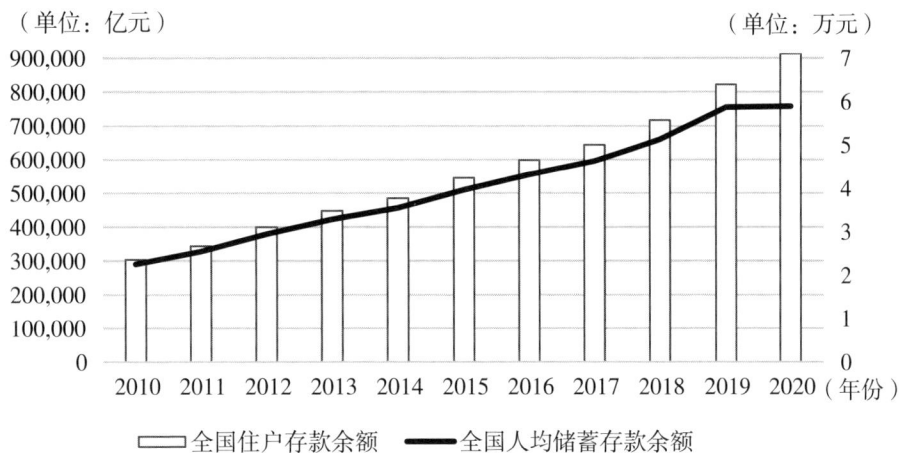

数据来源：根据历年《中国统计年鉴》相关数据整理。

2010—2020 年全国住户存款余额和全国人均储蓄存款余额

　　绝对贫困问题得到历史性解决。党的十八大以来，党中央把贫困人口全部脱贫作为全面建成小康社会、实现第一个百年奋斗目标的底线任务和标志性指标，组织实施了人类历史上规模空前、力度最大、惠及人口最多的脱贫攻坚战。经过 8 年的持续奋斗，2020 年新时代脱贫攻坚目标任务如期完成，2010 年标准下 2012 年的 9899 万贫困人口全部脱贫，832 个贫困县全部摘帽，12.8 万个贫困村全部退出，绝对贫困和区域性整体贫困问题得到解决。贫困人口收入水平显著提高，"两不愁三保障"全部实现，脱贫群众不愁吃、不愁穿，义务教育、基本医疗、住房安全有保障，饮水安全也都有了保障。据《人类减贫的中国实践》白皮书指出，国家贫困县农村居民人均可支配收入从 2013 年的 6079 元增长到 2020 年的 12588 元，

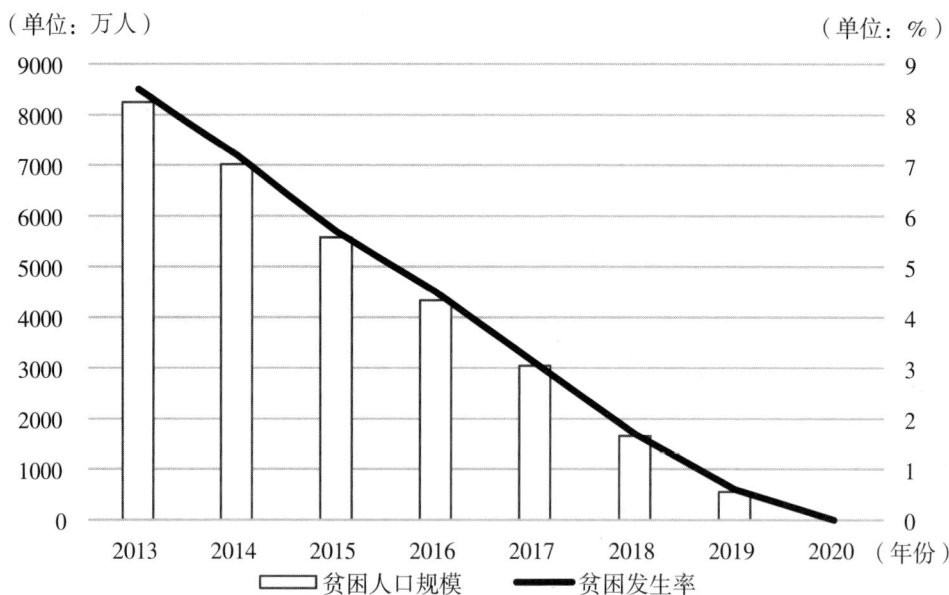

数据来源：根据历年《中国统计年鉴》相关数据整理。

2013—2020 年农村贫困状况

年均增长 11.6%，高于全国农村居民 2.3 个百分点。

（二）居民消费水平和质量稳步上升

党的十八大以来，我国消费需求持续增长，居民消费从注重量的满足转向追求质的提升、从物质产品消费转向服务消费，居民消费水平持续提高，消费结构持续升级，消费方式加速变革。

消费水平持续提高。居民消费水平稳步提高。2010 年，全国居民人均消费支出为 10522 元，首次超过 1 万元。党的十八大以来，随着居民收入水平的进一步提升，供给侧结构性改革的稳步推进，以及各种促进消费措施的有效实施，居民消费信心不断增强，消费潜力持续释放，消费水平大幅提升。2020 年，全国居民人均消费支出为 21210 元，是 2010 年的 2 倍，年均增速达 7.3%。城乡居民消费差距不断缩小。2013 年以来，精准扶贫战略稳步实施，农村产业规模和效益明显提升，农村居民收入快速增长，消费支出增速开始高于城镇居民消费支出增速，城乡居民消费支出差距呈现缩小趋势，从 2010 年的 3.1 倍降低至 2020 年的 2 倍。

消费结构持续升级。恩格尔系数呈下降趋势。随着收入水平的不断提高，居民消费结构发生了重大变化，食品支出在家庭消费总支出中的比重不断下降。居民家庭恩格尔系数从 2010 年的 33.4% 下降到 2020 年的 30.2%，降低了 3.2 个百分点。新型耐用消费品迅速增长。随着居民收入水平的提高和消费观念的转变，通信器材、汽车等反映消费升级的商品销量快速提升。如智能手机出货量从 2011 年的 1 亿部增长到 2020 年的 3 亿部，市场占有率从 2011 年的 23% 增长到 2020 年的 96%。家用汽车保有量从 2010 年的 4989.5 万辆增长到 2020 年的 22333.8 万辆，增长了 3.48 倍，年均增幅 16.2%。

消费方式加速变革。线上消费快速发展。2020 年，全国网上零售额

（单位：%）

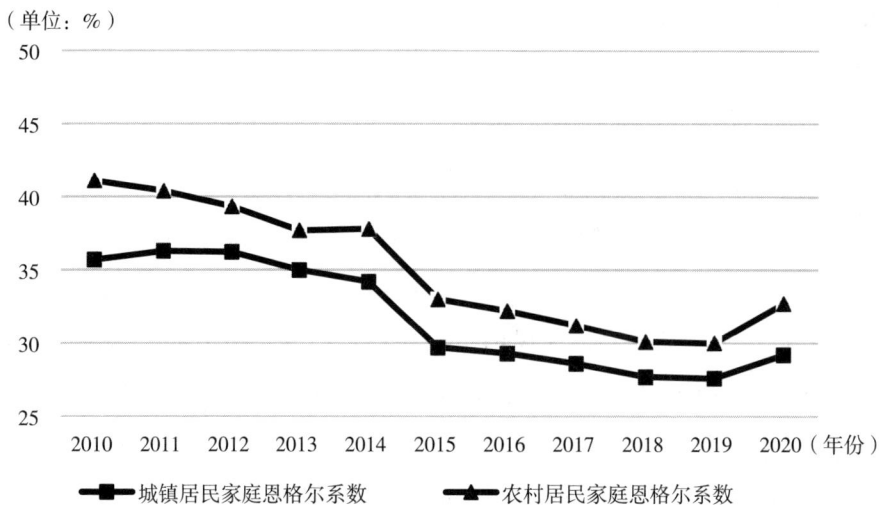

数据来源：根据历年《中国统计年鉴》相关数据整理。

2010—2020年城乡居民家庭恩格尔系数

（单位：亿元）

（单位：%）

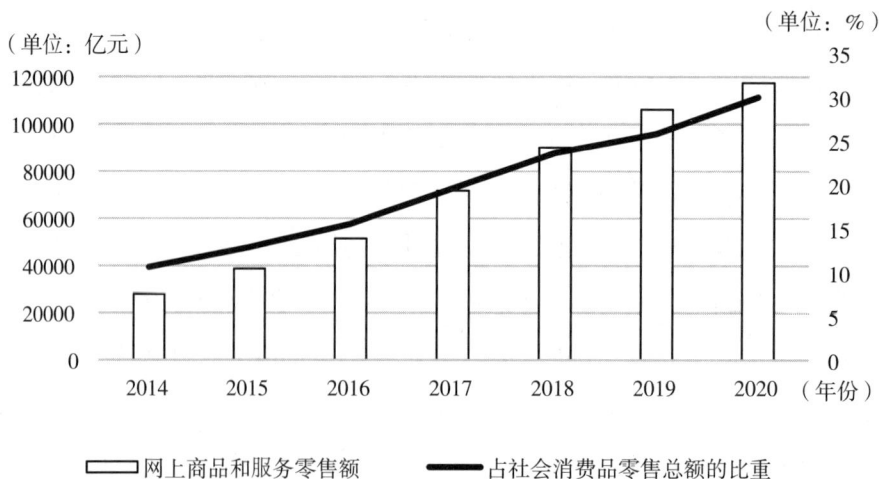

2014—2020年全国网上零售及占社会消费品零售总额的比重

117601 亿元，比 2014 年增长 3.2 倍，占社会消费品零售总额的比重从
2014 年的 10.6% 提高到 2020 年的 30.0%。网购商品种类不断丰富升级，
网购服务范围逐步从城市向农村普及，从国内向海外拓展。电子支付成为
居民日常消费的主要支付方式。2010 年以来，随着 4G 通信技术的普及，
移动支付快速发展。目前，基于智能手机和移动支付的非现金交易已经成
为居民日常消费的主要支付方式。据中国人民银行发布的《2020 年支付
体系运行总体情况》数据显示，2020 年我国银行共处理电子支付业务金
额 2711.8 万亿元，比 2013 年增长 1.5 倍。支付方式的变革，让消费变得
更加便捷，催化了新的业态，形成新的经济增长点。

（三）生活质量全面提升

党的十八大以来，党中央多次强调要不断满足人民对美好生活的新期
待。十年来，人民物质生活品质不断提高，精神生活日益丰富，公共服务
享受程度不断提升，人民群众的获得感幸福感安全感不断增强。

营养结构持续改善。营养水平全面改善。十年来，居民肉、蛋、奶及
水果等消费量逐年增加，营养更加科学均衡。2010 年到 2020 年，城镇居
民人均肉类消费量从 24.5 公斤增加到 27.4 公斤；人均禽类消费量从 10.2
公斤增加到 13.0 公斤；人均蛋类消费量从 10.0 公斤增加到 13.5 公斤；人
均瓜果消费量从 54.2 公斤增加到 65.9 公斤。农村居民人均肉类消费量从
15.8 公斤增加到 21.4 公斤；人均禽类消费量从 4.2 公斤增加到 12.4 公斤；
人均蛋类消费量从 5.1 公斤增加到 11.8 公斤；人均瓜果消费量从 19.6 公斤
增加到 43.8 公斤。健康意识不断强化。党的十八大以来，居民饮食从吃
得好向吃得精、吃得健康转变，国家也先后出台《中国食物与营养发展纲
要（2014—2020 年）》《国民营养计划（2017—2030 年）》等指导性文件，
减油、减盐、减糖，多吃豆类、奶类、蔬菜、水果等健康饮食行为已经为

越来越多的人所接受。2013 年至 2020 年，居民主要食品消费中，更有营养和对健康更有帮助的食材消费占比上升，家禽、蛋类和牛肉年均涨幅均超过 5%，食用油、谷物和猪肉消费量出现负增长。

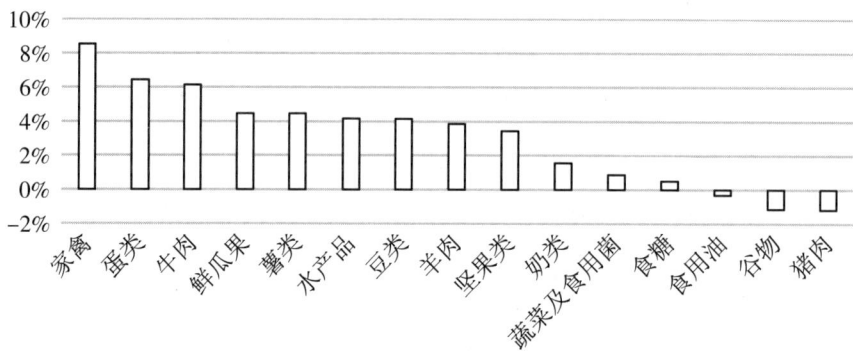

数据来源：根据历年《中国统计年鉴》相关数据整理。

2013—2020 年全国居民主要食品消费年均增幅

文体休闲丰富多彩。旅游休闲人次快速提高。2019 年 ① 国内旅游收入达到 5.7 万亿元，是 2010 年的 4.6 倍；国内旅游达到 60.1 亿人次，是 2010 年的 2.9 倍；国庆黄金周出游达到 7.8 亿人次，是 2010 年的 3.1 倍。在国内旅游消费快速发展的同时，出境游也大幅增加。2019 年居民出境旅游达到 1.5 亿人次，是 2010 年的 2.8 倍。文娱类消费快速增长。2019 年，全国艺术表演团体共演出 296.8 万场，是 2010 年的 2.2 倍；国内观众 12.3 亿人次，是 2010 年的 1.4 倍。公共图书馆书刊总藏量 11.1 亿册（件），是 2010 年的 1.8 倍；总流通 9.0 亿人次，是 2010 年的 2.7 倍。博物馆文物参观人次为 11.2 亿人次，是 2010 年的 2.8 倍。2012 年以来我国电影市场规

---

① 受新冠肺炎疫情影响，2020 年数据不具有可比性，本段选取 2019 年数据进行分析。下同。

模稳居世界第二。2019 年全国电影总票房 642.7 亿元，是 2010 年的 4.1 倍，年均增速 16.9%；国产电影总票房 411.8 亿元，市场占比达到 64.1%，市场份额连续 7 年保持在 50% 以上。居民观影人次从 2010 年不足 3 亿人次，增长到 2019 年的 17.3 亿人次。网络视听付费用户群体不断扩大，从 2012 年的几十万户增长到 2019 年的 5.5 亿余户。体育健身快速发展。越来越多的人积极参与各类体育健身活动，特别是 2014 年全民健身上升为国家战略和 2015 年申办冬奥会提出的"带动三亿人参与冰雪运动"后，体育事业发展尤为迅速。2015—2020 年，体育服务业增加值年均增长 22.2%，体育服务业增加值占体育产业比重持续提升，从 2015 年的 49.2% 上升到 2020 年的 68.7%。群众体育运动蓬勃发展。2020 年，经常参加体育锻炼的人数超过 4 亿，占比达到 37.2%，城乡居民达到《国民体质测定标准》合格以上的人数比例达 90% 以上，"农民体育健身工程"覆盖全国 90% 以上的行政村。公共体育设施开放服务水平明显提升，体育场地超过 370 万个，人均体育场地面积达到 2.20 平方米。

公共服务日益扩大。基本公共服务水平不断提高。党的十八大以来，国家不断完善基本公共服务，提高供给能力和供给质量。教育机会更加均等，教育质量明显提升；健康中国战略全面推进，基本医疗卫生服务和基本医疗保障水平不断改善；公共文化和体育事业扎实建设。同时，鼓励社会力量参与提供公共服务，促进多元供给，人民群众在教育、健康、文化体育等领域的多样化个性化需求得到了更好满足。教育和健康事业的蓬勃发展，更好保障了人民群众的受教育权和健康权，促进了人的全面发展，对于人力资本提升、发展机会拓展、生活质量进一步改善发挥了非常重要的基础性作用。社会保障体系持续健全。党的十八大以来，包括社会救助、社会保险、社会福利在内的多层次、广覆盖的社会保障体系不断健全，社会安全网更加牢固。这一方面切实缓解了广大人民群众的后顾之忧，全面提高了人民群众的安全感，另一方面也更好促进了发展成果的共享，为推动共同富裕取得实质性进展提供了有效的制度保障。此外，通过鼓励发展企业年金、商业养老保险、商业健康保险等措施，也更好满足了人民群众个性化多样化的保障需求。

二、公平而有质量的教育迈上新台阶

党的十八大以来，以习近平同志为核心的党中央站在党和人民事业全局高度，坚持把教育摆在优先发展的战略位置，对教育工作作出了一系列重大决策部署，我国在教育普及、教育公平、教育服务国家发展、教育综合改革等方面都取得较大进展，教育面貌正在发生格局性变化，教育事业迈上了新台阶。

（一）教育事业优先发展战略得到更好落实

持续加强顶层设计。党的十八大以来，习近平总书记在他主持的中央全面深化改革领导小组召开的会议中，多次把教育改革问题纳入议程，通过十多份重要的教育发展和改革文件。2018 年 9 月，党中央召开了改革开放以来第五次、新时代第一次全国教育大会，习近平总书记从国之大计、党之大计的高度，再次强调优先发展教育事业、加快教育现代化、建设教育强国的重大部署，并就教育事业改革发展提出了一系列新理念新思想新观点。2019 年初，党中央、国务院发布《中国教育现代化 2035》及其《实施方案》，提出了新时代教育现代化的总体战略和行动方案。通过加强顶层设计，夯基垒台、立柱架梁，推动全面深化教育改革的主体框架基本确立。

优先保障教育公共投入。党和国家始终把教育摆在优先发展的战略地位，始终坚持把教育作为财政支出重点领域予以优先保障。国家财政性教育经费投入持续增长，占国内生产总值比例在 2012 年首次突破 4%，并连续九年保持在 4% 以上。2021 年 11 月 16 日，《教育部、国家统计局、财政部关于 2020 年全国教育经费执行情况的统计公告》公布。据统计，2020 年国家财政性教育经费达到 42908 亿元，占国内生产总值比例为 4.22%。近年来，国家财政性教育经费使用坚持"保基本、补短板、促公平、提质量"，坚持向农村地区、边远贫困地区和民族地区倾斜。

（二）基础教育均衡发展水平显著提升

推进义务教育均衡发展。党的十八大以来，我国义务教育进入了巩固

（单位：亿元）

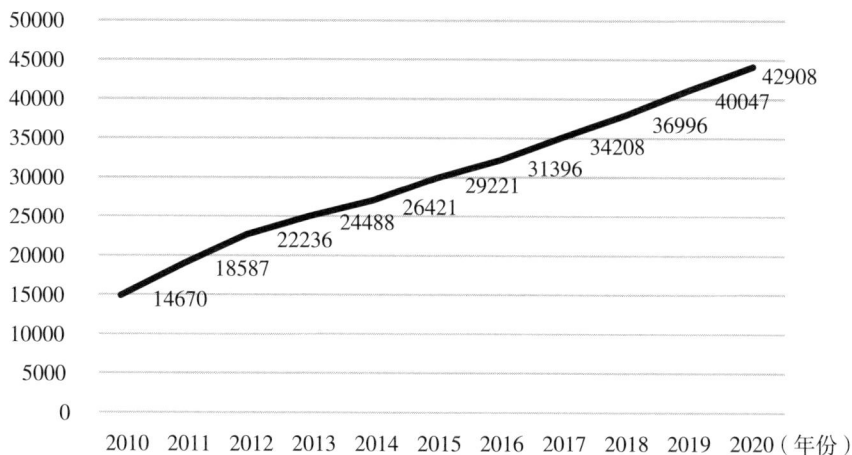

数据来源：历年《全国教育经费执行情况统计公告》。

2010—2020 年国家财政性教育经费

提高、促进均衡发展的新阶段。针对城乡、区域、校际、群体差距问题，国家加大政策、资金、项目等倾斜扶持力度，重点加强农村教育、中西部教育发展能力，推动城乡义务教育一体化发展。截至 2020 年底，全国 96.8% 的县实现县域义务教育基本均衡发展。同时，国家采取有效措施，强力推进控辍保学工作，2020 年底，我国九年义务教育巩固率已经超过 95%。

普及高中阶段教育。党的十八大以来，国家通过实施高中阶段教育普及攻坚计划，与 10 个普及水平较低的中西部省份签署普及攻坚备忘录，中央设立专项资金，加大普通高中改造计划实施力度，重点支持中西部省份贫困地区普通高中改善办学条件。至 2020 年，我国如期实现全国高中阶段教育毛入学率达到 90% 以上的目标，县域普通高中办学资源显著增

（单位：%）

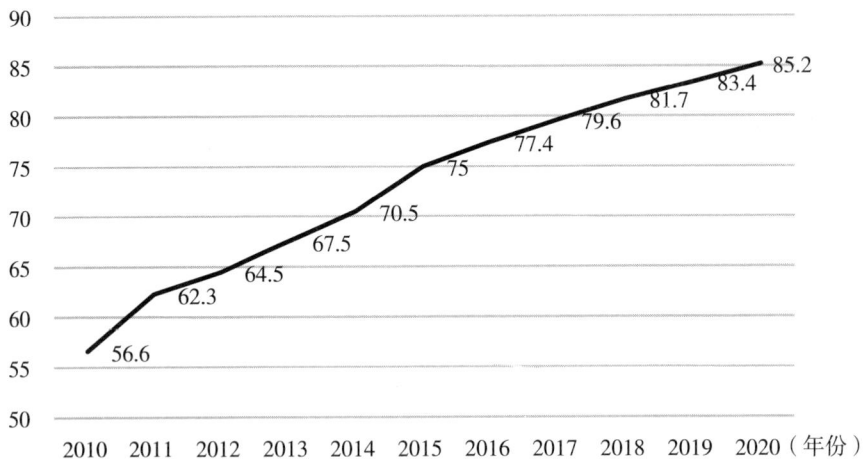

数据来源：历年《全国教育事业发展统计公报》。

2010—2020 年学前教育毛入园率

加，全面进入提质新阶段。

补齐学前教育短板。针对人民群众的重要关切，从2011年起，国家连续实施三期学前教育三年行动计划。各级政府持续加大财政投入，实施重大工程项目，扩大资源总量，主要支持中西部农村地区、贫困地区学前教育发展。在政府政策和项目推动下，学前教育在短短几年里实现跨越式发展。至2020年底，我国已如期实现全国学前三年毛入园率达到85%的普及目标、普惠性资源覆盖率（公办园和普惠性民办园在园幼儿占比）达到80%的普惠目标和全国公办园在园幼儿占比达到50%的结构性目标。

（三）高等教育普及水平和质量持续提高

高等教育规模和入学率持续提升。党的十八大以来，我国高等教育规模持续扩大，全国普通高校数量从2012年的2442所增加到2020年的2738所；各类高等教育在学总规模①从3325万人扩大到2020年的4183万人；高等教育毛入学率从30%提高至54.4%。广大青年人接受高等教育的机会不断增加，高等教育正在由大众化阶段进入普及化阶段。

高等教育公平性逐步增强。2012年起，我国开始实施重点高校定向招收农村和贫困地区学生的国家专项计划、地方专项计划和高校专项计划，"十三五"时期累计达到52.5万人，高等教育的公平性逐步提升。与此同时，国家学生资助政策体系进一步完善。据《2020年中国学生资助发展报告》，2020年，政府、高校及社会设立的各项普通高等教育学生资助政策共资助学生3678.22万人次，资助金额1243.79亿元；其中，财政

---

①　包括研究生、普通本专科、成人本专科、网络本科、高等教育自学考试本专科等各种形式的高等教育在学人数。

（单位：%）

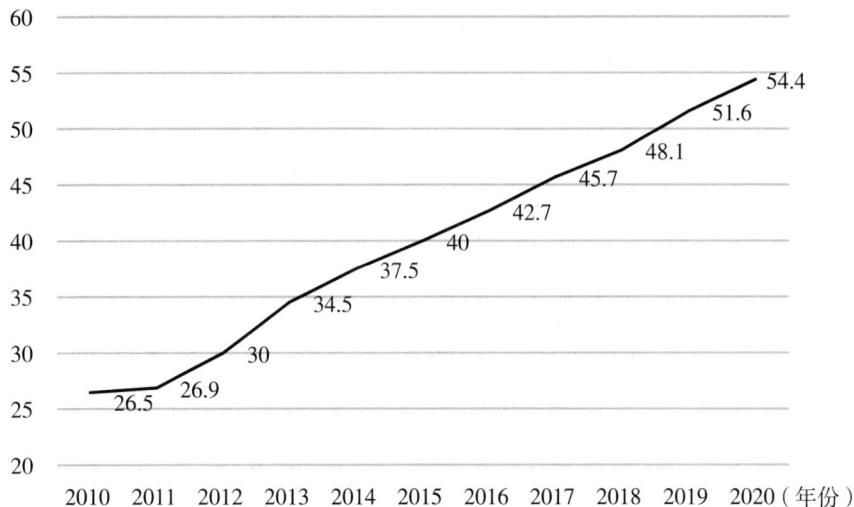

数据来源：历年《全国教育事业发展统计公报》。

2010—2020 年高等教育毛入学率

资金 653.04 亿元，占年度资助资金总额的 52.51%。

高等教育质量加快提升。在扩大高等教育规模的同时，国家高度重视提升高等教育质量。在"211 工程"和"985 工程"基础上，2015 年，国务院印发《统筹推进世界一流大学和一流学科建设总体方案》，启动"双一流"建设，以提高高等教育质量，分类建设一流大学和一流学科，加快培养理工农医类专业紧缺人才为主攻方向，支持发展高水平研究型大学，加强基础研究人才培养，推进产学研深度融合。

（四）职业教育服务经济社会发展能力不断增强

初步构建起纵向贯通、横向融通的现代职业教育体系。党的十八大以来，以习近平同志为核心的党中央把职业教育摆在了前所未有的突出位置，职业教育面貌发生显著变化。2014 年，国务院作出《关于加快发展现代职业教育的决定》，将加快发展职业教育作为国家战略部署。2019 年，国务院印发《国家职业教育改革实施方案》，把奋力办好新时代职业教育细化为具体行动，提出一系列针对性很强的改革举措，特别是通过"建立'职教高考'制度，完善'文化素质＋职业技能'的考试招生办法"，促使"普职融通"的教育理念有效落地。2021 年，全国职业教育大会召开后不久，中共中央办公厅、国务院办公厅印发《关于推动现代职业教育高质量发展的意见》，进一步健全职普并行、纵向贯通、横向融通的培养体系，强化职业教育的类型特色。我国职业教育已从规模扩张迈入提质培优、增值赋能的高质量发展新阶段。

培养了一大批技术技能人才。职业教育肩负着培养多样化人才、传承技术技能、促进就业创业的重要职责。2020 年，我国共有职业院校 1.13 万所，在校学生 3088 万人，建成世界规模最大的职业教育体系。全国职业学校开设了 1300 余个专业和 10 余万个专业点，基本覆盖了国民经济各领域，每年培养 1000 万左右高素质技术技能人才。近年来，全国各地相继开展产教融合、校企合作、现代学徒制等实践模式，职业教育结构和办学格局不断优化，人才培养质量明显提升，有力支撑了经济社会发展。

三、就业更充分和更有质量

就业是民生之本。党的十八大以来，面对各种新挑战新任务，以习近平同志为核心的党中央始终将促进就业作为经济社会发展的优先目标。十年来，尽管内外部环境错综复杂，还面临新冠肺炎疫情的严重冲击，我国就业形势始终保持了基本稳定，就业质量不断提高。

（一）就业形势稳中有优

就业规模不断扩大，失业率一直维持在较低水平。党的十八大以来，就业优先政策不断发力，在经济发展进入新常态并向高质量发展转型的阶段中，城镇就业规模仍以较高速度增长，从2012年的3.7亿增加到2020年的4.6亿。年新增就业人数持续保持高位，十年一直保持在1200万人左右。城镇登记失业率一直在4%左右。自2018年按月发布调查失业率以来，除了2020年2月之后由于受到新冠肺炎疫情的影响有所上升外，城镇调查失业率总体在5%左右，2021年的12月已经降至5.1%。

城镇就业占比不断上升，农业就业稳步下降。随着城镇化进程和农村劳动力的转移，城镇就业比重有了明显提升。从城乡就业结构看，城镇就业人口占比从2012年的49%上升到2020年的62%。从三次产业结构看，劳动者持续向第三产业转移，农业就业占比明显下降，2012年第一产业就业占比达到33.5%，二、三产业就业占比分别为30.4%和36.1%，而到2020年，第一产业就业占比为23.6%，二、三产业就业占比分别为28.7%和47.7%。

劳动者教育和技能水平不断提高。劳动年龄人口的受教育水平明显提升，15岁以上人口的平均受教育年限从2010年的9.08年上升到2020年的9.91年，每十万人中接受大专以上教育的人口从2010年的8930人上升到2020年的15467人。实施新时代人才强国战略，完善了技能人才队伍建设的政策体系，技能人才队伍不断壮大。2020年全国技能人才总量超过2亿人，高技能人才超过5000万人。累计取得各类专业技术人员资格证书从2012年的1575万人上升到2020年的3588万人。实施职业技能提升行动，开展企业职工岗位技能提升培训，强化重点群体就业技能培训。2020年共组织补贴性职业培训 2700.5 万人次和以工代训 2209.6 万人。

（二）劳动保护水平明显提升

社会保险制度不断完善。劳动者社会保险的参与水平明显提高。劳动者自身的社会保险参保意识不断加强，用人单位的参保行为也更加规范。全国职工基本养老保险职工、职工基本医疗保险、失业保险、工伤保险、生育保险的参保人数分别由 2012 年的 22981 万人、26486 万人、15225 万人、19010 万人和 15429 万人上升到 2020 年的 32859 万人、34423 万人、21689 万人、26770 万人和 23546 万人。社会保险的制度更加完善，经办服务水平进一步提升。全面推进机关事业单位养老保险制度改革，实现机关事业单位和企业的养老保险制度并轨。建立统一的城乡居民基本养老保险制度，打通职工和居民两大基本养老保险制度的衔接通道，完善社会保险关系转移接续制度，更好地保障了流动人口、就业不稳定人口的权益。社保经办业务与"互联网＋"技术深度融合，社会保障卡实现了"一卡多用、全国通用"，电子凭证、信息记录、自助查询、就医结算、缴费和待遇领取以及金融支付等六类功能不断完善，社会保障卡持卡人口覆盖率 2020 年已经达到 95.4%。制定基本养老保险基金投资管理办法，在确保安全的前提下努力实现基金保值增值。降低养老、失业、工伤、生育保险费率，减轻企业缴费压力。

劳动关系更为和谐。劳动关系法律体系进一步健全。出台《中共中央国务院关于构建和谐劳动关系的意见》，对构建中国特色和谐劳动关系进行顶层设计和总体部署，保障了劳动关系更加规范有序、公正合理、互利共赢、和谐稳定。修订了劳动合同法，规范劳务派遣；颁布了女职工劳动保护特别规定，保障女职工的合法权益；人社部等八部门共同印发《关于维护新就业形态劳动者劳动保障权益的指导意见》，对于新就业形态劳动者权益保障面临的突出问题进行了规范。劳动合同制度得到了完善，2020年全国报送人力资源社会保障部门审查并在有效期内的集体合同累计145万份，覆盖职工1.4亿人。县级以上普遍建立三方机制，各级劳动保障监察机构也加大了指导监督力度，职工劳动条件逐步改善。在全面治理拖欠农民工工资等重点难点问题上取得了明显成效。根据各地实际，合理调整最低工资标准，完善工资指导线形成机制，积极推行工资集体协商制度。

（三）就业政策体系在稳就业中起到更加积极的作用

就业优先被置于宏观经济决策的优先地位。党的十八大以来，党中央一直把就业优先战略摆在突出位置。2019年，政府工作报告进一步明确将就业优先政策作为三大宏观政策之一，提出加强宏观政策的协调配合，强化各方面重视就业、支持就业的导向，特别是注重扩大就业与发展经济良性互动，促进就业增长。2020年，面对新冠肺炎疫情的冲击，党中央将稳就业、保就业放在"六稳""六保"首位，及时出台一系列政策，确保就业的稳定。在精准防控的同时，通过减负、稳岗、扩大投资、支持创业和灵活就业等方式，鼓励企业复工复产；对于农民工、高校毕业生、社会困难人员等特殊群体，拓宽就业渠道、加大保障力度；同时完善职业培训和就业服务，这些措施迅速落实、精准发力，在极其困难的情况下保障了就业的基本稳定。

创业就业支持体系更加丰富。大众创业万众创新是推动经济增长的重要引擎，也是扩大就业、改善民生的重要渠道。国家制定了一系列促进创业就业的政策，推进"放管服"、商事制度改革，支持创业创新基地、众创空间等平台建设，在资金、培训等方面提供便利，我国的创业环境显著改善，创业带动就业能力持续增强。截至2020年底，全国登记在册个体工商户 9287.2 万户，全国返乡入乡创业人员总数 1010 万人，带动就业超过 3000 万人。人力资源服务体系进一步完善。推动公共就业服务城乡常住人口全覆盖，公共就业和人才服务机构在开展政策咨询、信息发布、职业指导、职业介绍、就业援助、创业服务等方面的能力得到加强。人力资源市场管理进一步规范。2018 年实施了《人力资源市场暂行条例》，2019 年印发了《关于进一步规范人力资源市场秩序的意见》，规范了劳动者求职、用人单位招聘、人力资源服务机构提供服务等权利义务和行为。2020 年全国共有人力资源服务机构 4.58 万家，人力资源服务业从业人员达到 84.33 万人。支持培育新经济新业态，促进和保障劳动者就业。随着新一轮科技革命和产业变革的蓬勃发展，催生了很多新业态、新模式、新职业。在 2015 年版《中华人民共和国职业分类大典》的基础上，又颁布了四批新职业。2021 年还调整了《国家职业资格目录》，与 2017 年相比削减了 68 项职业资格。同时，在劳动合同、收入保障、工作时间、职业安全等方面探索对新业态劳动者的权益保障。

重点群体就业扶助政策更为精准有效。农村转移劳动力、高校毕业生等特殊群体一直是就业工作的重点。在促进农村转移劳动力就业方面，通过多种模式开展劳务输出合作、在输出地大力开展技能培训、鼓励返乡创业带动就业，促进农村贫困劳动力转移就业。2021 年农民工总量达到 2.9 亿，比 2012 年的 2.6 亿有了明显增长。在促进高校毕业生就业方面，探索了形式多样的招聘活动、创业培训和资助、用人单位的社保补贴和所得税优惠、"三支一扶"和大学生村干部等基层就业项目，在高校毕业生屡创新高的情况下，实现了高校毕业生就业水平总体稳定。

四、养老服务保障体系健全而有力

老龄工作事关亿万老年人、家庭福祉和国家发展全局。党的十八大以来，党中央对于老龄工作作出了一系列部署，各地区、各有关部门认真贯彻落实党中央、国务院决策部署，老龄事业发展取得一系列新成就。

（一）养老保障体系不断健全

养老保险覆盖率不断扩展。党的十八大以来，党和政府持续扩充人群参保覆盖面，养老保险覆盖率不断提升，基本养老保险参保人数从 2012 年的 7.88 亿人增至 2021 年的 10.29 亿人，参保率连续多年保持在 90% 以上。2014 年 2 月和 2015 年 1 月，国务院先后印发《关于建立统一的城乡居民基本养老保险制度的意见》和《机关事业单位工作人员养老保险制度改革的决定》，将城乡居民养老保险以及机关事业单位工作人员养老保险和企业职工养老保险分别进行整合，进一步缩小人群待遇差距，提升了制度公平性。

养老金水平不断提升。党的十八大以来，我国企业职工养老金持续增长。2020 年，城镇职工月均基本养老金达到 3350 元。城乡居民基本养老保险基础养老金最低标准也先后在 2014 年、2018 年、2020 年进行了三次上调，从试点之初的每月 55 元分别增至 70 元、88 元和 93 元。2020 年，城乡居民月均基本养老金达到 174 元，各级政府提供的城乡居民养老保险补助资金超过 3000 亿元。

多层次保障体系逐渐形成。为减少对基本养老保险的过度依赖，进一步提升居民保障水平，党的十八大以来，党和政府继续推动以企业年金为主的第二支柱以及包括个人商业养老保险在内的第三支柱发展。到 2020 年末，全国有 10.5 万户企业建立了企业年金，参加职工 2718 万人，年末企业年金积累基金达到 22497 亿元。个人税收递延型商业养老保险试点也在持续推进，养老保障的多支柱、多层次保障格局更加完善。

（二）养老服务体系日渐完善

养老机构建设逐步完善。党的十八大以来，我国进一步加大了养老机构供给。到 2020 年末，全国共有各类提供住宿的养老机构 3.8 万个，养老服务床位增至 823.8 万张。随着 2016 年国务院办公厅《关于全面放开养老服务市场提升养老服务质量的若干意见》、2017 年《养老机构服务质量基本规范》、2019 年《城企联动普惠养老专项行动实施方案（试行）》等政策的实施，养老服务机构进入高质量建设阶段，服务的普惠性进一步增强。

居家社区养老不断发展。党的十八届五中全会将养老服务体系建设中的"机构为支撑"调整为"机构为补充"，进一步凸显养老服务体系建设中居家和社区的重要性。自 2015 年北京市成为首家出台省级层面的《居家养老服务条例》后，包含养老驿站、日间照料中心、幸福院等在内多种形式的居家和社区养老在全国范围内迎来了快速发展。目前，城镇大部分社区以及农村超过 1/6 的村落都配备了各种形式的居家养老服务设施，贴近居民周边、身边、床边的养老服务快速发展，逐渐成为解决绝大多数老年人养老需求的基本力量。

服务能力稳步提升。党的十八大以来，在设施建设规划科学化、养老服务标准化和养老服务人员专业化的推动下，我国的养老服务能力显著提升。在原来提供餐饮、住宿、休闲娱乐等的基础上，养老服务逐步发展成集康复、护理、心理慰藉、休闲旅居等多种内容在内的综合体系。养老服务满足多元化和个性化需求的能力不断提升，根据老年人不同阶段需求特点提供的居家、社区和机构之间协调、连续的服务供给体系初步形成。

（三）医养康养结合持续推进

医养结合快速推进。党的十八届五中全会在养老服务体系模式中引入了"医养相结合"的新提法。自2016年国家启动医养结合试点以来，医养结合服务快速发展，医疗办养老、养老办医疗以及社区层面的医养结合各类模式不断涌现。到2020年底，全国共有两证齐全的医养结合机构5857家，床位158.5万张，医疗与养老服务机构建立合作关系7.2万对，超过90%的养老机构都能以不同形式为入住的老年人提供医疗卫生服务。

老年健康支撑体系逐步完善。党的十八大以来，党和政府进一步加大了对老年健康问题的重视。2017年，国家颁布《"十三五"健康老龄化规划》。2018年国家卫健委新设老龄健康司，之后《关于建立完善老年健康服务体系的指导意见》《老年健康服务体系规划》等相继出台，一个涵盖健康教育、预防保健、疾病诊治、康复护理、长期照护、安宁疗护在内的综合连续、覆盖城乡的老年健康服务体系逐渐形成。老年医疗卫生政策的重心也逐步从重视病后治疗转向病前预防，老年医疗卫生政策的专项性、针对性和可操作性逐步提高。

长期照护稳步发展。面对日益增长的失能、失智人员的长期照护问题，2016年，人社部发布《关于开展长期护理保险制度试点的指导意见》，选择15个市区开展长期护理保险试点。截至2021年3月，全国49个城市开展了试点工作，覆盖人群超过1亿人，报销水平达到70%左右。2021年8月，国家医保局和民政部联合下发《长期护理失能等级评估标准》，长期照护发展进入制度化建设的新阶段。

（四）老年友好型社会逐步形成

制度建设积极推进。党的十八大以来，随着观念理念的不断提升，养老服务保障领域的政策顶层设计更加科学，政策措施也日渐丰富。2019年11月，中共中央、国务院印发《国家积极应对人口老龄化中长期规划》。党的十九届五中全会进一步将积极应对人口老龄化上升为国家战略。2021年10月，习近平总书记对老龄工作作出重要指示强调："贯彻落实积极应对人口老龄化国家战略，让老年人共享改革发展成果安享幸福晚年"，为新发展阶段的老龄工作明确了方向。2021年11月，中共中央、国务院制定《关于加强新时代老龄工作的意见》，对实施积极应对人口老龄化国家战略和加强新时代老龄工作提出新要求、作出新部署。这一阶段，原有的以民政系统为依托的老龄工作体系逐步转型为以卫健系统为主干、民政系统发挥重要作用的老龄工作体系。

老龄产业快速发展。党的十八大以来，党和政府通过政策扶持、产业规划等措施，积极引导老龄产业发展，繁荣老龄消费市场，在更好满足老年人需求的同时，不断提升老年人的生活质量。2013年《国务院关于加快发展养老服务业的若干意见》发布后，我国老龄产业发展进入快车道。2020年，国家统计局出台《养老创业统计分类（2020）》，界定了养老产业的统计范围。目前，包含康复辅具、适老化改造、健康管理、养老地产、老年金融、康养旅居等在内的老年产品开发体系发展迅速，包含智慧养老在内的为老服务内容日渐丰富。

社会环境更加适老。在做好基本服务保障的同时，党和政府通过加快适老化改造，促进老年群体的社会参与和社会融合，从多方面营造更加敬老孝老的社会环境，加快推进老年友好环境建设。各地政府通过财政补贴方式推动老旧小区改造，相关部门通过发布设计规范方式推动互联网适老化建设，弥合"数字鸿沟"。为满足老年人精神文化需求，相关部门大力发展老年教育和文化事业，推动老年大学建设，保障老有所为、老有所乐。截至 2020 年末，中国老年大学超过 8 万所，在校学员超过 1000 万人。在实体学校发展的同时，网络数字化教育逐渐成为老年教育的重要形式。2020 年，国家卫生健康委和全国老龄办联合发布《关于开展示范性全国老年友好型社区创建工作的通知》。在政策推动下，孝亲敬老成为中小学教育的重要内容和媒体宣传的常态化内容，孝老、亲老、敬老的社会风尚基本形成。

五、人民健康水平不断提升

人民健康是民族昌盛和国家富强的重要标志。党的十八大以来，以习近平同志为核心的党中央高度重视人民健康，全面实施健康中国战略，出台一系列卫生健康领域法律法规，推动卫生健康事业取得新的显著成绩。

（一）人民健康水平大幅提升

居民健康水平持续改善。2010—2019 年，人均预期寿命从 74.8 岁提高到 77.3 岁，孕产妇死亡率、婴儿死亡率、5 岁以下儿童死亡率分别从 2010 年的 30.0/10 万、13.1‰、16.4‰降至 16.9/10 万、5.4‰、7.5‰，主要健康指标优于中高收入国家平均水平。

健康公平性进一步提高。城乡居民健康水平差异不断缩小。2010 年，农村婴儿死亡率、5 岁以下儿童死亡率分别为城市的 2.78 和 2.75 倍，到 2020 年，这一差距分别缩小到 1.72 倍和 2.02 倍。随着孕前检查和住院分

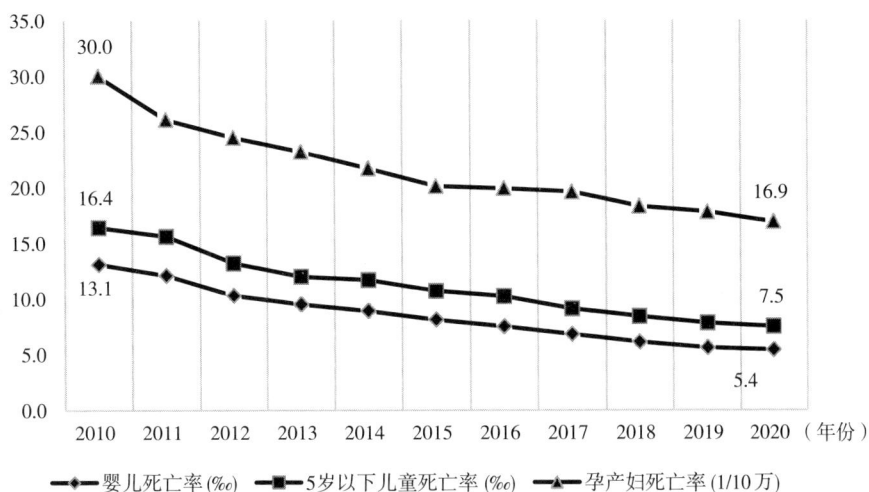

数据来源：历年中国卫生健康统计年鉴。

2010—2020 年主要健康指标变化情况

娩的广泛普及，孕产妇死亡率已无明显城乡差异。

　　健康扶贫成效显著。健康扶贫是打赢脱贫攻坚战的重要一环，为贫困地区脱贫打下了健康基础。党的十八大以来，党和政府采取一系列措施推动健康扶贫：一是着力提升贫困地区医疗卫生服务能力，历史性地消除了农村贫困地区、乡村两级医疗卫生机构和人员"空白点"。二是补齐公共卫生服务的短板，全面推进传染病、地方病防治攻坚，开展健康素养促进行动。三是开展分类救治，做好资助参保和医疗救助，有效保障贫困人口享有基本的医疗卫生服务。这些措施使近 1000 万因病致贫返贫户成功脱贫。

（单位：‰）

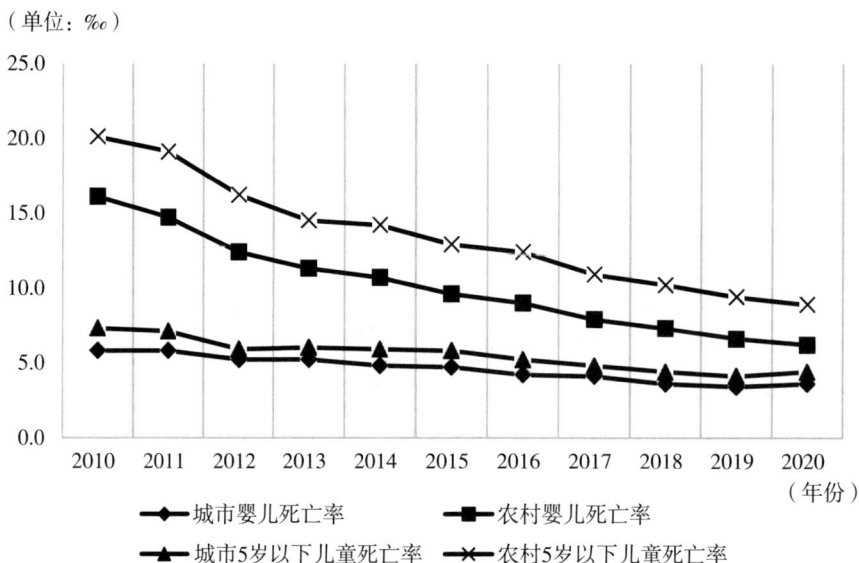

数据来源：历年中国卫生健康统计年鉴。

2010—2020 年城乡主要健康指标变化情况对比

（二）公共卫生服务整体能力不断提高

坚持预防为主，主要疾病得到遏制。重大传染病防控策略持续优化，更好落实国家免疫规划，主要传染病发病率显著下降，5 岁以下儿童乙型肝炎病毒（HBV）感染率降至 1% 以下，摘掉乙肝大国帽子。慢性病防治策略不断发展，以慢性病综合防控示范区建设为抓手，坚持关口前移，2019 年重大慢性病过早死亡率比 2015 年降低 10.8%。

基本公共卫生服务均等化水平进一步提高。我国基本公共卫生服务投入不断增加，人均基本公共卫生服务经费补助标准从 2010 年的 15 元提高到 2021 年的 79 元。项目不断丰富，免费向全体城乡居民提供 14 大类国家基本公共卫生服务项目。

打赢疫情防控阻击战，突发公共卫生事件应对能力进一步增强。面对突如其来的新冠肺炎疫情，在以习近平同志为核心的党中央的坚强领导下，我国成功应对了这次新中国成立以来发生的传播速度最快、感染范围最广、防控难度最大的重大突发公共卫生事件。为提高突发公共卫生事件应对能力，国家成立国家疾病控制局，加强疾控体系现代化建设，提升医院救治能力，健全城市传染病救治网络。

（三）全民医疗保障体系更加健全

建立起世界上规模最大的基本医疗保障网，多层次医疗保障体系不断完善。党的十八大以来，全民医疗保障制度改革持续推进。健全全民医保制度，织起世界最大的基本医疗保障网。2020 年参保人群规模达到 13.61 亿，覆盖率持续超过 95%。建立统一的城乡居民医保和大病保险制度，各级财政对居民医保的补助标准由 2010 年①的人均 120 元增长到 2021 年的 580 元。医疗救助不断完善，救助对象范围拓展，商业健康险快速发展。

卫生投入不断提高，群众看病就医的负担明显减轻。医疗保障水平逐步提高，城镇职工和城乡居民医保政策范围内住院费用统筹基金支付比例分别达到 85% 和 70% 左右。个人卫生支出占卫生总费用的比重不断下降，从 2010 年的 35.29% 下降到 2020 年的 27.65%。开展支付方式改革，报销比例提升，报销范围扩大。异地就医即时报销，缓解流动人口看病难问题。

"三医联动"改革成效明显。2018 年国家医保局成立后，实现了城镇职工基本医疗保险、城镇居民基本医疗保险、新型农村合作医疗"三保合一"，并整合了药品和医疗服务价格管理、医疗救助等职能，医疗保障

---

① 2010 年时，新农合和城镇居民医保尚未合并，财政对二者的补助标准均为 120 元。

在"三医联动"医改中导向作用越来越大。一是医保药品目录动态调整机制逐步完善。初步建立了基于药物经济学评价的医保药品目录动态调整机制，医保目录调整周期从最长 7 年缩短至 1 年，创新药从上市到纳入医保的时间从最长 4—9 年缩短至 0.5—5 年，实现了用药保障范围不断扩大和结构的优化。二是医保药品价格谈判、药品和耗材集中带量采购成为常态，大幅减轻群众用药负担。三是支付方式改革快速推进，对约束医疗机构行为、提高医保基金使用效率发挥着日益重要的作用。2019 年开始在全国 30 个城市启动开展按疾病诊断相关分组（DRG）付费试点，在 71 个城市启动区域点数法总额预算和按病种分值（DIP）付费试点。支付方式改革增强了医疗机构成本意识，控制了医疗费用的不合理上涨，提高了医保基金使用效率，同时对推动分级诊疗、引导医院高质量发展、促进形

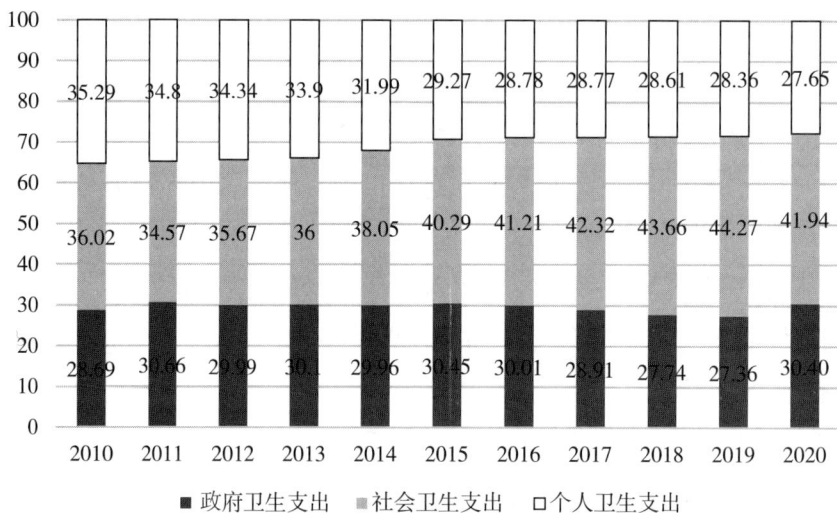

数据来源：历年中国卫生健康统计年鉴。

2010—2020 年卫生总费用构成变化情况（%）

成科学有序就医格局都发挥着积极作用。

（四）医疗健康服务体系日益完善

医疗卫生网络不断健全，服务能力和服务可及性持续提高。全面加强基层医疗服务体系建设，优化医疗资源配置，积极发展以县级医院为龙头的紧密型县域医共体建设，促进医疗资源有效下沉，织牢基层医疗机构"网底"。大力支持国家医学中心和区域医疗中心建设，推动优质医疗资源扩容和区域均衡布局。截至 2020 年底，84% 的县级医院达到二级及以上医院水平，近 90% 的家庭 15 分钟内能够到达最近医疗点。2010—2020 年，每千人口医疗卫生机构床位数从 3.56 张增长到 6.46 张，执业（助理）医师数从 1.80 人增长到 2.90 人，注册护士数从 1.53 人增长到 3.34 人。

(单位：人/千人口)

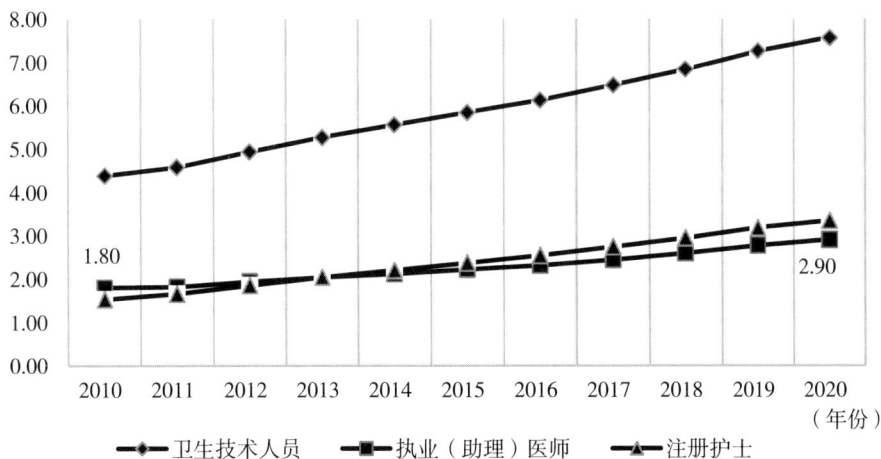

数据来源：历年中国卫生健康统计年鉴。

2010—2020 年卫生技术人员数量变化情况

分级诊疗制度建设稳步推进，就医格局逐步优化。大力推进紧密型医联体建设，完善相关医疗服务价格调整、医保支付方式改革等制度，促进医疗资源的横向和纵向整合。全面落实家庭医生签约服务制度，稳步推进基层首诊，引导服务重心下移、资源下沉，推动诊疗格局不断优化。截至2020年底，重点人群的家庭医生签约率达到75.46%，全国县域内就诊率已经达到94%，"小病不出村、大病不出县"目标基本达成。

公立医院改革继续攻坚克难，现代医院管理制度逐步建立。全面推开公立医院综合改革，全面取消药品和耗材加成，破除以药补医的机制，开展现代医院管理制度试点，推进以质量为核心、以公益性为导向的绩效考核。不断优化公立医院筹资结构，持续加大财政对公立医院投入力度，全面取消药品和耗材加成，严格控制医疗费用不合理增长。2012—2020年门诊和住院病人的药费占医疗总费用的比例分别从50.3%和41.1%降至39.1%和26.2%。

"互联网＋医疗健康"快速发展，为就医提供更多便利。"互联网＋医疗健康"政策体系逐步完善，互联网诊疗、互联网医院、远程医疗等不同类型服务规范性和服务效率不断提升，信息基础支撑不断加强，卫生健康信息标准化不断增强。截至2021年6月，全国已有超过1600家互联网医院，远程医疗协作网覆盖所有的地级市，促进医疗资源下沉，基层服务水平进一步提升。

（五）药品供应保障能力不断增强

药品供应保障制度日益完善。国家卫健委牵头梳理了临床短缺药品清单，建立了全国短缺药品监测预警系统，建立短缺药品定点生产制度，支持集中生产基地建设，实行配套价格政策和价格监管，保障了短缺药品价格稳定和市场供应。

药品集中采购有序开展，群众用药负担大幅减轻。协同推进药品集中采购和使用。截至 2021 年底，共组织六轮药品价格谈判，实施七批药品集采，显著降低了药品价格，谈判成功和集采中标药品价格平均降幅均在50%—60%。打通降价药进医院"最后一公里"，将政策红利引导到临床端，有效降低了患者负担。

推进仿制药一致性评价，深化药品审评审批制度改革。药品审评审批制度不断完善，加快推进仿制药一致性评价工作，促进药品质量提升与替代使用，为药品集采打下基础。对急需药品设立药品优先审评通道，评审效率大幅提高。2018 年抗癌新药的审批时间已经缩短一半，平均时长为12 个月左右，与发达国家的审批速度日趋一致。

（单位：亿元）

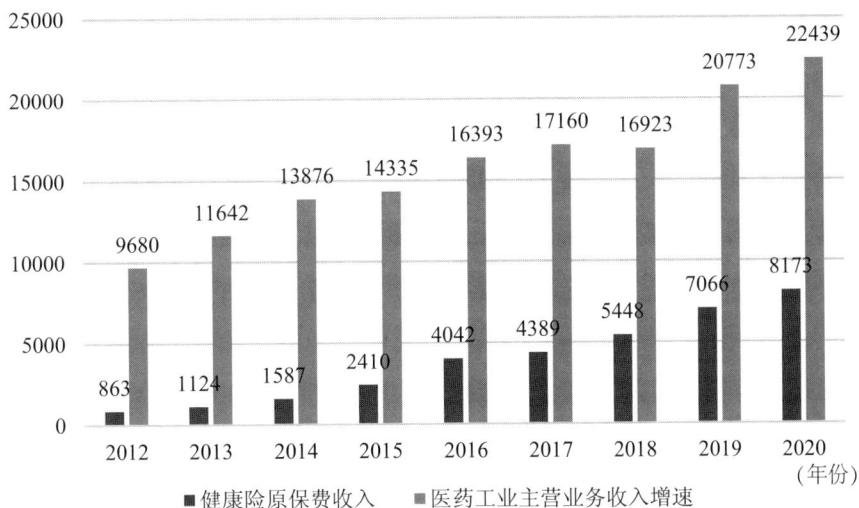

数据来源：中国银行保险监督管理委员会，中国医药统计网。

2012—2020 年健康险及医药工业发展情况

（六）医疗健康产业高速发展

健康产业政策体系逐渐完善健全。党的十八大以来，国务院及相关部门制定了一系列鼓励健康产业发展的政策措施，把发展健康产业放在重要位置，各部门各地方围绕完善产业规划、放宽产业准入、培育特色业态、增强要素支撑等方面出台政策文件，加大力度构建政策体系。一是鼓励健康科技创新，实现健康产业创新发展，以生物医药为代表的行业发展迅速。二是改革完善行业综合监管制度，激发社会力量活力，促进健康产业和社会办医规范发展，满足群众多样化、差异化健康需求。三是鼓励延伸产业链条，实现健康产业融合发展。四是深化国际交流合作，实现开放发展。

产品创新能力不断增强，健康产业规模不断扩大。在打赢新冠肺炎疫情防控阻击战中，创新药、疫苗、检测试剂研发能力得到充分显现。健康险产品不断创新，带病参保、普惠健康险、特药险等新产品的出现，保障属性逐步凸显，有效助力多层次医疗保障体系建设。随着人民健康需求持续增长，用于保健、疗养、健身等方面支出增长较快，有力地支撑了健康产业的发展。医药产业快速发展，2020年全国医药工业主营业务收入2.24万亿元，是2012年的2.3倍；商业健康保险保费规模不断提高，2020年达到8173亿元。

六、住房保障水平不断提升

"宅者人之本，人因宅而立。"住房是人的生存之所和发展之基。面对住房保障难题，党始终坚持以人民为中心，根据经济发展水平和财政承受能力，尽最大努力，通过持续性投入，最大限度地为人民群众提供住房保障。党的十八大以来，我国住房保障体系不断完善，住房保障能力持续增强，住房保障跨入了新的历史时期，取得了历史性成就，逐步实现住有所居的目标。

（一）历史性地实现农村住房安全有保障

按时完成脱贫攻坚农村危房改造扫尾工程任务。党的十八大以来，国家大力实施建档立卡贫困户危房改造，同步实施低保户、农村分散供养特困人员、贫困残疾人家庭3类重点对象危房改造，着力补齐农村贫困人口住房安全短板，脱贫攻坚农村危房改造扫尾工程任务已按时完成。截至2021年8月，790万户、2568万贫困群众的危房得到改造；同步支持1075万户农村低保户、分散供养特困人员、贫困残疾人家庭等贫困群体改造危房；全国2341.6万户建档立卡贫困户实现住房安全有保障。

建立健全贫困人口住房安全动态监测机制。国家将健全贫困人口住房安全有保障动态监测机制，对已脱贫建档立卡贫困户住房返危情况及时发现、及时解决，巩固脱贫攻坚成果。此外，将坚持尽力而为、量力而行、适度保障的原则，把居住在危房中的相对贫困户纳入政策支持范围，进一步完善危房改造方式和资金筹措体系，为巩固脱贫攻坚成果提供更完善的机制保障。

（二）持续提升城镇住房保障水平

城镇保障性住房的供给大幅度增加。党的十八大以来，建设各类保障性住房和棚改安置住房4700多万套，帮助1亿多困难群众改善了住房条件，人民群众的获得感、幸福感、安全感不断增强。仅"十三五"期间，全国棚改累计开工超过2300万套，帮助5000多万居民"出棚进楼"；截至2020年底，3800多万困难群众住进公租房，累计2200多万困难群众领取租赁补贴。城镇低保、低收入住房困难家庭基本实现应保尽保。当前,我国已经形成惠及2亿多城镇居民、覆盖面超过20%的住房保障供给体系。

城镇住房保障政策体系进一步完善。党的十八大以来,为解决困难群众住房问题,党中央、国务院出台了一系列财政补助、土地优先供应、信贷扶持、税费减免等支持政策,完善了财政、土地、金融和税费减免等支持政策,建立了上下联动、齐抓共管的工作机制。对于人口净流入较多、住房保障需求较大的大中城市,督促加大公租房保障力度,加快促进解决城镇中低收入居民和符合条件新市民住房困难问题。对低收入住房困难家庭实现应保尽保,对中等偏下及以下收入住房困难家庭在合理轮候期内予以保障,对符合条件的家庭实施精准保障。

(三)开辟发展保障性租赁住房新途径

提供保障性租赁住房成为解决城市住房问题的新途径。随着城镇化进程的加速和流动人口规模的扩大,大量新市民、青年人涌向大城市,但大城市住房价格普遍偏高,新市民特别是青年人"买不起房、租不好房"的问题比较突出。2019年以来,为加快解决新市民、青年人的住房困难,国家在广州、深圳、重庆等13个城市开展试点,部署开展完善住房保障体系工作,重点发展政策性租赁住房。从试点情况看,加快发展保障性租赁住房,促进解决新市民、青年人等群体的住房困难切实可行,将成为解决大中城市住房困难的有效办法。

保障性租赁住房政策体系逐步完善。2020年10月,党的十九届五中全会通过的《中共中央关于制定国民经济和社会发展第十四个五年规划和二〇三五年远景目标的建议》明确指出,扩大保障性租赁住房供给,首次正式提出"保障性租赁住房"的概念。2021年国务院政府工作报告提出,切实增加保障性租赁住房和共有产权住房供给,尽最大努力帮助新市民、青年人等缓解住房困难。2021年6月，国务院办公厅印发《关于加快发展保障性租赁住房的意见》，从明确对象标准、引导多方参与、坚持供需匹配、严格监督管理、落实地方责任等五个方面明确了保障性租赁住房的基础制度，和对保障性租赁住房的土地、财税、金融等支持政策以及相应的审批制度改革措施。

七、社会救助体系长足发展

社会救助是一项保障基本民生的制度安排，事关困难群众基本生活和衣食冷暖，关系民生、连着民心，是社会建设的兜底性、基础性工作。党的十八大以来，党中央高度重视社会救助工作，作出一系列重大决策部署，提出"守住底线、突出重点、完善制度、引导舆论"的民生工作思路，社会救助事业进入了发展快车道，实现了跨越式发展。

（一）社会救助跨越式发展

社会救助兜底功能得到加强。2014年是中国现代社会救助政策发展史上的关键年，在这一年中，民政部开始推行"救急难"工作试点，自此形成保障贫困家庭基本生活的常态化救助制度和面向因意外事故而陷入贫困的社会成员的临时救助制度格局，积极应对贫困风险，进一步夯实了社会救助兜底功能。

社会救助精准化水平显著提升。坚持分层分类是新时代我国社会救助体系的一个鲜明特征。一方面，针对性地设置不同救助方式，包括医疗救助、住房救助、教育救助、就业救助等的专项社会救助主要解决相关专门问题，包括受灾人员救助、临时救助的急难社会救助主要解决突发问题。在提供物质救助的同时，积极发展服务类社会救助，形成"物质＋服务"的救助方式。另一方面，差异化地区分不同救助对象，强化了分类救助管理，针对不同类型的困难家庭和人员提供有针对性的、差异化的救助帮扶，围绕绝对贫困、相对贫困、急难情形建立分类的梯度救助体系。

（二）迈入社会救助法治化新阶段

社会救助走向法治化。2014年2月，国务院颁布《社会救助暂行办法》，是我国第一部统筹各类社会救助制度的行政法规，旨在进一步完善社会救助体系，编密织牢基本民生安全网，切实维护困难群众生存权益，不断促进社会稳定和公平正义。《办法》将救急难、疾病应急救助、临时救助等方针政策纳入法治轨道，形成了以最低生活保障、特困人员供养、受灾人员救助、医疗救助、教育救助、住房救助、就业救助、临时救助等八项社会救助制度为主体的基本制度框架。

社会救助制度体系日益完善。2014年10月，国务院下发《关于全面建立临时救助制度的通知》，决定全面建立临时救助制度，解决城乡困难群众突发性、紧迫性、临时性生活困难。2017年1月，民政部、财政部等部门发布《关于进一步加强医疗救助与城乡居民大病保险有效衔接的通知》，强调做好医疗救助和大病保险的制度衔接。2018年1月，民政部、财政部发布《关于进一步加强和改进临时救助工作的意见》，着力加强和改善临时救助制度，兜住民生底线。2019年1月，民政部发布《关于进一步加强生活困难下岗失业人员基本生活保障工作的通知》，明确要求进一步加强相关制度衔接，为困难群体提供综合性帮扶。2020年8月，中共中央办公厅、国务院办公厅印发《关于改革完善社会救助制度的意见》，在社会救助制度顶层设计上进行系统谋划。

第七章
安全:防范化解经济金融风险能力不断提高

国家安全是关乎国家发展稳定和社会长治久安的重大战略问题。保证国家安全,是实现第二个百年奋斗目标、实现中华民族伟大复兴的中国梦的内在要求,是国家的头等大事。党的十八大以来,习近平总书记高度重视国家安全工作,提出总体国家安全观,明确国家安全战略方针和总体部署,要求全党增强斗争精神、提高斗争本领,着力推动国家安全体系和能力建设,为做好各领域国家安全工作、有效维护国家安全提供了根本遵循和行动指南。在以习近平同志为核心的党中央坚强领导下,我国经济社会发展风险防范化解能力不断提高,经受住了各种风险挑战考验,实现了发展与安全的有机统一。

一、经济社会实现安全发展

经济安全、社会安全都是国家安全体系的重要组成部分。党的十八大以来,习近平总书记从统筹国内国际两个大局的战略高度出发,带领全党全国人民妥善应对化解各种前进路上的风险挑战,开创了我国安全发展新局面。

（一）牢固树立总体国家安全观

进入新时代，我国国家安全内涵和外延比历史上任何时候都要丰富，时空领域比历史上任何时候都要宽广，内外因素比历史上任何时候都要复杂。面对严峻的国家安全形势，习近平总书记围绕维护国家安全发表了一系列重要论述，立意高远，内涵丰富，思想深邃，有力指导了经济社会领域风险防范化解工作。

创造性提出总体国家安全观。2014 年 4 月 15 日，习近平总书记在主持召开中央国家安全委员会第一次会议上发表重要讲话，创造性地提出总体国家安全观，实现了我们党在国家安全理论上的历史性飞跃。总体国家安全观强调以人民安全为宗旨，以政治安全为根本，以经济安全为基础，以军事、文化、社会安全为保障，以促进国际安全为依托，走出一条中国特色国家安全道路；也强调"大安全"理念，涵盖政治、军事、国土、经济、文化、社会、科技、网络、生态、资源、核、海外利益、太空、深海、极地、生物等诸多领域，而且随着经济社会发展变革还会不断拓展；还强调系统思维和方法，既重视外部安全，又重视内部安全；既重视国土安全，又重视国民安全；既重视传统安全，又重视非传统安全；既重视发展问题，又重视安全问题；既重视自身安全，又重视共同安全。

强调统筹发展和安全。习近平总书记强调，全面贯彻落实总体国家安全观，必须坚持统筹发展和安全两件大事，既要善于运用发展成果夯实国家安全的实力基础，又要善于塑造有利于经济社会发展的安全环境。

要求增强忧患意识、坚持底线思维。党的十九届六中全会提出的《中共中央关于党的百年奋斗重大成就和历史经验的决议》要求，全党必须铭记生于忧患、死于安乐，常怀远虑、居安思危。习近平总书记强调，我们必须增强机遇意识和风险意识，树立底线思维，把困难估计得更充分一些，把风险思考得更深入一些，注重堵漏洞、强弱项，下好先手棋、打好主动仗，有效防范化解各类风险挑战，确保社会主义现代化事业顺利推进。

要求增强斗争精神、提高斗争本领。习近平总书记强调，只要我们把握新的伟大斗争的历史特点，抓住和用好历史机遇，下好先手棋、打好主动仗，发扬斗争精神，增强斗争本领，凝聚起全党全国人民的意志和力量，就一定能够战胜一切可以预见和难以预见的风险挑战。《中共中央关于党的百年奋斗重大成就和历史经验的决议》把"坚持敢于斗争"总结为我们党百年奋斗的十个方面历史经验之一，要求倍加珍惜、长期坚持，并在新时代实践中不断丰富和发展。

（二）国家总体安全全面加强

在高质量发展中有效防范化解经济社会领域风险。我国仍处于并将长期处于社会主义初级阶段，我国仍然是世界最大的发展中国家，社会主要矛盾是人民日益增长的美好生活需要和不平衡不充分的发展之间的矛盾。发展是解决我国一切问题的基础和关键。党的十八大以来，我们以供给侧结构性改革为主线，建设现代化经济体系，把握扩大内需战略基点，打好防范化解重大风险、精准脱贫、污染防治三大攻坚战，推动国家经济实力、科技实力、综合国力跃上新台阶，经济迈上更高质量、更有效率、更加公平、更可持续、更为安全的发展之路。这都极大增强了我国有效防范化解经济社会领域风险的底气。

坚持问题导向，做好重点领域风险防范化解工作。在保障粮食安全方面，坚持立足国内保障粮食基本自给的方针，按照"确保谷物基本自给、口粮绝对安全"的新观念新要求，以我为主、立足国内、确保产能、适度进口、科技支撑，持续推进农业供给侧结构性改革。在提升能源安全保障水平方面，明确了"四个革命一个合作"能源安全新战略，持续开展节能与提高能效工作，大力发展可再生能源，增强能源科技创新能力，深化能源管理体制改革，全方位拓展国际合作。在提高产业链供应链稳定性和竞争力方面，打好关键核心技术攻坚战，推进产业基础高级化、产业链现代化，加强产业链供应链国际合作，畅通内外循环，加快形成具有更强创新力、更高附加值、更安全可靠的产业链供应链。在打好防范化解金融风险攻坚战方面，坚持金融服从服务于经济社会发展，完善金融监管体制，坚定推进经济去杠杆，坚决处置各类金融风险。在提高生态系统整体质量和稳定性方面，加快推进国家生态安全屏障体系建设，积极推进自然保护地体系建设，大力推进生态系统保护和修复，强化生态状况监测与风险防控预警，提升生态保护监管基础保障能力。在建设更高水平的平安中国方面，改革完善平战结合的重大疫情防控救治体系，推动国家应急管理体系和能力建设，建立立体化信息化的社会治安防控体系，不断健全社会矛盾纠纷多元预防调处化解综合机制。

二、粮食安全得到有效保障

党的十八大以来，以习近平同志为核心的党中央把保障粮食安全作为"头等大事"和"永恒的课题"，深化对粮食安全的思想认识，确立新的粮食安全战略，引领推动粮食安全理论创新、制度创新和实践创新，推进了我国粮食安全保障工作向纵深发展，国家粮食安全保障能力显著提升。

（一）把粮食安全作为"头等大事"

随着人口持续增长、经济社会发展和人民生活水平提高，我国粮食消费需求不断增长。我国的农村水土资源不足，国内资源环境有限，粮食生产成本持续上涨，农民种粮收益相对较低，粮食生产存在波动风险。国际经贸投资形势复杂多变，国际粮食市场供求很不稳定，国际粮食及食品市场价格大幅波动。防范化解粮食安全面临的风险挑战，意义重大，任务艰巨繁重。党的十八大以来，党中央加强对农业农村工作的领导，深刻分析新时代新形势新挑战，提出了新的国家粮食安全观，深化对解决好粮食问题的认识，统一全党重农抓粮的思想，为防范化解粮食安全面临的风险挑战提供了基本遵循。

从政治上看粮食安全形势。习近平总书记指出，虽然我国粮食生产连年丰收，但这就是一个紧平衡，而且紧平衡很可能是我国粮食安全的长期态势。他强调，中国人的饭碗任何时候都要牢牢端在自己手上，我们的饭碗应该主要装中国粮；还强调，粮食问题不能只从经济上看，必须从政治上看，保障国际粮食安全是实现经济发展、社会稳定和国家安全的重要基础。

"藏粮于地""藏粮于技"。耕地是粮食生产的命根子。坚决遏制耕地"非农化"，防止"非粮化"。农民可以非农化，但耕地不能非农化。我们严防死守18亿亩耕地红线，采取长牙齿的硬措施，落实最严格的耕地保护制度。建设高标准农田，真正实现旱涝保收、高产稳产。要把黑土地保护作为一件大事来抓，把黑土地用好养好。坚持农业科技自立自强，加快推进农业关键核心技术攻关。要下决心把民族种业搞上去，抓紧培育具有自主知识产权的优良品种，从源头上保障粮食安全，要提高农机装备水平。

调动和保护好"两个积极性"。稳定发展粮食生产，一定要让农民种粮有利可图，让主产区抓粮有积极性。这方面，既要发挥市场机制作用，也要加强政府支持保护。稳定和加强种粮农民补贴，提升收储调控能力，坚持完善最低收购价格政策，扩大完全成本和收入保险范围。逐步建立价格低时补生产者、价格高时补低收入消费者的机制。要保护好地方政府抓粮的积极性，要强化对主产省和主产县的财政奖励力度，逐步建立健全对主产区的利益补偿机制，保障产粮大县重农抓粮得实惠、有发展，不能让生产粮食越多者越吃亏。

善于用好两个市场、两种资源。要把握好进口规模和节奏，防止冲击国内生产给农民就业和增收带来大的影响。积极稳妥利用国际农产品市场和国外农业资源，必须谋定而后动。推动农业走出去，要充分研判经济、技术乃至政治上的风险，提高防范和应对能力。

注重永续发展。既要保障当代人吃饭，也要为子孙后代着想，转变农业发展方式，发展节水农业、循环农业，让透支的资源环境逐步休养生息，不能再滥占耕地、粗放经营、超垦过牧。要抓好粮食安全保障能力建设，加强农业基础设施建设，完善农业补贴和粮食价格形成机制，搞好粮食流通储备，鼓励发展家庭农场、专业大户、农民合作社等新型农业经营主体，健全主产区利益补偿机制。

高度重视节约粮食。节约粮食要从娃娃抓起，从餐桌抓起，从幼儿园、托儿所以及各级各类学校抓起，从大学食堂和各个单位食堂抓起，从每个家庭抓起，让节约粮食在全社会蔚然成风。要注重解决粮食在收储、销售、加工过程中的浪费。要加强立法，强化监管，采取有效措施，坚持长效机制，坚决制止餐饮浪费行为。要进一步加强宣传教育，切实培养节约习惯，在全社会营造"浪费可耻、节约为荣"的氛围。

（二）国家粮食安全新战略全面实施

坚持和加强党的全面领导，健全粮食国家宏观调控机制。党中央健全党委全面统一领导、政府负责、党委农村工作部门统筹协调的农村工作领导体制，国务院坚持和完善粮食安全省长责任制，注重规划引领，深化粮食收储制度和价格形成机制改革，发挥粮食储备重要作用，全国人大等就节约粮食反对浪费进行专门立法。2014 年底，国务院出台《关于建立健全粮食安全省长责任制的若干意见》，从生产、流通、消费等各个环节明确各省级政府在维护国家粮食安全方面的事权与责任。2015 年，国务院办公厅印发《粮食安全省长责任制考核办法》，建立考核机制。从 2014 年起，有关部门先后编制了《中国食物与营养发展纲要（2014—2020 年）》《国家乡村振兴战略规划（2018—2022 年）》等一系列规划。2019 年，中共中央印发《中国共产党农村工作条例》，明确把实施藏粮于地、藏粮于技战略，严守耕地红线，确保谷物基本自给、口粮绝对安全作为党的主要任务的内容。2020 年，习近平总书记指出，地方各级党委和政府要扛起粮食安全的政治责任，实行党政同责，"米袋子"省长要负责，书记也要负责。2021 年，全国人大常委会通过《中华人民共和国反食品浪费法》，中共中央办公厅、国务院办公厅印发《粮食节约行动方案》。

稳步提升粮食生产能力，保护和调动粮食种植积极性。落实"藏粮于地"和"藏粮于技"战略，实行最严格的耕地保护制度，实施全国土地利用总体规划，从严管控各项建设占用耕地特别是优质耕地，健全建设用地"增存挂钩"机制，开展耕地督查、大棚房整治，严守耕地保护红线。提升耕地质量，实施全国高标准农田建设总体规划。保护生态环境，建立粮食生产功能区和重要农产品生产保护区。提高水资源利用效率，规划建设一批节水供水重大水利工程，开发推广先进节水灌溉技术和产品。保障种粮农民收益，逐步调整完善粮食价格形成机制和农业支持保护政策，实施耕地地力保护补贴和农机具购置补贴等措施。

创新完善粮食市场体系，着力强化依法管理合规经营。积极构建多元化市场主体格局，深化国有粮食企业改革，积极引导多元主体入市，市场化收购比重不断提高。健全完善粮食交易体系，搭建了规范统一的国家粮食电子交易平台，粮食期货交易品种涵盖小麦、玉米、稻谷和大豆等主要粮食品种。稳步提升粮食市场服务水平，积极引导各地发展多种粮食零售方式，完善粮食安全保障法律法规，颁布和修订实施农业法、粮食流通管理条例等法律法规。

全面建立粮食科技创新体系，大力发展粮食产业经济。深入推进玉米、大豆、水稻、小麦国家良种重大科研联合攻关，大力培育推广优良品种，基本实现主要粮食作物良种全覆盖。强化粮食生产科技支撑，科学施肥、节水灌溉、绿色防控等技术大面积推广。加快推动粮食产业转型升级，充分发挥加工企业的引擎带动作用，统筹建好示范市县、产业园区、骨干企业和优质粮食工程"四大载体"。

不断扩大对外开放，全面加强国际合作。更加开放中国粮食市场，涉粮外资企业加工转化粮食数量、产品销售收入不断增加，外资企业进入中国粮食市场的广度、深度不断拓展。促进国际粮食贸易繁荣发展，积极与世界主要产粮国分享中国巨大的粮食市场。积极支持国内有条件的企业"走出去"。不断深化国际合作，积极参与世界粮食安全治理，积极响应和参与联合国粮农组织等涉粮国际组织的倡议和活动。应有关国家紧急粮食援助请求，无偿提供力所能及的多双边紧急粮食援助。

（三）中国人的饭碗牢牢端在自己的手上

我国粮食产量稳步增长，谷物供应基本自给。2021年全国粮食产量达到13657亿斤，比上年增长2%，再创历史新高，我国粮食生产迎来了第十八个丰收年景。我国用占世界 9% 的耕地、6% 的淡水资源，解决了世界约 20% 的人口吃饭问题，中国人的饭碗牢牢端在自己的手上。全国粮食科技创新和产业经济稳步发展，粮食流通现代化水平明显提升，粮食储备能力显著增强，居民健康营养状况明显改善，贫困人口吃饭问题有效解决，国家粮食安全保障更加有力，为保持经济持续健康发展和社会和谐稳定夯实了坚实基础。

三、能源安全保障水平显著提升

能源安全是各国国家安全的优先领域，抓住能源就抓住了国家发展和安全战略的"牛鼻子"。进入新世纪以来，能源供需格局发生了一系列新的变化，能源供需形势紧张，生态约束更为趋紧，创新技术亟待突破，国际能源竞争加剧，能源安全面临多方面压力。党的十八大以来，以习近平同志为核心的党中央高度重视、深入研究、总体谋划，对我国能源安全作出了系统全面部署，提出能源安全新战略，持续推进构建现代能源体系，加快建设能源强国，能源安全保障能力不断提升。

（一）确立能源安全新战略

明确了"四个革命、一个合作"能源安全新战略。2014 年 6 月 13 日，习近平总书记主持召开中央财经领导小组第六次会议，亲自研究部署能源安全战略，从国家发展和安全的战略高度，审时度势，借势而为，提出了"四个革命、一个合作"的能源安全新战略：推动能源消费革命，抑制不合理能源消费；推动能源供给革命，建立多元供应体系；推动能源技术革命，带动产业升级；推动能源体制革命，打通能源发展快车道；全方位加强国际合作，实现开放条件下能源安全。这为全面塑造能源安全新格局指明了道路。

将"清洁低碳、安全高效"作为现代能源体系的建设方针。《能源发展"十三五"规划》提出了努力构建清洁低碳、安全高效的现代能源体系。此后，构建"清洁低碳、安全高效"的现代能源体系得到进一步强化并贯穿始终。党的十九大报告中明确提出要"推进能源生产和消费革命，构建清洁低碳、安全高效的能源体系"。"十四五"规划和2035年远景目标纲要进一步提出要"推进能源革命，建设清洁低碳、安全高效的能源体系，提高能源供给保障能力"。

把实现"双碳"目标作为能源发展的基本方向。2020年9月22日，习近平总书记在第七十五届联合国大会一般性辩论上的讲话中首次提出，"中国将提高国家自主贡献力度，采取更加有力的政策和措施，二氧化碳排放力争于2030年前达到峰值，努力争取2060年前实现碳中和"。"双碳"目标的提出，将夯实新能源发展的根基，为加速能源转型和能源技术创新注入原动力。

（二）扎实推进能源革命

持续开展节能与提高能效工作，引导消费侧能源转型。坚持节能优先方针，以"单位GDP能耗下降"为总抓手持续推进节能工作，从源头入手提高能源安全保障水平。深入实行能源消费总量和强度双控制度，建立完善工业、建筑、交通等重点领域和公共机构节能制度，不断优化节能低碳税收、金融、价格、商业模式等激励政策。狠抓重点领域节能，坚定调整产业结构，着力发展低能耗的先进制造业、高新技术产业、现代服务业，推动传统产业智能化、清洁化改造。

大力发展可再生能源，加快建立多元供应体系。优先发展光、风、水、核、生物质等非化石能源，大力推进低碳能源替代高碳能源、可再生能源替代化石能源。有序发展先进产能，加快淘汰落后产能，推进煤炭清洁高效利用。将加强国内油气开发作为保障油气安全的"压舱石"，提升油气勘探开发力度，推动油气增储上产，提高油气自给能力。

释放科技创新第一动能，增强能源科技创新能力。建设多元化多层次能源科技创新平台，包括国家实验室、国家重点实验室、国家工程研究中心等。依托重大装备制造和重大示范工程，推动关键能源装备技术攻关、试验示范和推广应用。大力推动能源技术与现代信息、材料和先进制造技术深度融合，依托"互联网＋"智慧能源建设，探索能源生产和消费新模式。

深化能源体制改革，发挥市场在能源资源配置中的决定性作用。大力培育多元市场主体，打破垄断、放宽准入、鼓励竞争，构建统一开放、竞争有序的能源市场体系，着力清除市场壁垒，提高能源资源配置效率和公平性。按照"管住中间、放开两头"总体思路，稳步放开竞争性领域和竞争性环节价格，促进价格反映市场供求、引导资源配置，严格政府定价成本监审，推进科学合理定价。减少中央政府层面能源项目核准，取消可由市场主体自主决策的能源项目审批。

（三）能源安全保障能力显著增强

能源利用效率大幅提高，能源消费结构不断优化。2012—2019年，单位国内生产总值能耗累计降低24.4%，以能源消费年均2.8%的增长支撑了国民经济年均7%的增长。煤炭消费占比持续下降，2020年在一次能源消费中的比例下降到56.8%，比2012年下降了11.7个百分点。核、风、光、生物质等非化石能源消费占比快速提升，2020年达到15.9%，比2012

年提高了 6.2 个百分点。天然气消费占比也有较大幅度提高，2020 年达到 8.4%，比 2012 年提高了 3.6 个百分点。

能源供给质量显著提升。2020 年，我国一次能源生产总量达到 40.8 亿吨标准煤，能源自给率达 81.9%。其中，煤炭具备 40 亿吨以上年生产能力，原油年产量保持在 1.9 亿—2.1 亿吨，天然气产量从 2012 年的 1106 亿立方米增长到 2020 年的 1925 亿立方米。可再生能源持续快速发展，截至 2020 年底，我国水电、风电、光伏发电装机规模分别达到 37028 万千瓦、28165 万千瓦和 25356 万千瓦，均居全球首位。

2012—2020 年我国能源供给情况

年份	一次能源消费总量（亿吨标准煤）	一次能源生产总量（亿吨标准煤）	能源自给率（%）
2012	40.2	35.1	87.3
2013	41.7	35.9	86.1
2014	42.8	36.2	84.5
2015	43.4	36.2	83.4
2016	44.1	34.6	78.4
2017	45.6	35.9	78.7
2018	47.2	37.9	80.3
2019	48.7	39.7	81.5
2020	49.8	40.8	81.9

资料来源：根据国家统计局数据整理及测算。

能源科技创新成果丰硕。已形成较为完备的可再生能源、核电等清洁能源装备制造产业链，技术水平大幅提高。水电领域具备全球最大的百万千瓦水轮机组自主设计制造能力，特高坝和大型地下洞室设计施工能力均居世界领先水平。低风速风电技术位居世界前列，国内风电装机

90%以上采用国产风机。光伏发电技术快速迭代，不断刷新光伏电池转换效率世界纪录，光伏产业占据全球主导地位，光伏组件全球排名前十的企业中我国占据7家。建成若干应用先进三代技术的核电站，新建核电机组综合国产化率超过85%。特高压输电技术处于国际领先地位，掌握了1000千伏特高压交流和±800千伏特高压直流输电关键技术。

能源国际合作打开新局面。油气多元化供应格局进一步拓展，中俄东线天然气管道、中缅原油管道等一批标志性重大项目相继投运，建成中亚—俄罗斯、中东、非洲、美洲和亚太五大油气合作区，逐步形成西北、东北、西南及海上四大油气进口通道。高质量推进"一带一路"能源合作，我国已与90多个国家和地区建立政府间能源合作机制，与30多个能源类国际组织和多边机制建立合作关系，与10个国家和地区开展双边能源合作规划。

四、产业链供应链稳定性和竞争力明显提高

产业链供应链安全稳定是经济安全的关键基础。我国是世界第二大经济体，制造业规模连续多年居全球首位。但同时，我国产业链供应链长期存在不少短板弱项，部分环节对外依存度较高，在内外部环境变化的情况下，维护产业链供应链安全稳定显得尤为重要。党的十八大以来，在以习近平同志为核心的党中央高度重视和部署指导下，我国产业技术创新体系得到持续加强，供给侧结构性改革取得突出成效，产业链供应链稳定性和竞争力稳步提升，产业链供应链安全保障能力得到加强。

（一）确保产业链供应链安全成为国家重大战略

高度重视产业链供应链安全稳定问题。习近平总书记深刻指出"工业是我们的立国之本""制造业是国家经济命脉所系"，多次讲话强调"产业链、供应链在关键时刻不能掉链子，这是大国经济必须具备的重要特征"。2020年5月14日，习近平总书记主持召开政治局常委会，专门研究提升产业链供应链稳定性和竞争力问题。

从推动高水平自立自强、提升产业链水平、畅通内外循环等多个方面提出要求。习近平总书记指出，要加大科技创新力度，围绕产业链部署创新链，围绕创新链布局产业链，打造未来发展优势，强化我国在全球产业链供应链创新链中的影响力，打好关键核心技术攻坚战，提高创新链整体效能。推进产业基础高级化、产业链现代化。要充分发挥集中力量办大事的制度优势和超大规模的市场优势，打好产业基础高级化、产业链现代化的攻坚战。要在"合作中扩大共同利益"，通过各国团结协作，凝心聚力，推动复工复产，加强产业链供应链国际合作，畅通内外循环，为提振世界经济注入新动力。

将产业链供应链安全上升到顶层规划。2021年3月，"十四五"规划纲要首次将产业链供应链以专节形式在国家规划中进行表示，强调坚持经济性和安全性相结合，补齐短板、锻造长板，分行业做好供应链战略设计和精准施策，形成具有更强创新力、更高附加值、更安全可靠的产业链供应链。

（二）产业链供应链安全战略部署全面落地

党的十八大以来，各地方各部门以习近平总书记关于安全发展的一系列论述为遵循，积极推动落实产业链供应链相关工作。

完善规划部署，强化政策引领。各地区各部门按照中央统一决策部署，持续深化供给侧结构性改革，推进制造强国、网络强国和数字中国建设。特别是高度重视制造业的发展，坚持创新驱动、质量为先，大力发展新一代信息技术产业等十大重点领域，打造中国制造核心竞争力的新优势。

落实创新驱动发展战略，加快产业链补短板。不断加大政策支持力度，围绕提升国家战略科技力量，健全社会主义市场经济条件下新型举国体制等开展工作，通过实施重大科技专项、产业发展基金、共性技术服务平台等政策举措，落实创新驱动发展战略。发挥企业创新主体作用，通过"赛马制""揭榜挂帅"等组织形式调动各方面积极性，激发创新活力。加大核心关键技术攻关力度。组织实施产业基础再造工程，努力补齐"缺芯""少核""弱基"短板。

促进传统产业链优化升级，培育壮大战略性新兴产业链。各地方各部门坚持质量第一、效益优先的发展理念，引导行业企业转变发展方式，多措并举推动产业质量变革、效率变革、动力变革。推进先进制造业和现代服务业融合发展，增强产业链核心竞争力。同时，加大新兴产业领域发展的引导和布局，围绕新一代人工智能、新一代信息技术、生物技术等培育战略性新兴产业链，支持类脑智能、量子信息等前沿科技领域布局发展。

推动产业链绿色化、数字化转型，提升产业链水平。明确工业领域碳达峰行动专项方案，积极落实重点产业能耗、碳强度下降目标。鼓励应用低碳技术和工艺装备，构建低碳工业体系。明确高耗能行业重点领域能效标杆水平和基准水平，支持工业回收体系建设。持续推动产业链数字化转型相关工作，发挥数据、信息作为新生产要素的重要作用，通过健全中小企业数字化转型云服务平台，支持工业互联网平台建设等提高重点行业产业链供应链数字化水平。

加大财政金融支持力度，引导资源向产业链集聚。先后设立国家集成电路产业投资基金、国家新兴产业引导基金等，引导社会资本投向产业链供应链提质增效的关键领域。大力发展科技信贷，引导科技型中小企业贷款平台建设，打造地方性科技企业市场融资平台，支持创业风险投资发展。对符合条件的首台（套）重大技术装备保险、专利保险、科技型中小企业履约保证保险等，实施补贴等奖励和风险分担政策。

培育产业链主体能力，促进大中小企业融通发展。将产业链供应链主体能力建设作为增强产业链供应链稳定性和竞争力的重要抓手，重点培育发展以专精特新"小巨人"企业、制造业单项冠军企业、产业链领航企业为代表的优质企业。加强国家科技创新资源对企业的支持和开放，引导企业更深更广参与到相关项目中，提高产业链创新能力。引导企业广泛参与制造业强链补链行动，凝聚政府、企业合力，共同保障产业链供应链安全稳定。通过搭建大企业与中小企业合作平台，促进大企业与中小企业在协作中共同提升。

开展产业链供应链国际合作，推动共建富有韧性的全球供应链。加强产业链国际合作，推动境外园区与国内园区协同发展。推进举办产业链供应链韧性与稳定国际论坛，同主要贸易伙伴在海事、航运、邮政等领域形成长效合作机制，共建跨区域的富有韧性的供应链。参与多双边经贸规则重构，为国际产业链供应链合作营造了良好的政策和制度环境。

（三）产业链供应链稳定性和竞争力明显提升

整体发展水平稳步提高，部分领域具备了全球竞争力。我国在传统工业领域多已形成完整的产业链。比如，纺织服装产业具有全产业链优势，纺织服装出口约占世界 1/3 以上。新能源装备等部分新兴领域竞争优势正在加速形成。晶硅光伏产业链五大核心环节：硅料、晶硅片、晶硅电池、晶硅组件和晶硅光伏发电系统产量均居世界首位。风电产业链完整、具备全球竞争力。以稀土行业为代表的原材料工业具备国际竞争力，产业链整体优势突出。采掘和冶炼分离占据全球领先和主导地位；功能材料生产世界规模最大、在全球市场占比最高，应用链条不断延长。

长板突显，整机组装制造能力优势明显。我国在多数关系国民经济命脉重大装备的整机设计、制造、运行上已经实现了国产化。其中，新能源汽车、光伏、风电整机制造规模位居世界第一；手机、计算机和彩色电视机等产品产量占全球比重在70%—90%之间；液晶面板产能、出货量和销售额均居全球首位，2020年液晶面板出货面积首次达到全球一半以上；主要家电产品产量多数居世界前列，其中空调器、微波炉全球占比约为70%—80%，电冰箱/冷柜、洗衣机比重约为50%—55%，空调压缩机比

（单位：%）

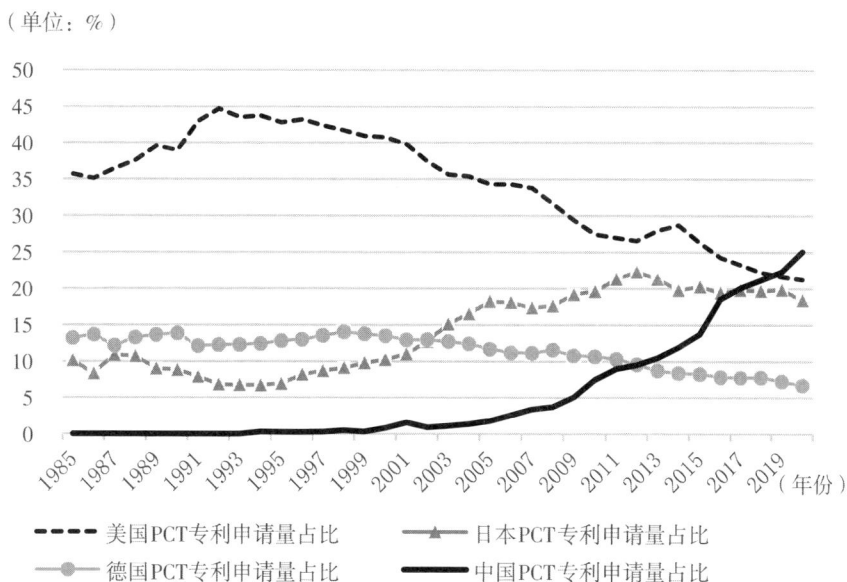

资料来源：世界知识产权组织。

美国、日本、德国、中国 PCT 专利申请数量全球占比

重约为 70%—80%。

创新能力持续加强，部分领域关键核心技术突破取得重要进展。过去十年来，我国产业技术创新研发投入、产出水平均获得较大增长，这也带动了产业链整体技术水平的提高，一些领域技术水平已从跟跑、并跑向领跑转变。2020 年，我国规模以上工业企业研究与试验发展机构总数、研发经费支出均比 2012 年翻了一番，有效发明专利申请数增长两倍多，产业创新能力加快从量的积累向质的飞跃、从点的突破向系统能力提升转变，2020 年，我国在全球《专利合作条约》（PCT）申请量排名中位居第一位。这都有利推动了锻长板、补短板进程。

核心企业能力得到加强，为确保安全畅通运行提供了坚实的微观基础。制造业骨干龙头企业加快发展壮大，中国制造业企业 500 强资产总额、营业收入分别从 2012 年的 19.7 万亿元、21.7 万亿元，增长到 2020 年的 39.19 万亿元、37.4 万亿元。中小企业茁壮成长，专业化水平持续提高，4 万多家"专精特新"企业、4700 多家"小巨人"企业、800 多家制造业单项冠军企业脱颖而出，成为所在细分行业和领域的标杆。

五、不发生系统性金融风险的底线牢牢守住

党的十八大以来，我们切实把维护金融安全作为治国理政的一件大事，坚决打好防范化解重大金融风险攻坚战，及时、有效地化解了一大批重大金融风险，守住了不发生系统性金融风险的底线。

（一）把防控金融风险放到更加重要的位置

国际金融危机后，受新旧增长动能转换、金融化潮流、金融转型、现代金融监管体系建设滞后等因素影响，金融规模无序过度膨胀、金融风险不断累积。党中央审时度势，提出制定了一系列方针政策。

坚持金融服从服务于经济社会发展。习近平总书记指出，金融要回归本源，服从服务于经济社会发展，强调要切实转变金融发展理念，将服务实体经济作为出发点和落脚点，增强服务实体经济能力；要求解决金融与实体经济失衡，坚决遏制"脱实向虚"和金融空转。

坚持在推动高质量发展中防范化解风险。习近平总书记指出，实体经济健康发展是防范化解风险的基础，要坚持在推动高质量发展中防范化解风险；强调要处理好稳增长与防风险的关系，注重确保经济运行在合理区间，在稳增长的基础上防风险；要通过提升金融服务实体经济和经济转型的能力，推动科技、产业、金融良性循环，在实现更高质量、更有效率、更加公平、更可持续、更为安全的发展中有效防范化解风险。

坚持"稳定大局、统筹协调、分类施策、精准拆弹"方针。稳定大局就是要稳字当头，把握好政策节奏和力度，维持金融总体稳定和金融功能正常发挥。统筹协调就是要充分发挥国务院金融稳定发展委员会的统筹协调作用，在明确各风险防控主体责任基础上各尽其职、形成合力。分类施策就是要对不同类型、不同成因、不同危害、不同紧迫性的风险进行分类治理、分类处置。精准拆弹就是要对威胁金融稳定的重点领域风险及时进行精准有效处置，防止发生处置风险的风险。

坚持敢于揭盖子，既高度警惕"黑天鹅"事件，也严格防范"灰犀牛"事件。敢于"揭盖子"就是要紧紧抓住化解金融风险的时间窗口，敢于亮剑，早发现早处置，避免小事拖大、大事拖炸。高度警惕"黑天鹅"事件，就是要坚持底线思维、增强忧患意识，提前识别、研判、预警潜在风险，制定好应对预案。防范"灰犀牛"事件就是要增强同风险赛跑的意识，使风险应对走在市场曲线前面，有效化解长期威胁金融稳定的重大隐患。

完善金融监管体制，弥补监管制度短板。成立国务院金融委，强化其在金融稳定改革发展中的统筹协调作用。进一步明晰中央金融管理部门职责分工，强化人民银行宏观审慎管理和系统性风险防范职责，合并组建银保监会。完善金融法治，补齐监管制度短板。针对违法违规成本过低、缺乏法律依据等问题，修订实施《证券法》、通过实施《刑法修正案（十一）》、出台实施《防范和处置非法集资条例》。健全宏观审慎政策框架，出台《关于完善系统重要性金融机构监管的指导意见》《宏观审慎政策指引（试行）》等，同时加强微观审慎监管。

（二）防范化解金融风险效果明显

经济去杠杆取得积极成效。坚持处理好稳增长、调结构、控总量的关系，管好货币总闸门，确保货币信贷增速与名义 GDP 增速基本匹配。坚持结构性去杠杆基本思路，将企业部门特别是国有企业去杠杆作为重中之重，推动市场化债转股，推动国有企业资产负债率下降。2020 年末，市场化债转股累计投资规模超过 1.6 万亿元。2017—2019 年，我国宏观杠杆率年均上升 3.7 个百分点，较 2009—2016 年年均增幅低 10.4 个百分点。

影子银行风险有效化解。通过以"资管新规"及其配套细则为抓手，统一监管标准，加强穿透式监管和功能监管，推动资管类影子银行规范化、去嵌套、去杠杆，打破刚性兑付、推动资管业务回归"卖者尽责、买者自负"本源，设定并适度调整延长资管新规过渡期等举措，影子银行风险持续收敛。2020 年末，影子银行规模较历史峰值已下降约 20 万亿元。2021 年末，保本理财、不合规短期理财产品已实现清零，绝大部分银行、特别是中小银行已按时完成整改工作；信托通道业务大幅压降，不合规信托项目累计压降超 80%。

金融控股集团风险有序化解。通过行政接管、提供流动性支持、引入行业风险救助基金和战略投资者、新设主体承接等方式，"安邦系""华信系"风险处置基本完成，"明天系"风险处置正在顺利推进。

互联网金融及非法集资风险有效处置。通过推动互联网金融风险专项整治、强化大型金融科技公司监管、规范互联网贷款和商业银行第三方互联网平台存款业务等举措，互联网金融风险已得到有效化解。作为非法集资重点风险领域的 P2P 网贷机构已经全部停业，互联网资产管理、股权众筹、互联网保险、虚拟货币交易、互联网外汇交易等领域整治工作已经基本完成。

债券违约风险处置机制不断完善。通过统一债券违约处置和信息披露规则，压实发行人、受托管理人、其他中介机构、金融管理部门、地方政府责任，强化债券存续期信用风险管理，引导设立民营企业债券融资支持工具和纾困专项债，推出到期违约债券转让机制等举措，市场化法治化债券违约处置机制不断完善，债券市场运行稳定，市场韧性明显增强。

股票质押融资风险有序化解。通过设立专项基金、专项资管计划、发行纾困债等市场化手段进行纾困，开展大股东股权质押压力测试、逐步收紧股票质押融资规模等方式，股票质押融资风险得到有序处置。2021 年末，股票质押比例超过 30% 的上市公司数已经降至 243 家，较 2018 年末减少 529 家。

地方政府隐性债务膨胀得到遏制。坚持"开正门""堵邪门"原则，通过建立健全地方政府隐性债务问责机制，推动财政、国资、金融等部门形成政策合力，加快地方政府融资平台公司市场化转型，开展债务置换等债务重组，推进全域无隐性债务试点等举措，地方政府隐性债务快速膨胀势头已得到有效遏制。

中小金融机构风险有序释放。一是推动包商银行、恒丰银行、锦州银行等重点中小金融机构的风险处置。二是支持中小银行多渠道补充资本，允许地方政府发行专项债补充中小银行资本。三是重视发挥存款保险早期纠正和风险处置平台作用。2020年末，高风险中小金融机构422家，较2018年末减少165家。

房地产领域风险逐步化解。通过建立"三条红线"、房地产贷款集中度管理等制度，引导房地产企业去杠杆和居民部门控杠杆，避免房企债务风险和居民部门杠杆率进一步累积。目前，房地产领域风险防控已取得积极成效，打破了房企"大而不能倒"预期、改变了居民房价只涨不跌预期，金融房地产化和房地产金融化得到遏制。

六、更高水平的平安中国日益成为现实

习近平总书记高度重视人民群众生命健康安全，在不同场合多次强调保障人民生命安全的重要性，提出人民安全是国家安全的基石。党的十八大以来，面对复杂严峻的社会安全形势，党中央国务院始终坚持人民至上生命至上，不断强化底线思维、增强风险意识，全力做好社会稳定和安全相关工作，人民安全感持续提升。

（一）平安中国建设全面推进

坚持人民至上、生命至上。生命重于泰山。习近平总书记指出，"在保护人民生命安全面前，我们必须不惜一切代价，我们也能够做到不惜一切代价"。在新冠肺炎疫情发生后，中央果断关闭离汉离鄂通道，实施史无前例的严格管控，在全国范围调集资源，不遗漏一个感染者，不放弃每一位病患，展现出了巨大的政治勇气和果敢的历史担当，生动诠释了中国共产党执政为民的理念。

强化依法治理。维护社会安全须靠法治保障。习近平总书记指出要"从立法、执法、司法、守法各环节发力，切实推进依法防控、科学防控、联防联控"；强调要"善于运用法治思维和法治方式解决涉及群众切身利益的矛盾和问题"，"要旗帜鲜明支持司法机关依法独立行使职权，绝不容许利用职权干预司法、插手案件"。

推动治理重心下移。基础不牢，地动山摇。习近平总书记指出，"要树立大抓基层、大抓基础的导向，推动重心下移、警力下沉、保障下倾，增强基层实力、激发基层活力、提升基层战斗力""要把基层一线作为公共安全的主战场"。遵循治理重心下移的思路，中央提出构建党组织领导的共建共治共享的城乡基层治理格局，构建网格化管理服务平台，更好解决群众操心事烦心事揪心事，切实把矛盾化解在基层。

注重风险源头管控。公平正义是社会稳定的基础。习近平总书记强调，"规范权力运行，把严格规范公正文明执法落到实处，不断提高执法司法公信力，努力让人民群众在每一起案件办理、每一件事情处理中都能感受到公平正义"；要"加强风险研判，加强源头治理，努力将矛盾纠纷化解在基层、化解在萌芽状态，避免小问题拖成大问题，避免一般性问题演变成信访突出问题"。

（二）社会安全水平明显提高

在全球率先控制住疫情并恢复经济社会发展。2020年初，突如其来的新冠肺炎疫情对我国经济社会发展带来前所未有的冲击。面对严峻形势，党中央果断决策、沉着应对，坚持人民至上、生命至上，及时部署了武汉保卫战、湖北保卫战，各地区各部门按照党中央部署积极贯彻落实，带领广大人民群众开展了抗击疫情的总体战、阻击战，着力"外防输入、内防反弹"，统筹推进疫情防控和经济社会发展，在全球率先控制住疫情、率先复工复产、率先实现经济正增长。

安全生产领域风险明显减少。全国生产安全事故死亡人数从本世纪初最高峰时的 14 万人下降到 2020 年的 2.71 万人，重特大事故数量从本世纪初的 140 起下降到 16 起，安全生产形势持续稳定好转。2018—2020 年，各类生产安全事故起数和死亡人数比国家应急管理部组建前三年分别下降了 26.9%、27.6%，其中重大事故下降 41.9%、39.7%，特别重大事故下降 66.7%、77.1%。

（单位：万件）   （单位：件/万人）

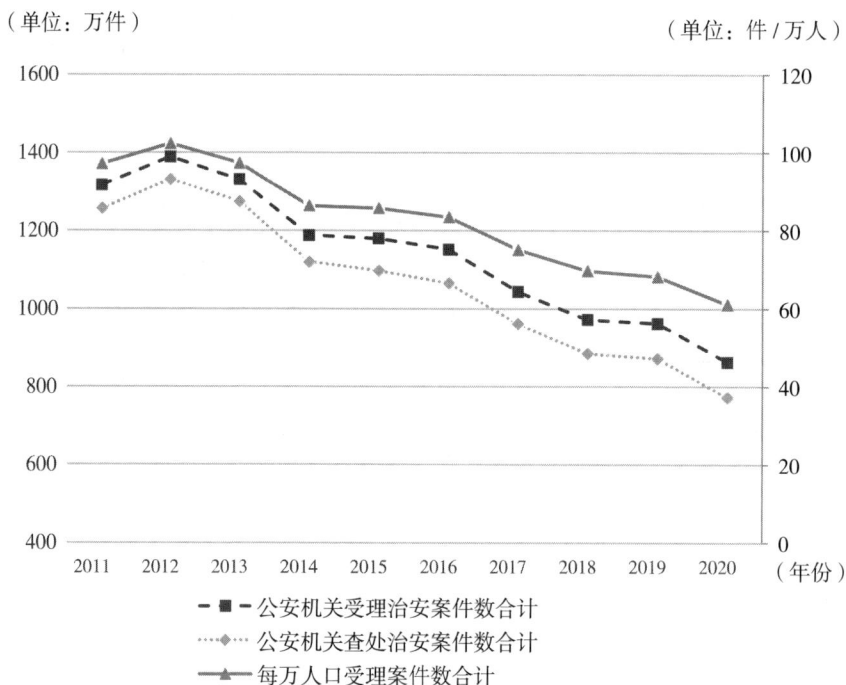

- ■ 公安机关受理治安案件数合计
- ◆ 公安机关查处治安案件数合计
- ▲ 每万人口受理案件数合计

2011—2020 年我国公安机关受理和查处的治安案件数

　　社会治安状况处于历史最好水平。我国社会治安形势持续好转，成为世界上最为安全的国家之一，人民群众的安全感持续上升。治安案件数逐年下降，其中公安机关受理的治安案件数从 2011 年的 1317 万件下降至 2020 年的 863 万件，公安机关查处的治安案件数从 2011 年的 1256 万件下降到 2020 年的 772 万件，每万人口受理的治安案件数从 2011 年的 97 件下降到 2020 年的 61 件。我国公安机关立案的刑事案件自 2015 年起连续五年逐年下降，命案数自 2011 年以来一直在下降，我国每 10 万人命案为 0.56 起，是命案发案率最低的国家之一。

　　社会矛盾总量呈现稳中有降趋势。得益于社会矛盾纠纷多元预防调处化解综合机制的健全，我国社会矛盾总量已稳中趋降，出现了历史性的拐点。我国调解的民间纠纷在 2018 年达到 953 万件后开始下降，2020 年为820 万件。2011 年以来，我国人民法院审理一审案件收案数整体呈增长趋势，但 2020 年首次出现了下降；民事一审案件收件数也在 2020 年出现了下降。

第八章
改革：全面深化改革取得重大突破

　　党的十八大以来，党中央以前所未有的决心和力度冲破思想观念的束缚，突破利益固化的藩篱，坚决破除各方面体制机制弊端，积极应对外部环境变化带来的风险挑战，开启了气势如虹、波澜壮阔的改革进程。习近平总书记亲自挂帅，在新的历史关头为全面深化改革掌舵领航。在以习近平同志为核心的党中央领导下，全面深化改革取得了非凡的历史性成就。习近平总书记指出，全面深化改革是一场思想理论的深刻变革，是一场改革组织方式的深刻变革，是一场国家制度和治理体系的深刻变革，是一场人民广泛参与的深刻变革。

一、全面深化改革取得一系列重大突破

　　党的十八届三中全会确立了全面深化改革的目标任务。在习近平总书记亲自领导指挥和推动下，全面深化改革取得一系列重大突破，许多领域实现历史性变革、系统性重塑、整体性重构，各领域基础性制度框架基本确立，为推动形成系统完备、科学规范、运行有效的制度体系，使各方面

制度更加成熟更加定型奠定了坚实基础。

（一）经济运行的基础性制度进一步夯实

市场顺畅运行需要一些基础性制度作保障，这些制度包括基本经济制度、产权保护机制、价格形成机制等。党的十八大以来，我国社会主义基本经济制度更加成熟、更加定型，立法、执法、司法全方位产权保护法治体系初步形成，价格形成机制取得突破性进展。

坚持"两个毫不动摇"，以公有制为主体、多种所有制经济共同发展的基本经济制度进一步完善。毫不动摇巩固和发展公有制经济。形成新时代国企改革的顶层设计、四梁八柱和"1＋N"政策体系，出台国企改革三年行动方案，颁布关于国资管理体制、国有资本授权经营、发展混合所有制经济等政策文件。国资国企体制机制改革实现重大突破，国有资本布局结构调整取得重大进展，国有资本配置效率和整体功能显著增强。建立中国特色现代企业制度，公司制改制全面完成，董事会建设、经理层成员任期制和契约化管理、职业经理人制度、中长期激励等市场化经营机制加快建立健全。混合所有制改革更加积极稳妥，形成层级较为齐全、覆盖各环节的混改配套政策。以管资本为主的国有资产监管体制逐步完善，构建业务监督、综合监督、责任追究三位一体的监督工作闭环。毫不动摇鼓励、支持、引导非公有制经济发展。出台《关于营造企业家健康成长环境 弘扬优秀企业家精神更好发挥企业家作用的意见》《关于营造更好发展环境 支持民营企业改革发展的意见》等文件，为非公有制经济发展创造了更加宽松和公平的营商环境。构建亲清政商关系，在市场准入、减税降费、金融服务、融资纾困等方面出台一系列有利于小微企业和民营经济发展的政策措施。

立法、执法、司法全方位产权保护法治体系初步形成。发布《关于完善产权保护制度依法保护产权的意见》，明确要求平等保护各种所有制经济财产权，甄别纠正涉产权冤错案件取得重要突破，涉政府产权纠纷问题专项治理行动深入推进。

价格形成机制取得突破性进展，商品和服务市场改革持续深化。发布《关于推进价格机制改革的若干意见》《关于进一步深化电力体制改革的若干意见》等文件，主要由市场决定价格的机制基本完善，目前97%以上的商品和服务价格已由市场形成。推进政府定价项目清单化，以"准许成本＋合理收益"为核心的科学定价制度不断完善。重点领域价格改革取得新突破，完成两轮输配电价改革，燃煤发电上网电价机制改革、天然气门站价格改革等顺利出台，铁路运价机制进一步完善。医疗、教育、运输等领域服务价格改革有序推进，大幅缩减政府收费项目。

（二）要素市场化配置改革全面展开

市场体系是由商品及服务市场和土地、劳动力、资本、技术、数据等要素市场构成的有机整体。为推进要素市场制度建设，出台了《关于构建更加完善的要素市场化配置体制机制的意见》《要素市场化配置综合改革试点总体方案》，推出了多项实质性改革措施，基本实现要素价格市场决定、流动自主有序、配置高效公平。

推进土地要素市场化配置，着力增强土地管理灵活性。加快构建城乡统一的建设用地市场，加快确立农村集体经营性建设用地入市制度。将永久性基本农田以外农用地转为建设用地审批事项授权省级政府批准。以真实有效的项目落地作为配置计划土地要素指标的依据，完善增量安排与消化存量挂钩机制。落实宅基地集体所有权，保障农户资格权和农民房屋财产权，适度放活使用权。

提高劳动力市场化配置水平，着力引导劳动力合理畅通有序流动。深化户籍制度改革，畅通落户渠道，推动超大、特大城市调整完善积分落户政策，探索推动在长三角、珠三角等城市群率先实现户籍准入年限同城化累计互认，试行以经常居住地登记户口制度。完善技术技能评价制度，以职业能力为核心制定职业标准，进一步打破户籍、地域、身份、档案、人事关系等制约，畅通非公有制经济组织、社会组织、自由职业、专业技术人员职称申报渠道，京津冀、粤港澳、长三角等区域探索推出人才职业资格、职称、继续教育学时等跨域互认与共享办法。推动国际人才引进，允许具有境外职业资格的金融、建筑、规划、设计等领域符合条件的专业人才经备案后，可在自贸试验区内提供服务。

着力构建多层次的资本市场制度，发挥好资本市场资源配置的枢纽作用。完善资本市场基础性制度，利率市场化改革成效显著，汇率形成机制的市场化程度明显增强，设立科创板、改革创业板并试点注册制，再融资规则优化。形成制度多元、功能互补的多层次资本市场体系，支持中小企业创新发展，深化新三板改革，设立北京证券交易所。打通银行间与交易所债券市场相关基础设施，实现投资者"一点接入"购买全市场债券，促进债券市场自由高效顺畅运转。推动完善投资者保护制度，建立健全具有中国特色的证券民事诉讼制度。

着力激发技术供给活力，促进科技成果转化。开展赋予科研人员职务科技成果所有权或长期使用权。培育发展技术转移机构与人才，全国范围内建设十多家国家技术转移区域中心，40余家技术交易市场，450多家国家技术转移机构，30余家技术转移人才培养基地，促进技术转移市场与能力建设。促进技术与资本对接，设立创业投资子基金支持科技成果转化，鼓励商业银行采用知识产权质押、预期收益质押等融资方式，深入推进首台（套）重大技术装备保险补偿机制、新材料首批次应用保险试点工作。

着力加快培育数据要素市场。出台《数据安全法》《个人信息保护法》等，不断推进数据分类分级管理和数据采集标准化，研究制定网上购物、人脸识别等个人信息保护国家标准。加强数据资源整合与保护，建设国家公共数据开放平台。推进政府数据开放共享，制定出台新一批数据共享责任清单。提升社会数据资源价值，培育数字经济新产业、新业态和新模式。

（三）国家经济治理体系和治理能力现代化水平不断提升

国家治理体系和治理能力是一个国家制度和制度执行能力的集中体现。具体到经济领域，主要包括市场监管制度完善、政府能力提升、宏观调控机制优化等方面。党的十八大以来，构建成熟市场监管体系和有为、高效政府建设迈出坚实步伐，宏观调控机制加快优化。

市场监管制度进一步完善。在强化反垄断和防止资本无序扩张、市场竞争、消费者权益保护、电子商务等领域，制定和修订多项基础性法律法规。监管执法透明度、公正性明显增强。组建国家市场监督管理总局、国家反垄断局，不断优化市场监管职能分工。"全国一张清单"管理得到巩固和维护，市场准入负面清单制度的统一性、严肃性、权威性不断增强。从2018年12月我国正式发布全国统一的市场准入负面清单以来，经过三轮修订，2020年版清单与2018年版清单相比，事项数量缩减比例达到18%。强化竞争政策的基础性地位，对公平竞争审查制度中的审查机制、审查标准、监督与责任等进行了全面系统的规定。

有为、高效政府建设取得显著进展。政府组织结构更加合理。《中共中央关于深化党和国家机构改革的决定》和《深化党和国家机构改革方案》，理顺党和国家机构部门职责关系，推动治理能力再上新台阶。持续深化简政放权、放管结合、优化服务，推进行政体制改革转职能提效能。

截至 2020 年 9 月底，国务院分 16 批取消下放 1094 项行政许可事项，其中国务院部门实施的行政许可事项清单压减比例达到 47%，非行政许可审批彻底终结，中央政府层面核准企业投资项目削减 90% 以上。全面推行清单制度，各地相继建立权力清单、责任清单和负面清单。大力强化事中事后监管，实行"双随机、一公开"监管模式。积极改进政务服务，不断推进"一网、一门、一次"和"互联网＋政务服务"改革，优化服务流程，简化办事手续，缩短办理时限，规范了行政审批权力的行使。商事制度改革全面推开，颁布《优化营商环境条例》，市场主体保护、市场环境建设、政务服务、监管执法、法治保障等明显改善，营商环境全球排名大幅提升。形成以国家发展规划为战略导向，以财政政策、货币政策和就业优先政策为主要手段，投资、消费、产业、区域等政策协同发力的、具有中国特色、适应当代经济运行要求的宏观调控制度体系。创新宏观调控方式，跨周期和逆周期宏观调控政策有机结合，区间调控、定向调控、精准调控、相机调控方法综合运用。

现代财税制度建设步伐加快。建立并完善现代预算管理制度。出台《中华人民共和国预算法》（最新修正版）及其实施条例，形成由"四本账"构成的复式预算体系，基本实现预算全口径管理，预算绩效管理全面实施。引入权责发生制的政府会计制度、深化部门预算改革、加强财政审计、加大预算公开力度、试行跨周期预算，加强预算全过程管理。建立规范的地方政府举债融资管理机制，形成完整的"闭环"管理体系。现代税收制度建设取得重大进展。营业税改征增值税全面推开，综合与分类相结合的个人所得税制初步建立。颁布实行《中华人民共和国环境保护税法》《中华人民共和国资源税法》，开征环境保护税，全面推行矿产资源税从价计征改革。税收法定进程加快，18 个大类税种中已有 12 个税种立法。中央与地方财政关系明显优化。事权和支出责任划分改革稳步推进，教育、医疗卫生、科技、交通、文化等领域的事权与支出责任划分方案相继出台。收入划分方面，"营改增"之后，将增值税的中央地方分享比例从75∶25调整为五五分成，同时后移消费税的征收环节，逐渐将其改造为中央地方共享税。改革和完善中央对地方转移支付制度，增加一般性转移支付规模和比例。2014年一般转移支付比例为60%，2019年这一比例达到90%。专项转移支付项目个数从2013年的220个压减到目前的21个。建立常态化财政资金直达机制并扩大范围，为市县基层惠企利民提供财力支持。

金融体制改革成果显著。金融市场体系不断完善。已形成覆盖银行、证券、保险、基金、期货等领域，种类齐全、竞争充分的金融机构体系。金融业双向开放取得新进展。金融业准入负面清单清零，彻底取消银行、证券、基金管理、期货、人身险领域的外资持股比例限制，大幅扩大外资金融机构业务范围，降低资产规模、经营年限以及股东资质等方面的限制。人民币资本项目可兑换程度稳步提升，全面取消合格境外机构投资者（QFII）和人民币合格境外机构投资者（RQFII）投资额度限制，放宽境外机构投资者本外币汇出比例限制，资本市场互联互通渠道确立并不断扩大。人民币国际化取得重大进展。金融风险预防、预警、处置、问责制度体系建立健全。成立国务院金融稳定发展委员会，合并组建银保监会。完善宏观审慎管理体系，加强对系统重要性金融机构、金融控股公司与金融基础设施统筹监管。建立权威高效的重大金融风险应急处置机制，完善存款保险制度。严肃市场纪律，对重大金融风险形成进行问责，金融机构、地方政府、金融监管部门要依法承担责任。

（四）民生领域改革不断深化

全面深化改革的成果最终都会体现在民生领域。党的十八大以来，社会保障、就业、教育、健康、社会治理等领域的体制机制不断完善健全，显著提高了人民群众的获得感、幸福感、安全感。

社会保障制度的公平性可持续性明显提高。统一城乡居民基本养老保险制度，实现机关事业单位和企业养老保险制度并轨，建立企业职工基本养老保险基金中央调剂制度。整合城乡居民基本医疗保险制度，全面实施城乡居民大病保险，组建国家医疗保障局、国家疾病预防控制局。推进全民参保计划，降低社会保险费率，划转部分国有资本充实社保基金。积极发展养老、托幼、助残等福利事业，人民群众不分城乡、地域、性别、职业，在面对年老、疾病、失业、工伤、残疾、贫困等风险时都有了相应制度保障。目前，我国以社会保险为主体，包括社会救助、社会福利、社会优抚等制度在内，功能完备的、世界上规模最大的社会保障体系基本建成，基本医疗保险覆盖 13.6 亿人，基本养老保险覆盖近 10 亿人。

就业优先战略和更加积极的就业政策不断强化。重点群体就业工作扎实推进。不断拓展高校毕业生就业渠道，积极鼓励毕业生到国家重大工程、重大项目、重要领域就业，重点加大基础教育、基层医疗、社区服务等领域招录。加大政策倾斜，鼓励更多应届毕业生参军入伍。实施好大学生村官、三支一扶、西部计划等基层就业的各类项目，鼓励更多高校毕业生面向基层就业。促进农民工就业，支持和扶助农民工创业。出台优惠政策，鼓励中小微企业吸纳大学生、农民工就业。劳动保障权益维护稳步推进。退役军人就业保障工作成效明显，安置制度不断健全。劳动人事争议多元处理格局基本形成，调解仲裁制度机制逐步健全，根治欠薪取得积极进展，劳动关系更加和谐。

教育质量不断提升，公益属性不断增强。高质量教育体系不断健全。建立健全以纵向贯通、横向融通为核心的现代职业教育体系。推进高等教育提质创新发展，"双一流"建设深入推进。深化校外培训机构治理。推动城乡义务教育一体化发展，推动普通高中多样化有特色发展，推动巩固拓展教育脱贫攻坚成果同乡村振兴有效衔接。提升继续教育优质资源服务全民终身学习水平。推进高水平教育对外开放。印发《深化新时代教育评价改革总体方案》，明确"破五唯"，即唯分数、唯升学、唯文凭、唯论文、唯帽子，解决教育评价指挥棒的顽瘴痼疾。深化考试招生制度改革，推进民办教育规范发展。

健康中国建设驶上"快车道"。维护人民健康的制度体系更加成熟完善。出台《基本医疗卫生与健康促进法》《"健康中国2030"规划纲要》，健康中国建设的顶层设计基本完成。强化突发公共卫生事件监测预警和处置应对，创新医防协同机制，不断提高疾病预防控制专业能力，加强重大疫情救治体系建设，筑牢织密公共卫生防护网。医改持续向纵深推进。分级诊疗、现代医院管理、全民医保、药品供应保障、综合监管等制度不断完善。中国特色服务全民的基本医疗卫生制度框架基本建立，覆盖城乡的医疗卫生服务三级网不断健全。一批国家区域医疗中心、高水平重点专科得到扶持发展，84%的县级医院达到二级及以上医院水平，远程医疗协作网覆盖所有地级市和所有贫困县，基本公共卫生服务均等化水平不断提高。

社会治理持续加强和创新。政府治理和社会调节、居民自治实现良性互动。加强社区治理体系建设，推动社会治理重心向基层下移，基层"自治、德治、法治"三治结合作用有效发挥。发挥社会组织作用。公正高效化解矛盾纠纷，群众利益表达、协调机制更加健全。调解、仲裁、行政裁决、行政复议、诉讼等有机衔接、相互协调的多元化纠纷解决机制更加完善。提高全社会诚信水平。全国建立信息披露和诚信档案制度，加快完善各类市场主体和社会成员信用记录。加强部门、行业和地方信用信息整合，建立企业信用信息归集机制，完善全国信用信息共享平台，建设国家企业信用信息公示系统。依法推进全社会信用信息资源开放共享。依法推进信用信息在采集、共享、使用、公开等环节的分类管理，加强涉及个人隐私和商业秘密的信用信息保护。健全公共安全体系。责任全覆盖、管理全方位、监管全过程的安全生产综合治理体系加快建立，安全生产长效机制不断完善。与公共安全风险相匹配、覆盖应急管理全过程和全社会共同参与的突发事件应急体系加快建设。应急基础能力建设不断加强，重大危险源、重要基础设施的风险管控体系健全完善，突发事件预警发布和应急响应能力不断增强，基层应急管理水平得到有效提升。

（五）落实新发展理念制度保障更为有力

党的十八届五中全会确立了创新、协调、绿色、开放、共享的新发展理念，全面深化改革为落实新发展理念提供坚强有力的制度保障。

科技体制改革为创新提供有力支撑。整合国家科技力量体系。关键核心技术攻关的高效组织体系建立健全，首批国家实验室挂牌组建，国家重点实验室体系加快优化重组，已布局建设 57 个重大科技基础设施，国家重大科技基础设施"创新利器"作用进一步发挥。整合中央财政科技资源，优化管理效率。全面改革中央财政科技计划和项目管理体系，整合各部委分散管理的约 100 项科专项，形成国家重点研发计划和国家科技重大专项等 5 大计划，对关键科技领域展开协同攻关。科技成果转移转化体系建设取得重要突破。科技成果转化政策法规体系进一步完善，《促进科技成果转化法》《实施〈促进科技成果转化法〉若干规定》《促进科技成果转移转化行动方案》构成从法律保障、配套细则到具体操作方案的完整体系。取消国有科研机构成果转化的审批和备案制度，进一步消除成果转化障碍。激励科技创新政策环境不断完善。大数据、电子商务等新兴领域一系列政策措施陆续出台。技术创新的市场导向机制基本形成，企业在组织实施国家重大专项等活动中的作用愈发突出。支持企业创新的普惠性税收优惠政策覆盖面不断拓展、优惠力度不断加大，金融支持创新的模式不断创新。完善科技人才培养、使用、评价、服务、支持、激励等体制机制，加快建设国家战略人才力量，在履行国家使命中成就人才、激发市场主体活力。

城乡融合发展的体制机制框架已经确立。适应城乡融合发展的户籍制度架构基本建成。城乡统一的户口登记制度全面建立，差异化的户口迁移政策不断完善，以居住证为载体的基本公共服务提供机制基本建立。农村土地制度改革取得突破。正式确立农村承包地"三权分置"制度，明确农村宅基地"三权分置"改革方向，进一步完善土地管理的相关法律法规。农村承包地确权登记颁证目前已基本完成。在总结改革试点经验的基础上，修订《土地承包法》《土地管理法》等法律。城乡公共资源配置机制更加合理，城乡基础设施一体化水平明显提高。塑造新型城乡关系迈出新步伐。2019年中共中央、国务院印发《关于建立健全城乡融合发展体制机制和政策体系的意见》。

区域协调发展新机制基本形成。加强党对区域经济的领导。成立京津冀协同发展领导小组、长三角一体化发展领导小组、粤港澳大湾区建设领导小组、黄河流域生态保护和高质量发展领导小组等，继续发挥西部地区开发领导小组和振兴东北地区等老工业基地领导小组的统筹作用。形成更完善的区域协调发展战略体系。适时推出并深入实施京津冀协同发展、长江经济带发展、粤港澳大湾区建设、长三角一体化发展、黄河流域生态保护和高质量发展等区域重大战略，扎实推动西部大开发、东北振兴、中部崛起、东部率先等区域协调发展战略。促进城乡区域间要素自由流动，推动全国市场一体化建设，完善区域交易平台和制度，建立区域均衡的财政转移支付制度，加强区域政策与财政、货币、投资等政策的协调配合，完善多元化横向生态补偿机制，深化区域合作机制。

生态文明建设制度体系加快形成。自然资源资产产权制度和国土空间用途管制制度建立健全。全民所有自然资源资产所有者职责、国土空间用途管制和生态保护修复职责逐步实现统一行使。国土空间开发保护制度和国土空间规划体系建设取得重要进展。生态保护红线划定工作取得重要进展。自然资源有偿使用制度和生态补偿制度不断完善。矿产资源国家权益金制度开始实施，资源税"从价计征"改革稳步推进。重点生态功能区生态补偿机制持续完善。落实生态环境领域相关改革举措，构建源头预防、过程控制、损害赔偿、责任追究的生态环境保护体系。基本形成党委领导、政府主导、企业主体、社会组织和公众共同参与的现代环境治理体系。碳达峰碳中和工作统筹有序开展。加快构建碳达峰碳中和"1＋N"政策体系，扎实推进"碳达峰十大行动"，积极参与全球环境与气候治理。

更高水平开放型经济新体制的总体框架基本形成。实行更高水平对外开放。探索跨境投资管理新体制，促进双向投资大幅提升。全面实施"准入前国民待遇＋负面清单"外商投资管理新体制，大幅放宽市场准入。自贸试验区负面清单从 190 条压缩到 30 条，全国外资准入负面清单从 45 条缩减至 33 条。实施"备案核准为辅"的对外投资新监管模式。对外投资便利化大幅提升。构建外贸可持续发展新机制，大幅提升便利化水平。全面建成国际贸易"单一商口"并覆盖全国所有口岸，积极对标国际最高标准，探索建立更加自由便利的贸易监管制度，积极构建适应贸易转型升级的管理模式。基本形成陆海内外联动、东西双向互济、试点平台多点布局、区域发展协同推进的全方位开放新格局。设立 21 个自贸试验区和海南自贸港。服务贸易创新试点已覆盖 28 个省、市（区域）。沿边重点开发开放试验区增至 6 个。开拓合作共赢新局面。积极维护和拓展我国外部发展空间，在全球经济治理中的参与度和制度性话语权有所提升。推动WTO 达成首个多边协定《贸易便利化协定》，实现诸边《信息技术协定》

扩围。推进 IMF 等国际机构和国际经济治理体系的改革完善。探索"金砖＋"合作模式，弥补全球治理"南方"短板。促进联合国通过决议，使共商共建共享成为全球治理的重要理念。

体现社会主义本质要求的收入分配制度日趋完善。初次分配、再分配、三次分配协调配套的基础性制度安排初步构建。坚持和完善按劳分配为主体、多种分配方式并存的收入分配制度，努力让一切劳动、知识、技术、管理、资本的活力竞相迸发，让一切创造社会财富的源泉充分涌流，让发展成果更多更公平惠及全体人民。在初次分配中，充分发挥市场的决定性作用，切实加强对劳动者权益的保护。通过要素市场体系的建立健全，效率原则在初次分配中得到体现。再分配制度体系建设取得巨大成就。个人所得税制度、社会保障体系和社会救助制度等都取得了长足发展。在三次分配上，法律制度和组织机构建设也取得长足进展。红十字会法、公益事业捐赠法和慈善法等法律法规制定颁布，红十字会和中华慈善总会等社会组织也在健康发展。

二、全面深化改革为现代化提供强大动力和根本保障

适应世界百年未有之大变局，完成中华民族伟大复兴的历史任务，需要为我国现代化注入源源不断的动力，需要确保社会主义现代化的航船沿着正确的方向前行。全面深化改革既为发展提供了动力支撑，也确保了我们始终坚持和发展中国特色社会主义，既不走封闭僵化的老路，也不走改旗易帜的邪路。

（一）为社会主义现代化建设提供了强大动力

全面深化改革为社会主义初级阶段生产力发展奠定了基本经济制度。纵览国内外历史，只有适应现实生产力发展水平的经济制度才能解放生产力、发展生产力。基本经济制度就是生产关系在制度上的表现，具有长期性和稳定性，对经济制度属性和经济发展方式具有决定性影响。基本经济制度由社会生产力的水平所决定，又反作用于社会生产力。不可否认的是，对于社会主义基本经济制度的认识，经历了一个螺旋形上升的过程。在经济建设历程中，曾不顾社会生产力发展的实际，盲目搞"一大二公三纯"，付出过惨痛代价。改革开放以来，为进一步解放和发展生产力，实现社会主义的共同富裕，我们党把马克思主义基本原理和中国具体实际相结合，立足于我国长期处于社会主义初级阶段的基本国情，不断探索建立与社会生产力发展要求相契合的基本经济制度，创造性提出社会主义市场经济，既发挥市场经济的效率优势，也彰显社会主义的制度优势。党的十九届四中全会首次将按劳分配为主体、多种分配方式并存和社会主义市场经济体制纳入我国社会主义基本经济制度，提出公有制为主体、多种所有制经济共同发展，按劳分配为主体、多种分配方式并存，社会主义市场经济体制等社会主义基本经济制度。至此，社会主义基本经济制度三要件构成论，即"公有制为主体、多种所有制经济共同发展""按劳分配为主体、多种分配方式并存""社会主义市场经济体制"基本形成，标志着我国社会主义基本经济制度更加成熟、更加定型，也充分体现了社会主义基本经济制度的不断完善。对此，习近平总书记指出："在社会主义条件下发展市场经济，是我们党的一个伟大创举。我国经济发展获得巨大成功的一个关键因素，就是我们既发挥了市场经济的长处，又发挥了社会主义制度的优越性。"

全面深化改革为推动我国经济高质量发展探明了政府与市场更好结合

的有效路径。经济体制改革是全面深化改革的重点，核心问题是处理好政府和市场的关系。放眼全球，如何让"看不见的手"和"看得见的手"发挥协同效应，不仅是一道世界级经济学难题，更是一道考验各国政府执政能力的政治学难题。通过多年的改革实践，我们党在构建更高水平的有效市场的同时，不断探索构建更高水平的有为政府，既要克服市场的盲目性，也不能走计划经济的老路，而是要充分发挥有效市场和有为政府相结合的强大效力。党的十八大以来，党中央坚持社会主义市场经济改革方向，从广度和深度上推进市场化改革，减少政府对资源的直接配置，减少政府对微观经济活动的直接干预。党的十八届三中全会全新定位了市场在资源配置中的作用，提出要使市场在资源配置中起决定性作用和更好发挥政府作用。将以往的"基础性作用"改为"决定性作用"，不仅是认识上的新突破，而且将在现代化的实践中更好地起到推动高质量发展的作用。

全面深化改革推动了供需在更高水平上的平衡。通常情况下，供给和需求的相互关系存在适配和错配两种状况。在供求适配的状况下，只要市场机制充分有效，需求的扩大就会牵引供给增加，推动经济持续稳定增长。而在供求错配的状况下，供求矛盾更多体现为结构问题。具体到我国，随着经济发展进入新阶段，发展要求和发展条件都出现重大变化。一方面，伴随居民收入不断提高，人们的需求不断扩大、升级并且日益呈现多样性、个性化特征，对产品质量、优美环境的要求显著增强。另一方面，伴随我国劳动力供求出现转折性变化，资源环境负荷接近承载力上限，产业结构转型升级的压力也不断加大，我国经济运行面临着越来越突出的结构性矛盾，供给成为供求矛盾的主要方面，扩大内需的核心要义是加快供给侧结构性改革，迅速增加适应居民消费升级的新供给。《中华人民共和国国民经济和社会发展第十四个五年规划和2035年远景目标纲要》提出，要"坚持扩大内需这个战略基点，加快培育完整内需体系，把实施扩大内需战略同深化供给侧结构性改革有机结合起来"。以供给侧结构性改革为主线，推动需求侧管理与供给侧结构性改革的有效协同，以改革的办法推动结构调整，通过不断提高供给体系质量，需求侧和供给侧两端综合发力，加快形成一种供给与需求在新的发展基础上实现动态平衡的经济运行机制。这无疑是理论和实践的重大创新，不同于西方以减税为主要着力点的供给学派，其主攻方向是提高供给质量，就是要减少无效和低端供给，扩大有效和中高端供给，增强供给结构对需求变化的适应性。其根本途径就是通过深化改革，淘汰落后，鼓励创新，调整存量，做优增量。其最终目标就是要不断满足人民日益增长、不断升级和个性化的美好生活需要。

（二）为社会主义现代化建设提供了坚强保障

建立了党对经济工作集中统一领导的制度体系。中国共产党的领导地位是历史的选择、人民的选择。中国特色社会主义制度的最大优势是中国共产党领导。党在治国理政中处于总揽全局、协调各方的地位，经济工作是中心工作，党的领导自然要贯穿于经济工作始终。回顾全面深化改革的历程，党对经济工作的战略谋划和统一领导不断加强。以习近平同志为核心的党中央审时度势，做出经济发展面临"三期叠加"、经济发展进入新常态等判断，强调不能简单以生产总值增长率论英雄，必须深化供给侧结构性改革，继党的十九大提出我国经济转向高质量发展阶段之后，近期党中央又做出我国经济发展面临需求收缩、供给冲击、预期转弱三重压力的判断。这些思想环环相扣，系统回答了经济形势"怎么看"、经济工作"怎么干"的问题。正如 2021 年中央经济工作会议所指出的，在应对风险挑战的实践中，我们进一步积累了对做好经济工作的规律性认识，第一条认识就是必须坚持党中央集中统一领导，沉着应对重大挑战，步调一致向前进。

建立了重大改革于法有据的法律保障体系。党的十八届四中全会提出必须坚持立法先行，强调重大改革于法有据，要运用法治思维和法治方式推动改革，标志改革进入法治化的新阶段，这也是适应改革进入攻坚期和深水区的紧迫要求。正是因为过去容易的、皆大欢喜的改革已经完成了，攻坚期和深水区的改革都是难啃的"硬骨头"，比如教育、就业、社保、医疗、住房、生态、土地、安全等领域的改革，要么是多年达不成共识，要么是牵扯固有利益格局和权力调整，一旦处理不好，容易引发群体事件和社会矛盾。随着全面深化改革的不断推进，现有工作格局和体制机制将会被突破，可能会出现与现行法律矛盾的情况，但实践无止境，改革无止境，法律亦须与时俱进。破解这些难题，要处理好改革与法治的辩证统一关系，发挥法治的引领和推动作用，把改革纳入规范化和法治化的轨道。

形成了基层探索和顶层设计相结合的有效改革方式。全面深化改革改到深处，无处不是硬骨头和险滩暗礁。通过推动顶层设计和基层探索良性互动、有机结合，调动中央和地方两个积极性，最大限度地激发出推动改革发展的强大动能，提供自上而下和自下而上的组织保障。经过基层试验的探索和总结无数经验教训形成的顶层设计，是多年以来我们党从实践中总结提炼的科学方法和经验，这不仅是一个从特殊到一般、从个别事物到总结概括一般性规律的归纳推理的过程，也是一个不断试错、不断修改、不断找寻出路的过程，更是从群众关注的焦点、百姓生活的难点中寻找改革切入点的过程。

划清了改革的底线要求。坚持底线思维要求凡事从坏处准备，努力争取最好的结果。习近平总书记多次强调，"中国是一个大国，决不能在根本性问题上出现颠覆性错误，一旦出现就无法挽回、无法弥补"。党的十八大以来，我们面对的国际形势波谲云诡、周边环境复杂敏感、改革发展稳定任务艰巨繁重，改革要立足于经济社会运行系统视角，既要防范系统本身运行中的矛盾、问题和风险，又要防范外部环境给系统运行可能带来的各种全局性、系统性风险，更要主动作为，把握国际形势，趋利避害，处变不惊，不为任何风险所惧，不为任何干扰所惑。同时，要把握好"改"与"不改"的辩证统一关系。以习近平同志为核心的党中央始终坚持底线思维，着眼于整体目标和全局利益，筑牢改革开放和社会主义现代化建设的底线保障。习近平总书记多次指出，改什么、怎么改必须以是否符合完善和发展中国特色社会主义制度、推进国家治理体系和治理能力现代化的总目标为根本尺度，该改的、能改的我们坚决改，不该改的、不能改的坚决不改；要坚持党的基本路线，把以经济建设为中心同坚持四项基本原则、坚持改革开放这两个基本点统一于新时代中国特色社会主义伟大实践，长期坚持，决不动摇。

三、全面深化改革影响深远

习近平总书记在中央全面深化改革委员会第十七次会议上发表重要讲话指出，回顾这些年改革工作，我们提出的一系列创新理论、采取的一系列重大举措、取得的一系列重大突破，都是革命性的，开创了以改革开放推动党和国家各项事业取得历史性成就、发生历史性变革的新局面。

（一）这是一场思想理论的深刻变革

理论在实践中形成，又指导实践进一步发展。全面深化改革坚持以思想理论创新引领改革实践创新，以总结实践经验推动思想理论丰富和发展；从改革的总体目标、主攻方向、重点任务、方法路径等方面提出一系列具有突破性、战略性、指导性的重要思想和重大论断；科学回答了在新时代为什么要全面深化改革、怎样全面深化改革等一系列重大理论和实践问题。改革不仅要有顶层设计，而且也要有判断标准。如果没有一个科学的判断标准，改革就很难深入推进，就有可能走偏，甚至出现方向性问题。1992年初，邓小平同志在视察南方时，针对当时理论界对改革开放性质的争论，提出了"三个有利于"的改革开放的判断标准，即判断改革开放中一切工作得失、是非、成败，主要看是否有利于发展社会主义社会的生产力，是否有利于增强社会主义国家的综合国力，是否有利于提高人民的生活水平。"三个有利于"科学总结了党的十一届三中全会以来的实践探索和基本经验，从理论上深刻回答了长期困扰和束缚人们思想的许多重大问题，推动了我国改革开放和社会主义现代化建设事业走向一个新的阶段。党的十八届三中全会以后，我国进入了全面深化改革的新时期，无论是改革的深度还是改革的难度都在加大。在2016年2月23日召开的中央全面深化改革领导小组第二十一次会议上，习近平总书记提出了"两个是否"的改革判断标准，即把是否促进经济社会发展、是否给人民群众带来实实在在的获得感，作为改革成效的评价标准。"两个是否"是适应全面深化改革新形势、经济发展新常态的新论断新思想，是对我国改革实践的新认识。

（二）这是一场改革组织方式的深刻变革

在不同历史阶段，以何种组织方式推进改革目标的实现，具有鲜明的时代性和实践性。十八届三中全会之前，我们在推动经济体制改革的组织方式上经历了一系列的探索。1980年5月，国务院决定成立"国务院体制改革办公室"，为临时办事机构。1982年3月，为了更好地解决经济体制改革问题，国务院成立"国家经济体制改革委员会"，负责改革的总体设计，统一研究、筹划和指导全国经济体制改革工作。1998 年，体改委改为"国务院经济体制改革办公室"。2003 年国务院机构改革中，体改办并入由国家计委改组而成的国家发展和改革委员会。然而，改革进入深水区，各领域的改革日益紧密交织，全面深化改革是一项复杂的系统工程，要注重系统性、整体性、协同性，亟须提出改革总目标作为统领，以全局观念和系统思维谋划推进改革。在此背景下，党中央成立中央全面深化改革领导小组，习近平总书记亲自挂帅。党的十九届三中全会决定将其改为中央全面深化改革委员会，作为全面深化改革专职机构统筹协调、整体推进、督促落实，各地成立相应机构推进改革落地落实。

（三）这是一场国家制度和治理体系的深刻变革

改革目标引领改革方向，决定制度建设的框架体系及其具体内容。全面深化改革总目标是完善和发展中国特色社会主义制度、推进国家治理体系和治理能力现代化。在实现全面深化改革总目标的过程中，我们始终突出制度建设这条主线。党的十九届四中全会强调，要突出坚持和完善支撑中国特色社会主义制度的根本制度、基本制度、重要制度。在推进全面深化改革进程中，改什么、怎么改始终以是否符合完善和发展中国特色社会主义制度、推进国家治理体系和治理能力现代化的总目标为根本尺度，始终突出制度建设这条主线，不断健全制度框架，筑牢根本制度、完善基本制度、创新重要制度。通过改革所形成的制度体系，在历史形态上超越了资本逻辑主宰的制度模式，是代表人类社会发展方向、符合人类历史跃迁规律的崭新制度形态，符合历史发展的规律性；在实践效能上能够集中力量办大事，党的领导制度优势、高效组织和整合社会各方优势得以充分显现；在实践形态上既继承了科学社会主义的基因，又契合中国实际，具有中国特色，为其他发展中国家完善治理体系贡献了中国智慧。

（四）这是一场人民广泛参与的深刻变革

改革的目的决定改革的目标，决定建立什么样的体制机制，也决定依靠谁推进改革以及推进改革的方式。人民是改革最直接的受益者，也是推动改革的主体力量。党的十八大以来，各地依靠人民进行了各种形式的改革探索。比如发展各种形式的合作社，助力乡村振兴。山东省烟台、贵州省毕节、江西省吉安等党支部领办合作社；江苏省盐城市盐都区秦南镇、浙江省嘉兴市秀洲区王江泾镇等家庭农场组建合作社；浙江省湖州浔澳生态种养专业合作社、安徽省当涂县均庆河蟹生态养殖专业合作社、湖北省宜昌众赢药材种植专业合作社等出资办公司。还比如，在建设"人人有责、人人尽责、人人享有的社会治理共同体"方面，各地依靠人民进行了不少实践创新。浙江省湖州市安吉县余村创造性地建立"两山议事会"，形成基层协商民主的"余村样本"；浙江省宁波市象山县"村民说事"，群策群力化解矛盾纠纷等。

第九章
小康：全面建成小康社会的目标历史性实现

党的十八大以来，以习近平同志为核心的党中央领导全党全国各族人民砥砺前行，实施了以三大攻坚战为突出任务的一系列战略部署，如期完成了全面建成小康社会的目标，历史性实现了中华民族的千年梦想和夙愿，为实现中华民族伟大复兴提供了更为坚实的物质基础、更为完善的制度保证和更为主动的精神力量，在中华民族伟大复兴的进程中迈出了关键的一步。

一、全面建成小康社会是中国共产党矢志不渝的追求

自古以来，"小康"一直是中华民族不懈追求的梦想，中国人民始终为过上"小康"描绘的幸福美好的生活而不懈奋斗。中国共产党一经诞生，就把为中国人民谋幸福、为中华民族谋复兴确立为自己的初心使命，团结带领人民接续奋斗，不断向着全面建成小康社会迈进。

（一）小康是中华民族自古以来的梦想

溯至数千年前，"小康"理念就已经萌生于中华文明的沃土之中。小康一词最早出现在《诗经》中，《大雅·民劳》里就有"民亦劳止，汔可小康。惠此中国，以绥四方"的诗句，其中的"小康"含有休养生息、安定祥和之意，表达了先民对太平生活的期盼。儒家经典《礼记·礼运》中，进一步描绘出了"小康"的理想社会状态，并给出了具体描述，从法制与道德等层面丰富与扩充了"小康"内涵。东汉末年，何休所著的《春秋公羊解诂》将《礼记·礼运》中"小康"和"大同"的概念进行了进一步细化，并提出了"三世说"，即由"衰乱世"至"升平世"再至"太平世"，使"小康"思想趋于理论化。此后，在长期的社会发展中，"小康"的内涵进一步丰富，并一直深深地烙在中华民族的执政议政之中，形成了厚重的文化积淀。如，唐玄宗曾以"聿来四纪，人亦小康"来评价自身的政绩，以"小康"指代开元年间经济社会快速发展、百姓安居乐业的状态。

近代以来，随着封建制度的瓦解、民主革命的兴起，"小康"理念又得到了新的发展。晚清维新派领袖康有为在其著作《礼运注》里指出，纵观两千年来中国史，曾经出现的包括文景之治、贞观之治、开元盛世、康乾盛世等在内的所谓盛世景观，"总总皆小康之世也"。在《大同书》中，康有为又以"升平者，小康也"对"小康社会"进行了进一步概括，并将《礼记·礼运》中的"小康"和"大同"与何休的"三世说"进行了整合。中国民主革命先驱孙中山进一步扩充了"小康"在社会民生方面的内涵，把实施民生主义、进行小康实践视为实现人类理想的中国道路，并高度赞扬俄国的社会主义革命，"大同世界，所以异于小康者，俄国新政府之计划，庶几近之"，认为民本思想、自由平等是"小康"的应有之义。

"小康"是百姓的梦想，更是国家治理的重要现实目标。几千年的历史表明，"小康"是根植于中华民族精神和理想之中的美好愿景。"小康"

不仅反映了封建时期百姓对政治清明、生活富足的期盼，更凝结了近代以来社会各阶层对民本思想、社会变革的渴求。建成"小康社会"成为千百年国家和社会治理的重要目标，历史呼唤新的领导力量带领中华民族将这一梦想变为社会现实。

（二）全面小康是中国共产党人的不懈追求

实现小康的千年夙愿，需要先进的且强有力的领导核心。中国共产党诞生后，肩负起了民族独立、国家富强、人民幸福的历史使命。从新民主主义革命，到社会主义革命，再到改革开放，党团结带领人民，取得新民主主义革命胜利，完成社会主义革命，持续推进社会主义建设和小康社会建设，实现了人民生活从贫穷到温饱，再到总体小康、奔向全面小康的历史性跨越。

新民主主义革命的胜利带来了民族独立和人民解放，为实现小康的千年夙愿创造了根本前提。五四运动后期，中国工人阶级以独立的姿态正式登上政治舞台，开始成为一支强大、富有革命性的社会力量。十月革命送来了马克思列宁主义，给中国人民指明了前进方向，中国共产党应运而生。党的发展壮大深刻改变了中华民族发展的方向和进程，深刻改变了中国人民和中华民族的前途和命运。新民主主义革命时期党在城市领导工人运动，改善工人待遇，维护工人利益；同时在农村逐步建立革命根据地，进行土地革命，发动广大农民，使无产阶级牢牢掌握革命领导权。经过血与火的洗礼，最终结束了帝国主义、封建主义和官僚资本主义在中国的统治，建立了人民民主专政的新中国，这是中国历史上的伟大转折点，标志着中国社会进入了新的时期，中国人民对幸福生活的追求开始有了现实的道路。

在社会主义革命和建设时期，党在实践中不断探索将马克思主义基本

十年伟大飞跃

原理同中国社会主义建设具体实践相结合，形成一条符合中国国情的社会主义发展道路。新中国成立时，经济基础十分薄弱，这一时期，党的主要任务是实现从新民主主义到社会主义的转变，进行社会主义革命，推进社会主义建设，为实现中华民族伟大复兴奠定根本的政治前提和制度基础。从 1953 年起国家开始实施第一个五年计划，掀起了工业化建设的高潮。1956 年国家对农业、手工业和资本主义工商业的三大改造运动基本完成，建立了以生产资料公有制和按劳分配为主要形式和特点的社会主义基本经济制度。经过几十年的革命和建设，党领导人民实现了从一穷二白、人口众多的贫穷大国向社会主义大国的伟大飞跃，为实现全面小康、实现中华民族伟大复兴奠定了根本的基础。

改革开放以来，党团结带领人民持续推进小康社会建设，实现了人民生活从温饱不足到总体小康和全面小康的不断迈进。改革开放之初，党中央就提出小康社会建设的战略构想。1979 年，邓小平同志在会见日本首相大平正芳时，结合我国经济社会发展的现实，指出"我们要实现的四个现代化，是中国式的四个现代化。我们的四个现代化的概念，不是像你们那样的现代化的概念，而是'小康之家'"，第一次明确提出了"小康"概念以及在 20 世纪末使我国达到"小康社会"的构想。从此"小康社会"正式成为我国现代化建设过程中重要的阶段性目标。1982 年，党的十二大首次把"小康"作为经济建设总的奋斗目标，提出到 20 世纪末力争使人民的物质文化生活达到小康水平。党的十三大系统阐述了社会主义初级阶段的理论，确定了我国社会主义现代化建设"三步走"发展战略，提出到 20 世纪末，使国民生产总值再增长一倍，人民生活达到小康水平。1992 年，在人民温饱问题基本得到解决的基础上，党的十四大提出到 20 世纪末人民生活由温饱进入小康。1997 年，党的十五大提出新的"三步走"发展战略，明确到 2010 年使人民的小康生活更加宽裕。经过长期不懈努力，20 世纪末，人民生活总体上达到小康水平的目标如期实现。进入新世纪，党的十六大提出，集中力量，全面建设惠及十几亿人口的更高水平的小康社会，使经济更加发展、民主更加健全、科教更加进步、文化更加繁荣、社会更加和谐、人民生活更加殷实。2007 年，党的十七大进一步对实现全面建设小康社会作出部署，在经济、政治、文化、社会、生态文明等方面提出新要求，全面建设小康社会的目标更全面、内涵更丰富、要求更具体。

在改革开放的进程中，党带领全国各族人民接续奋斗，不断为实现小康夙愿添砖加瓦。从制度基础到经济基础，通向小康社会的道路愈发宽广；从发展路线到具体目标，小康社会的图景愈发清晰，全国人民越来越期盼早日实现小康社会的千年夙愿。

二、党中央以前所未有的力度推动全面建成小康社会

（一）从全面建设小康社会到全面建成小康社会

党的十八大明确提出我国进入全面建成小康社会决定性阶段，将发展目标由"全面建设小康社会"调整为"全面建成小康社会"，彰显了党中央团结带领人民夺取全面建成小康社会胜利的坚定决心。党的十八大综合分析世情、国情、党情深刻变化，强调我国发展仍处于可以大有作为的重要战略机遇期，在全面建设小康社会目标的基础上提出了更具明确政策导向、更加针对发展难题、更能体现人民需求的新要求：经济持续健康发展，人民民主不断扩大，文化软实力显著增强，人民生活水平全面提高，

资源节约型、环境友好型社会建设取得重大进展。2012 年 11 月 29 日，习近平总书记在参观《复兴之路》展览时还指出，我坚信，到中国共产党成立 100 年时全面建成小康社会的目标一定能实现，到新中国成立 100 年时建成富强民主文明和谐的社会主义现代化国家的目标一定能实现，中华民族伟大复兴的梦想一定能实现。2013 年 1 月，习近平总书记再次明确，"全面建成小康社会的号角已经吹响，关键是要树立起攻坚克难的坚定信心，凝聚起推进事业的强大力量，紧紧依靠全国各族人民，推动党和国家事业不断从胜利走向新的胜利"①。全面建成小康社会目标的明确提出，使小康社会的愿景更近、更可触及地呈现在人们眼前，党心军心民心空前凝聚，极大地鼓舞了全党全国各族人民共同为全面建成小康社会的伟大目标而努力奋斗。

（二）从决定性阶段到决胜期

随着向全面建成小康社会目标的不断推进，2017 年 10 月，党的十九大作出决胜全面建成小康社会、开启全面建设社会主义现代化国家新征程战略部署，吹响了夺取全面建成小康社会伟大胜利的号角。习近平总书记在党的十九大报告中指出，从现在到 2020 年，是全面建成小康社会决胜期。要按照党的十六大、十七大、十八大提出的全面建成小康社会各项要求，紧扣我国社会主要矛盾变化，统筹推进经济建设、政治建设、文化建设、社会建设、生态文明建设，坚定实施科教兴国战略、人才强国战略、创新驱动发展战略、乡村振兴战略、区域协调发展战略、可持续发展战略、军民融合发展战略，突出抓重点、补短板、强弱项，特别是要坚决打好防范化解重大风险、精准脱贫、污染防治的攻坚战，使全面建成小康社

---

① 习近平：《在全国政协新年茶话会上的讲话》，《人民日报》2013 年 1 月 2 日。

会得到人民认可、经得起历史检验。习近平总书记在十九届中央政治局常委同中外记者见面时还指出，"2020年，我们将全面建成小康社会。全面建成小康社会，一个也不能少；共同富裕路上，一个也不能掉队。我们将举全党全国之力，坚决完成脱贫攻坚任务，确保兑现我们的承诺"。在决胜全面建成小康社会的征程中，以习近平同志为核心的党中央以巨大的政治勇气和强烈的责任担当，提出一系列新理念新思想新战略，出台一系列重大方针政策，推出一系列重大举措，推进一系列重大工作，在全党全国各族人民的不懈努力下，我们实现了第一个百年奋斗目标，在中华大地上全面建成了小康社会。

（三）以全面建成小康社会引领协调推进"四个全面"战略布局

党中央坚持以人民为中心的发展思想，把"全面建成小康社会"放在治国理政突出位置。党的十八大以来，以习近平同志为核心的党中央从坚持和发展中国特色社会主义全局出发，提出并形成了全面建成小康社会、全面深化改革、全面依法治国、全面从严治党的战略布局。2015年2月，习近平总书记在省部级主要领导干部学习贯彻党的十八届四中全会精神全面推进依法治国专题研讨班开班式上指出，"这个战略布局，既有战略目标，也有战略举措，每一个'全面'都具有重大战略意义。全面建成小康社会是我们的战略目标，全面深化改革、全面依法治国、全面从严治党是三大战略举措"。2016年7月1日，习近平总书记在庆祝中国共产党成立95周年大会上指出，"全面建成小康社会，是我们党向人民、向历史作出的庄严承诺，是13亿多中国人民的共同期盼。为实现这一目标，党的十八大以来，我们党形成并积极推进经济建设、政治建设、文化建设、社会建设、生态文明建设五位一体的总体布局，形成并积极推进全面建成小康社会、全面深化改革、全面依法治国、全面从严治党的战略布局。'五位一体'和'四个全面'相互促进、统筹联动,要协调贯彻好,在推动经济发展的基础上,建设社会主义市场经济、民主政治、先进文化、生态文明、和谐社会,协同推进人民富裕、国家强盛、中国美丽"。

(四)中国共产党率领中国人民创造人类减贫史上的中国奇迹

习近平总书记指出,"我们不能一边宣布实现了全面建成小康社会目标,另一边还有几千万人口生活在扶贫标准线以下"。为了"看真贫、扶真贫、真扶贫",习近平总书记以革命老区阜平为起点,50多次调研扶贫工作,走遍14个集中连片特困地区,先后7次主持召开中央扶贫工作座谈会,亲自部署、亲自挂帅、亲自出征、亲自督战,带领全党全国人民向贫困发起总攻,脱贫攻坚力度之大、规模之广、影响之深、成效之显著前所未有。2012年12月,习近平总书记在河北考察扶贫开发工作时指出,"全面建成小康社会,最艰巨最繁重的任务在农村、特别是在贫困地区"。2013年11月,习近平总书记在湖南考察时提出"精准扶贫"理念。2015年,习近平总书记在中央扶贫开发工作会议上讲话强调,打赢脱贫攻坚战,要做到"六个精准",解决好"扶持谁""谁来扶""怎么扶""如何退"的问题,实施发展生产、易地搬迁、生态补偿、发展教育、社会保障兜底"五个一批"工程,加快形成中央统筹、省负总责、市县抓落实的扶贫开发工作机制,形成全社会参与的大扶贫格局。2021年2月,习近平总书记指出,脱贫攻坚伟大斗争,锻造形成了上下同心、尽锐出战、精准务实、开拓创新、攻坚克难、不负人民的脱贫攻坚精神,我们走出了一条中国特色减贫道路,形成了中国特色反贫困理论,脱贫摘帽不是终点,而是新生活、新奋斗的起点。

三、全面建成小康社会是人类发展史上的伟大奇迹

全面建成小康社会，使中华民族迎来了从站起来、富起来到强起来的伟大飞跃，为建设社会主义现代化强国打下了雄厚基础，使中华民族以崭新面貌屹立于世界民族之林，进一步展现了中国共产党的强大领导力，进一步展现了科学社会主义的旺盛生命力，为人类社会发展进步作出了积极贡献，必将在中华民族和人类文明发展史上留下浓墨重彩的一笔。

（一）"五位一体"总体布局进展显著

在经济建设方面，由注重增长速度转向注重高质量发展，推动了发展方式的变革。我国经济在过去几十年实现高速发展的同时，一些地区和领域片面追求速度、发展方式粗放的问题十分突出，经济结构性体制性矛盾日益积累。为解决这些问题和矛盾，党的十八大以来，以习近平同志为核心的党中央提出新发展理念，加快构建新发展格局，推动高质量发展，全面实施供给侧结构性改革，大力实施创新驱动发展战略，完善宏观经济治理，创新宏观调控思路和方式，实施区域协调发展战略，全面提升我国经济发展的平衡性、协调性和可持续性，经济发展迈向更高质量、更有效率、更加公平、更可持续、更为安全。国内生产总值稳居全球第二，相当于全球第一的美国的比重由 2012 年的 53%上升至 2020 年的 70%；人均国民总收入突破 1 万美元，相当于高收入国家的门槛线的比重由 2012 年的 35%上升至 2020 年的 84%。2020 年，数字经济核心产业增加值占国内生产总值的比重达到 7.8%，成为经济增长强大新引擎；科技进步对经济增长的贡献率已超过 60%，成为高质量发展的重要动力。

在政治建设方面，社会主义民主政治制度化、规范化、程序化得以全面推进，全过程人民民主建设取得新的重大进展。20 世纪 90 年代以来，一批人不时热炒宪政话题，鼓吹所谓西方"宪政"、多党轮流执政和"三权鼎立"，宣称宪政是解决当前中国问题的"良药"，企图用西方的"宪政民主"改组中国的政治体制。针对这些错误思潮和观点，党的十八大以来，以习近平同志为核心的党中央坚持中国特色社会主义政治发展道路，坚持党的领导、人民当家作主、依法治国有机统一，健全了全面、广泛、有机衔接的人民当家作主制度体系，构建了多样、畅通、有序的民主渠道，走出了一条发展全过程人民民主的民主道路。十三届全国人大代表中一线工人、农民代表比重提高 2.28 个百分点。2016 年开始的县乡两级人民代表大会换届选举中，登记选民 10 亿多人，直接选举产生近 248 万名县乡两级人大代表。全国农村已普遍开展 10 轮以上村委会换届选举，98%以上的村委会依法实行直接选举，村民参选率达 95%。全过程人民民主切实保障了人民当家作主，有效防止了"选举时漫天许诺、选举后无人过问""人民形式上有权、实际上无权"等西式民主现象。党的十八大以来，随着全过程人民民主的不断发展，我国的人权事业得到全面发展，生动活泼、安定团结的政治局面得到巩固。

在文化建设方面，意识形态领域不利局面得到根本扭转，全党全国各族人民文化自信得到明显增强。在社会主义文化繁荣发展的同时，意识形态领域并不平静，拜金主义、享乐主义、极端个人主义和历史虚无主义等错误思潮滋长蔓延，网络舆论乱象丛生，道德失范、唯利是图、低俗庸俗媚俗等行为现象屡屡突破公序良俗底线。为扭转这一局面，党的十八大以来，党中央全面加强对意识形态工作的领导，健全意识形态工作责任制，确立和坚持马克思主义在意识形态领域指导地位的根本制度。高扬思想旗帜，持续推动用习近平新时代中国特色社会主义思想武装全党、教育人民和指导实践，在全党全社会营造了爱党爱国爱社会主义的浓厚氛围，有效扭转主流思想主导地位遭受侵蚀的状况。坚持以人民为中心的工作导向，大力繁荣文艺创作生产，先后推出了电影《我和我的祖国》《长津湖》、电视剧《觉醒年代》《山海情》、纪录片《记住乡愁》《航拍中国》、电视综艺节目《典籍里的中国》《唐宫夜宴》《洛神水赋》、动画片《大禹治水》等一批反映正能量和彰显中华文化神韵风采的精品力作，有效扭转人民群众"精神食粮"日趋"西化"的局面。推进文化传播和文明交流，向世界讲好中国故事，做强"感知中国""读懂中国""大中华文库""中国 3 分钟"等传统媒体和新媒体文化传播品牌，塑造生动鲜活的中国国际形象，提升中华文化影响力。坚持依法管网治网，敢于出重拳、亮利剑，持续深入开展净网专项行动，营造清朗的网络空间，有效扭转网络空间乱象丛生的状况。

在社会建设上，人民对美好生活的需要得到进一步满足，共同富裕的基础得到夯实。进入新时代，人民对民主、法治、公平、正义、安全、环境等方面的要求日益增长，对共同富裕的向往更加强烈。回应人民对美好生活的期盼，党的十八大以来，党中央强调必须将让老百姓过上好日子作为我们一切工作的出发点和落脚点，必须以保障和改善民生作为社会建设的重点。在以人民为中心的发展思想引领下，打赢脱贫攻坚战，整体消除了绝对贫困，既创造了人类减贫史上的奇迹，也完成了实现全体人民共同富裕必须完成的一项重大基础性任务。加强普惠性、基础性和兜底性民生建设，推进基本公共服务均等化。实现居民收入增长与经济增长基本同步，农村居民收入增长快于城镇居民，建成了世界上规模最大的社会保障体系，基本养老保险覆盖 10.2 亿人口，基本医疗保险覆盖 13.6 亿人口。完善社会治理体系，建设人人有责、人人尽责、人人享有的社会治理共同体。统筹疫情防控和经济社会发展，最大限度保护了人民生命安全和身体健康，在全球率先控制疫情，率先复工复产。党的十八大以来，人民的获得感、幸福感、安全感更加充实、更有保障、更可持续。

在生态文明建设方面，促进发展方式和生活方式深刻变革，使推动绿色发展成为全社会更加自觉的行动。党的十八大以来，党中央直面生态环境领域面临的严峻形势，以高度的历史使命感和责任担当，将生态文明建设摆在党和国家事业发展全局中的更加突出位置。全方位、全地域、全过程加强生态环境保护，推动划定生态保护的"红线"、环境质量的"底线"和资源利用的"上线"。实施主体功能区战略，优化国土空间开发保护格局。出台并实施了"史上最严"的环保法，开展中央生态环境保护督察，打赢污染防治攻坚战，解决了一批人民群众反映强烈的突出环境问题。积极参与应对全球气候变化，做出实现碳达峰、碳中和目标的庄严承诺。党的十八大以来，我国生态文明建设发生历史性、转折性、全局性变化，全社会更加自觉、更加主动地推动绿色发展，取得了新中国成立以来生态环境质量改善的最大成效。

总之，党的十八大以来，随着"五位一体"总体布局的加快推进，发展的质量、平衡性、协调性、可持续性和安全性显著提升。从综合反映经济社会发展质量的人类发展指数来看，过去十年，中国成功从"中等人类发展指数组"跻身"高人类发展指数组"，成为少有的具备高人类发展水平的发展中大国。

（二）全体人民的福祉显著提升

全面建设小康社会推动了从世界上贫困人口最多的发展中国家到整体消除绝对贫困的国家的历史性跨越。党的十八大以来，党中央把脱贫攻坚摆在治国理政的突出位置，把实现农村贫困人口全部脱贫、贫困地区全部摘帽和解决区域性整体贫困问题，作为全面建成小康社会、实现第一个百年奋斗目标的底线任务和标志性指标，组织实施了人类历史上规模空前、力度最大、惠及人口最多的脱贫攻坚战。2020年，随着现行标准下9899万农村贫困人口全部脱贫，832个贫困县全部摘帽，12.8万个贫困村全部出列，区域性整体贫困得到解决，整体消除了绝对贫困，实现了共同富裕最基础性的目标，提前10年实现联合国2030年可持续发展议程减贫目标，成为全球第一个提前实现这一目标的发展中国家。脱贫攻坚战的胜利让贫困群众与全国人民一起迈进了小康。脱贫人口的收入水平大幅提升。2013—2020年贫困地区农村居民人均可支配收入年均实际增长9.2%，比全国农村居民整体平均增速高2.2个百分点。脱贫人口参与发展的能力显著提高。全国2/3以上建档立卡贫困人口通过就业实现脱贫，贫困劳动力务工规模从2016年的1527万人增长至2020年的3243万人。脱贫人群的基本公共服务得到了保障。2020年贫困县九年义务教育巩固率达到94.8%，历史性解决了建档立卡贫困学生失辍学这一"顽疾"。贫困人口基本医疗参保率持续稳定在99.9%以上。全国2342万户建档立卡贫困户实现住房安全的保障。贫困地区自来水普及率从2015年的70%提高至2020年的83%。

全面建设小康社会推动了城乡协调发展迈上新台阶。全面小康是城乡共同发展的小康。习近平总书记强调，全面建成小康社会，最艰巨最繁重的任务在农村特别是农村贫困地区；推进城乡发展一体化，是工业化、城镇化、农业现代化发展到一定阶段的必然要求，是国家现代化的重要标志。党的十八大以来，党中央高度重视城乡协调发展，实施乡村振兴战略，加快推进农村现代化，实施《国家新型城镇化规划（2014—2020年）》，推动以人为核心的新型城镇化，着力破解城乡分割的二元结构，推进城乡要素平等交换和公共资源均衡配置。在这一过程中，城乡人民收入差距持续下降，城乡之间教育、医疗、养老等基本公共服务差距进一步缩小，协调互补、共同繁荣的新型城乡关系正在加快形成。城镇和乡村居民人均可支配收入之比从 2012 年的 2.9 下降至 2020 年的 2.6。2020 年农村小学和初中生均公共财政预算教育事业费相当于全国平均的事业费的比重分别达到 96% 和 91%。城乡之间每千人口卫生技术人员之比由 2012 年的 2.5 下降至 2020 年的 2.2。2014 年开始逐步建立城乡统一的居民基本养老保险制度。2020 年城乡居民养老保险参保人数已达到 5.4 亿，比 2010 年增长了 4.2 倍。

全面建设小康社会开创了区域协调发展的新局面。全面小康是区域共同发展的小康。习近平总书记强调："我国幅员辽阔、人口众多，各地区自然资源禀赋差别之大在世界上是少有的，统筹区域发展从来都是一个重大问题。"党的十八大以来，推动实施京津冀协同发展、长江经济带发展、粤港澳大湾区建设、长三角一体化发展、黄河流域生态保护与高质量发展等一系列区域重大发展战略，区域发展的质量全面提升；深入实施区域协调发展战略，推动西部大开发形成新格局、东北振兴全方位和中部地区高质量发展，鼓励东部地区加快推进现代化，支持革命老区、民族地区、边疆地区、贫困地区改善生产生活条件，区域发展的平衡性和协调性显著增强。在这一过程中，区域之间发展差距和居民收入差距均不断下降，区域之间教育、医疗、养老等基本公共服务差距也不断缩小，优势互补、高质量发展的区域经济布局正在加快形成。发展水平最高与最低的省份人均GDP 之比从 2010 年的 6.2 下降至 2020 年的 4.6；居民人均可支配收入最高与最低的省份之比从 2013 年的 4.3 下降至 2020 年的 3.6。区域之间义务教育生均一般公共预算教育事业费最高与最低省份之比由 2010 年的 6.9 下降至 2020 年的 5.0；每万人拥有执业（助理）医师人数最高与最低省份之比由 2010 年的 3.8 下降至 2020 年的 2.1。

（三）国家现代化迈上一个新的大台阶

随着全面建成小康社会目标的胜利实现，我国经济实力、科技实力、综合国力都跃上新的大台阶，形成了雄厚且完备的制造业体系、丰富而多元的人力资源、快速成长的超大规模市场、强大且快速提升的创新能力和快速提高的国际地位，从多个方面为建设社会主义现代化强国奠定了雄厚基础。

雄厚且完备的制造业体系，为现代化新征程奠定了产业基础。党的十八大以来，在既有产业发展的基础上，我们高度重视实体经济特别是制造业发展，继续做大制造业规模，坚持提高制造业质量，不断巩固制造业在全球的地位。制造业增加值 2010 年超过美国，至 2020 年已连续 11 年位居世界第一，占全球的比重从 2012 年的 22.5% 提升至 2020 年的接近 30%。同时，我国制造业不仅规模大，而且体系相对完整，是全球唯一拥有联合国产业分类中所列全部工业门类的国家。雄厚完备的制造业体系构成了我国经济高强度韧性的基础，有助于我国产业链与供应链体系的进一步升级、在全球分工体系中地位的不断攀升，有助于实现新一轮科技革命向现实生产力的快速转化。

从人口大国到人力资源大国的历史性转变，为现代化新征程奠定了要素支撑。关键性生产要素的多寡和质量决定了发展的潜力。随着历史时期和发展阶段的变迁，支撑社会生产的关键性生产要素也会不断变化，农业社会是土地，工业化社会是资本，当今时代是人才。2020 年，我国拥有大学文化程度的人口为 2.18 亿，15 岁及以上人口平均受教育年限为 9.91 年；在校普通本专科大学生 3300 万人，在校硕士生 270 万人，在校博士生 47 万人，已成为世界上屈指可数的高端人才培养基地。同时，还有大量留学生和海外高层次人才回国发展。丰富而多元的人力资源有助于我国发展方式实现从物质资本积累向创新驱动的转换，为现代化提供持久的推动力。

快速成长的超大规模市场，为现代化新征程创造了广阔的市场空间。市场空间的持续扩展是生产体系不断扩大的前提。我国中等收入群体规模已位居全球第一，预计未来十五年，随着居民收入持续提升与分配格局不断改善，这一规模还将翻番。这不仅将带来需求数量的扩张，也将促进需求结构的优化和升级。巨大且结构不断升级的市场需求意味着分工的细化，资源要素配置效率的提升；意味着新技术新产业新业态新模式的应用场景多元而广阔，新动能不断壮大；意味着更易形成庞大而牢固的经济网络，经济韧性不断增强。

强大且快速提升的创新能力，为现代化新征程抓住新一轮科技革命机遇创造了条件。从世界历史看，每一轮科技革命都是后发国家实现赶超的重要机遇。而由于缺乏相应的创新能力，我国曾多次错失科技革命的良机，成为世界现代化大潮中的落伍者。今天的情形已与过去截然不同。在新一轮科技革命如火如荼之时，我国已有强大的创新能力，研发人员总量在 2013 年超过美国，至 2020 年已连续 8 年稳居世界第一位；研发经费投入强度 2014 年首次突破 2%，2020 年提升至 2.4%，接近 OECD 国家的平均水平。不断提升的强大创新能力与新一轮科技革命的时空高度交集，不仅会使我国成为新科技革命成果的有效转化者，而且会使我国成为新科技革命的引领者。

国际地位的快速提高，有助于为现代化新征程创造良好外部环境。我国已经成为世界第一货物贸易大国，实际利用外商投资规模和对外投资规模位居世界前两名。同时，成功应对新冠肺炎全球性大流行，大规模向世界提供应对物资、技术和人才援助，在世人面前彰显了我国制度和文化优势。国际地位的提升显著地增强了我国对世界发展格局演变的影响力，有助于引导激烈的国际政治经济格局变动朝着于我有利的方向发展，也增强了我国配置全球资源和开拓全球市场的能力。

（四）中华民族以崭新面貌屹立于世界民族之林

全面建成小康社会，标志着绝对贫困这个困扰我国几千年的历史性难题得到解决。摆脱贫困、过上小康生活、实现天下大同是几千年来中国人民亘古不变的夙愿。近代以来，在旧的社会制度下，中华民族饱受西方列强的凌辱，中国人民生活在水深火热之中，"小康"和"大同"成为泡影。1949 年以来，由于建立了新的经济和社会制度，由于改革开放以来实现了经济的快速发展，由于以习近平同志为核心的党中央大力度推动经济社会高质量发展，小康社会的千年梦想终于变成现实。特别值得一提的是，在全球不平等日益严峻的背景下，我国消除绝对贫困，提前 10 年实现联合国 2030 年可持续发展议程减贫目标。联合国秘书长古特雷斯称赞，这一重大成就为实现 2030 年可持续发展议程所描绘的更加美好和繁荣的世界作出了重要贡献，中国取得的非凡成就为整个国际社会带来了希望、提供了激励。

全面建成小康社会，筑起了中华民族伟大复兴史上的巍峨里程碑，使中华民族的自信心和凝聚力空前增强。中华民族是勤劳智慧的伟大民族，中华文明是辉煌灿烂的伟大文明。近代以来，由于封建制度的腐朽没落，中国被世界现代化的浪潮甩在了后面。鸦片战争之后，国家蒙辱、人民蒙难、文明蒙尘，各种救国方案均以失败告终，民族的自尊心、自信心深受打击。中国共产党将马克思主义普遍真理与中国国情结合，找到了具有中国特色和风格的现代化道路。沿着这条道路，我们全面建成小康社会。全面建成小康社会不仅表明中国在物质文明建设上取得了巨大成就，而且表明中国在政治文明、精神文明、社会文明、生态文明各方面也取得了显著进步，并向世人展示了中国更美好的发展前景，证明了中国式现代化道路的正确性，极大地增强了民族自信心、自豪感和国家凝聚力。正如《中共中央关于党的百年奋斗重大成就和历史经验的决议》指出，今天，中国人民更加自信、自立、自强，极大增强了志气、骨气、底气，在历史进程中积累的强大能量充分爆发出来，焕发出前所未有的历史主动精神、历史创造精神，正在信心百倍书写着新时代中国发展的伟大历史。

（五）进一步展现了中国共产党的强大领导力

现代化是一个充满各类矛盾的过程，如果解决不好这些矛盾，就会对现代化进程造成冲击。与发达国家在数百年时间里逐步实现现代化不同，发展中国家的现代化起步晚，要在较短的时间内完成艰巨的赶超任务，各领域矛盾在时间上更加集中，解决矛盾的条件往往又比较薄弱，面临的风险挑战巨大，虽有后发优势，但也容易掉入各种各样的陷阱之中。20 世纪下半叶以来，很多发展中国家都曾有过经济高速增长，但不少国家遭遇了"中等收入陷阱"。中国是后发国家，又是人口超过 14 亿的多民族国家，现代化任务更加艰巨、挑战更大，却创造了世所罕见的经济快速发展奇迹和社会长期稳定奇迹，实现了全面建成小康社会的伟大目标，这充分展现了中国共产党卓越的执政能力。党的十八大以来，面对百年未有之大变局带来的外部挑战，以习近平同志为核心的党中央，解决了许多长期想解决而没有解决的难题，办成了许多过去想办而没有办成的大事，推动党和国家事业取得历史性成就、发生历史性变革。全面建成小康社会，有力地证明了毫不动摇坚持党的领导是我国现代化建设不断取得新胜利的根本保证。

在全面建成小康社会的过程中，党始终把人民的利益放在首位，始终坚持以人民为中心的发展思想，以改善民生为出发点和落脚点，统筹经济社会各领域发展，让人民充分参与现代化进程、公平分享现代化成果，显著地提高了城乡居民的生活水平和质量。2020 年，我国人均预期寿命达到 77.9 岁，明显高于世界平均水平和中等偏上收入国家平均水平；我国 15

岁以上人口预期受教育年限接近 10 年，义务教育普及程度达到世界高收入国家的平均水平，高中阶段入学率超过中等偏上收入国家平均水平，建成世界最大规模高等教育体系。全面建成小康社会，是党"立党为公，执政为民"的执政理念和以人民为中心的发展思想结出的硕果，使人民更加信赖、拥戴共产党，更加相信共产党是领导人民实现民族复兴的唯一政治力量。

（六）生动展现了科学社会主义的旺盛生命力

人类社会进入工业文明后，生产力实现了极大发展，但生产关系和上层建筑与生产力的矛盾也日益突出，引发层出不穷的经济危机、政治动荡乃至军事冲突。俄国十月革命使社会主义从理想变为现实，开辟了人类社会发展的崭新道路。二战结束后各社会主义国家积极开展经济和社会建设，取得了很大成就。但由于种种原因，20 世纪 90 年代初东欧发生剧变和苏联崩溃解体，世界社会主义运动遭受重大挫折，进入低潮期。认为资本主义已经彻底战胜社会主义的"历史终结论"甚嚣尘上，我国也备受"红旗还能打多久"的质疑。

面对国内外不断发展变化的形势，中国共产党在总结社会主义建设正反两方面经验的基础上，把社会主义一般原则同具体国情相结合，开辟出中国特色社会主义道路，不断丰富中国特色社会主义理论体系，不断完善中国特色社会主义制度，不断推动生产力发展和社会进步。党的十八大以来，党中央全面审视国内国际新的形势，总结实践、展望未来，以科学社会主义理论为基础，深刻回答了新时代坚持和发展什么样的中国特色社会主义、怎样坚持和发展中国特色社会主义这个重大时代课题，形成了习近平新时代中国特色社会主义思想，带领全党和全国各族人民不懈努力，如期实现全面建成小康社会目标。在一个人口众多、经济文化相对落后的农业大国全面建成小康社会，在人类发展史上没有先例，在社会主义运动史上也没有先例。全面建成小康社会是中国特色社会主义的伟大胜利，展现了科学社会主义的旺盛生命力。在西方资本主义世界陷入贫富分化、政治极化的重重困境之时，全面建成小康社会充分展现了科学社会主义的真理性和时代性，必将极大提振各国人民对社会主义的信心，使世界社会主义事业迎来更加光明的前景。正如《中共中央关于党的百年奋斗重大成就和历史经验的决议》所指出的，马克思主义中国化时代化不断取得成功，使马克思主义以崭新形象展现在世界上，使世界范围内社会主义和资本主义两种意识形态、两种社会制度的历史演进及其较量发生了有利于社会主义的重大转变。

（七）向更多发展中国家展示了现代化的新路径

中国全面建成小康社会，极大改变了全球发展不平衡的状况。在相当长的历史时期，由于发达国家与发展中国家持续分化，现代化所创造的巨大财富只是由少数发达国家所享有，全球发展的不平衡性十分突出。中国拥有14亿多人口，占全球总人口的18%左右，同当前高收入国家人口总和基本相当。全面建成小康社会，让中国经济的发展水平接近高收入国家门槛，有力改变了"南北失衡"的世界经济格局，显著提升了全球发展的平衡性。

中国全面建成小康社会，为世界经济注入强大动力。建设小康社会的过程，是中国经济持续快速增长的过程，也是中国对世界经济发展的带动力不断增强的过程。1979—2020年，中国GDP年均增长9.2%，远高于同期世界2.7%的水平，自2006年起连续15年成为世界经济最大动力源。全面建成小康社会，意味着中国城乡居民收入的显著提升、中等收入群体规模的显著扩大。这些将为未来中国内需特别是消费需要的增长奠定更为雄厚的基础。消费需求的迸发所形成的超大规模市场，将为世界其他国家和地区的经济增长提供更为有力的需求支撑。

中国全面建成小康社会，向发展中国家展示了走向现代化的新路径。二战结束后，一大批新兴的独立国家亟待改变贫穷落后的现状，积极探索走向现代化的路径，努力缩小与西方发达国家的差距。但总的来看，由于这些国家大多机械复制西方发达国家的某些做法，如发展工业、推进私有化市场化自由化，结果发展成功者寥寥，停滞者或失败者不少。而中国没有照搬西方国家模板，走出了一条自己的现代化道路。习近平总书记指出，"我国现代化是人口规模巨大的现代化，是全体人民共同富裕的现代化，是物质文明和精神文明相协调的现代化，是人与自然和谐共生的现代化，是走和平发展道路的现代化"。在一个14亿多人口的国度全面建成小康社会，向世人展示了贫穷落后不是发展中国家的宿命，还向世人展示了人口大国走向现代化的可行路径。正如《中共中央关于党的百年奋斗重大成就和历史经验的决议》所指出的，"拓展了发展中国家走向现代化的途径，给世界上那些既希望加快发展又希望保持自身独立性的国家和民族提供了全新选择"。

第十章
展望：中华民族伟大复兴进入不可逆转的历史进程

习近平总书记在庆祝中国共产党成立 100 周年大会上的重要讲话中指出："一百年来，中国共产党团结带领中国人民进行的一切奋斗、一切牺牲、一切创造，归结起来就是一个主题：实现中华民族伟大复兴。"一百年来，中国共产党团结带领中国人民，以"为有牺牲多壮志，敢教日月换新天"的大无畏气概，书写了中华民族几千年历史上最恢宏的史诗，实现了中华民族从站起来、富起来到强起来的伟大飞跃。这一伟大飞跃为在中华人民共和国成立百年时建成富强民主文明和谐美丽的社会主义现代化强国奠定了坚实的基础，标志着实现中华民族伟大复兴进入了不可逆转的历史进程。

一、中华民族伟大复兴展现出光明前景

中华民族是世界上历史最为悠久、唯一一个文明未曾中断的民族，经济实力、综合国力和文明影响力曾长期在世界上处于领先地位。19 世纪

初的清朝嘉庆时期，中国的经济总量还占世界约 1/3。但自鸦片战争之后，由于技术和制度的落后，古老的中华民族却落伍于世界，甚至一度濒临亡国灭种的边缘。山河破碎，国家蒙辱、人民蒙难、文明蒙尘，中国人被西方看作"东亚病夫"，至今令人痛彻心扉。在那风雨如晦的年代，多少仁人志士前仆后继、流血牺牲，但始终未能成功。在一个小农经济为基础的社会，必须以强有力的组织能力进行社会革命，实现政治独立和经济独立，集中资源启动工业化，才有可能从根本上改变依附性、边缘化的命运，而当时的各种政治力量都没有找到这条道路。

1932 年 11 月 1 日，《东方杂志》策划了一次征求"新年的梦想"活动，向全国各界人士提问：先生梦想中的未来中国是怎样？郑振铎答道，"因了我们的努力，我们将会把若干年帝国主义者们所给予我们的创痕与血迹，医涤得干干净净"。杨杏佛答道，"希望建设一个儿童的乐园。在一个有山水田林的环境里，有工厂农田实验室图书馆游戏场与运动等的设施，使儿童由四五岁至二十岁都在乐园里受教育与工作的训练，养成科学的人生观，为未来科学大同世界的主人翁"。郁达夫答道，"没有阶级，没有争夺，没有物质上的压迫"。张申府答道，"实现孔子仁的理想、罗素科学的理想与列宁共产主义的理想"。李权时答道，"理想中的未来中国是须合乎礼记'大道之行也，天下为公，……是谓大同'的一段事实的"。这是在中国最为黑暗和沉沦的时候，中国人从内心发出的呐喊。

雄鸡一唱天下白。中国共产党领导人民，经过艰苦卓绝的斗争，取得新民主主义革命的胜利。中华人民共和国的成立，社会主义制度的建立，唤醒了沉睡的高山，改变了河流的模样。中国共产党领导中国人民，经过艰辛探索开辟了中国特色社会主义道路，并成功开创中国特色社会主义新时代，创造了经济快速发展和社会长期稳定的奇迹。

纵观历史，多少民族在大浪淘沙中命运跌宕起伏。今天，曾经历尽磨难的中华民族，已经比历史上任何时候都接近民族伟大复兴的目标。习近平总书记指出："当今世界，要说哪个政党、哪个国家、哪个民族能够自信的话，那中国共产党、中华人民共和国、中华民族是最有理由自信的。"今天，如果再问一问1932年《东方杂志》的那个问题："你梦想中的未来中国是怎样？"那么，我们将给出更加自信与豪迈的回答——到本世纪中叶，社会主义现代化强国将如期建成，中华民族将实现伟大复兴！那时候的中国将是：

（一）开辟人类文明新形态的中国

经过一百年奋斗，党领导人民成功走出中国式现代化道路，创造了人类文明新形态，拓展了发展中国家走向现代化的途径，给世界上那些既希望加快发展又希望保持自身独立性的国家和民族提供了全新选择。在新的起点上，中国人民对美好生活提出了更高的期待；在世界深陷经济和疫情危机时，中华民族理应为人类寻找更美好社会制度作出新的贡献。我们将以锲而不舍、止于至善的精神，继续推动物质文明、政治文明、精神文明、社会文明、生态文明建设。再经过近三十年的奋斗，2049年的中国，将拥有更加富足的物质条件，进一步站在科技进步潮流的前列，充分满足人民物质和精神生活的需要；政治制度更加健全，党的领导更加坚强有力，全过程人民民主将更加完善，全体人民既有统一意志又有个人心情舒畅的生动活泼的局面更加巩固；集五千年中华传统文化、社会主义文化并吸取人类文明共同成果的精神文明更加发达，中国人民的精神世界更加丰富，精神境界更加崇高；社会更加安定有序、充满活力，人民群众享有更高的公共服务水平；生态环境进一步优化，人与自然实现和谐共生，建成美丽中国，人民生活在青山绿水当中，更加愉悦健康。

（二）实现国家治理体系和治理能力现代化的中国

古人说："凡将立国，制度不可不察也。"制度优势是一个国家的最大优势。科学社会主义和空想社会主义的一大区别，就在于它不是一成不变的教条，而是把社会主义看作一个不断完善和发展的实践过程。随着中国特色社会主义进入新时代，发展处于新的历史方位，社会主要矛盾已经转化为人民日益增长的美好生活需要和不平衡不充分的发展之间的矛盾，国家治理面临许多新任务新要求，这必然要求中国特色社会主义制度和国家治理体系更加完善、不断发展。再经过近三十年的制度变革，到2049年，我国将全面实现国家治理体系和治理能力现代化，中国特色社会主义制度将更加巩固，社会主义制度的优越性将得到更加充分发挥。

（三）综合国力和国际影响力领先世界的中国

中国人民已经以自己的勤劳、坚忍、智慧创造出世界经济发展史上令人赞叹的"中国奇迹"。再经过近三十年的奋斗，到2049年，中国的经济总量将稳居世界第一位。同时，作为一个倡导和平发展和致力于构建人类命运共同体的国家，中国将会超越近代以来西方"国强必霸"的逻辑，成为一个受世界各国欢迎、充满感召力和亲和力、同世界一起美美与共、追求天下大同的国家。中国道路、中国制度、中华文明将在人类现代化道路和人类文明谱系中放射出耀眼光芒。

（四）人民更加幸福安康的中国

在党的领导下，我们正奋进在共同富裕的大道上。再经过近三十年的奋斗，到2049年，人民群众对美好生活的需要将得到更加充分的满足，人民普遍过上丰衣足食、安居乐业的生活。那时的中国，城市和乡村一样繁荣美丽，东中西部一样活力充沛，人民将享受到更高水平的教育、健康、养老服务，人人各尽所能、各得其所，向着实现更加自由和全面发展的目标迈进；各个阶层、各个民族的人民更加团结，坚不可摧的中华民族共同体更加巩固。

（五）以更加昂扬的姿态屹立于世界民族之林的中国

毛泽东同志曾豪迈地指出，"我们中华民族有同自己的敌人血战到底的气概，有在自力更生的基础上光复旧物的决心，有自立于民族之林的能力"。再奋斗近三十年，到 2049 年，走过百年风雨历程的中华人民共和国，将向世界昭示，近代以来历经磨难的中华民族，将更加团结和更加自信。中国的发展道路"顺乎天而应乎人"，中华民族将以更加昂扬的姿态屹立于世界民族之林。

二、中华民族伟大复兴将有力推动人类文明发展进步

中华民族伟大复兴，是一个久经磨难的古老民族再一次焕发青春，站到历史进程的制高点上，将使中华文明这个世界上唯一未曾中断的古老文明焕发出崭新的光彩。从世界历史看，将是 21 世纪乃至整个近代以来人类历史上最重要的事件，必将对人类社会发展进程产生深远影响。

（一）将谱写中华民族历史上最为辉煌的崭新篇章

中华民族曾经为人类作出过巨大贡献，夏商周时期创造了灿烂夺目的青铜文明和成熟的文化。秦汉之际确立的封建土地制度、中央集权制、郡县制、文官制度等具有持久影响力。在漫长的历史进程中，中华民族在哲

学、经济、科技、文化等领域，为人类贡献了大量文明成就。近代以来，中华民族暂时落后了。中华民族的伟大复兴，不仅意味着中华民族重新回到世界舞台中央，成为世界上综合国力和影响力领先的国家，而且意味着中华民族沿着中国特色社会主义道路，同时充分吸收了中华优秀传统文明和一切人类文明先进成果，创造出全面性、总体性的文明新形态，更意味着近代以来久经磨难的中华民族真正走向世界文明进步潮流的前列，中华文明在人类文明谱系中呈现出耀眼的光芒。

（二）将开创马克思主义和社会主义运动的崭新境界

马克思主义为人类文明进步指明了方向，社会主义从空想变成科学，从理论变成现实，从一国发展到多国，让世界数以亿计的人口走上了新的发展道路，也促使了资本主义自我改良。但 20 世纪末，世界马克思主义受到诞生以来最严峻的挑战。中国共产党奋力推进改革开放和发展事业，开创中国特色社会主义新时代，在世界上高高举起中国特色社会主义伟大旗帜。中华民族的伟大复兴，将进一步彰显马克思主义的真理性、科学性，将进一步推动社会主义运动向前发展。

（三）将开辟和丰富人类文明的崭新形态

当今世界发展面临的一系列困境，根源就在于西方世界所倡导和践行的发展模式存在缺陷、所形成的文明形态存在不足，人类需要创造新的文明形态，以实现人类的永续发展。中国共产党以强大的历史主动精神，既独立自主，又胸怀天下，在为人民谋幸福、为民族谋复兴的奋斗中，也蹚出了具有普遍意义的现代化道路。中华民族的伟大复兴，不仅开辟了实现和平、发展、公平、正义、民主、自由的全人类共同价值的更广阔的道路，而且为人类贡献了人民至上、天下为公、自强不息、共享富足、天人合一、世界大同等理念，为人类文明增添了新内涵。

三、中华民族伟大复兴的历史进程不可逆转

马克思、恩格斯认为，社会经济形态的发展是一种自然历史过程，同时认为历史必然性又是人们生产活动的结果和创造，"人们通过每一个人追求他自己的目的，自觉期望的目的而创造自己的历史"。党领导中华民族追求复兴的百年历史已经充分证明，中华民族伟大复兴符合历史必然性规律。同时，中华民族复兴的伟大前景，不是从天上掉下来的，也不会是任何外部力量的恩赐，必须要靠党和人民站在第一个百年伟大成就基础上继续团结奋斗，把历史必然性真正变为昭示历史规律的辉煌现实。

（一）有坚强的领导核心和正确的指导思想

列宁指出，"任何革命运动，如果没有一种稳定的和能够保持继承性的领导者组织，便不能持久"。对马克思主义政党来说，在民主集中制的基础上形成领导权威和坚强的领导核心，是一个至关重要的问题，是全党实现团结统一、担当历史使命的关键保障。中国共产党的历史证明，有没有全党公认的领导核心，关乎党的生命和事业发展。党确立习近平同志党中央的核心、全党的核心地位，确立习近平新时代中国特色社会主义思想的指导地位，对新时代党和国家事业发展、顺利实现第二个百年奋斗目标、对推进中华民族伟大复兴历史进程都具有决定性意义。

（二）有正确的道路和先进的制度

道路决定命运，道路问题是关系党的事业兴衰成败第一位的问题。制度带有根本性、全局性、稳定性和长期性，是关系党和国家长治久安的重大问题。一百年来，中国共产党领导人民建立、巩固和发展了社会主义制度。社会主义制度能够避免资本主义的周期性危机而导致的生产力巨大破坏；能够实现独立自主发展，避免在全球经济体系中的依附性命运；能够统筹好长期发展和短期发展，把必要资源投入基础和公共领域，使经济增长具有更长期持久的动力；能够做到以人民为中心，注重人的全面发展，调动人民的积极性和创造性，普遍提高人力资源水平；能够坚持在科学规划的前提下，避免对自然资源的掠夺性开发利用。只要我们坚持中国特色社会主义道路，我们就一定能够克服实现第二个百年奋斗目标征程上的一系列风险挑战，继续推动现代化航船行稳致远。

（三）有百年奋斗积累的雄厚基础

2021 年我国国内生产总值 1143670 亿元，稳居世界第二，人均 GDP 超 8 万元，按年均汇率折算为 12551 美元，已超过世界人均 GDP 水平。我国是世界制造业第一大国、货物贸易第一大国、服务贸易第二大国，2020 年首次成为外资流入第一大国，2020 年和 2021 年，我国上榜世界 500 强企业数超过美国。我国人口基数庞大，国土面积几乎相当于整个欧洲；交通、通信等基础设施实现跨越式发展，构建起多层次、多节点、多领域的复合型网络体系。我国有世界上最大的中等收入群体，人数超过 4 亿。我国劳动年龄人口仍有 8 亿多，相当于美日欧盟的总人口。大学生数量世界第一，每年大学毕业生上千万，海外留学归国人员超过 50 万。这些都是我们向着第二个百年奋斗目标奋进、实现中华民族伟大复兴的坚实基础。

（四）有中国共产党的坚强领导

走过百年历程、经过百年淬炼的中国共产党，今天已经成为拥有9500多万名党员、领导着14亿多人口、具有重大全球影响力的世界第一大执政党。我们的党有着从人民中产生、为人民谋幸福的坚强政治核心，有着深深根植于中国特色社会主义伟大实践并与马克思主义普遍真理相结合、吸收着中华文明和中国文化精华的先进指导思想，有着在生死斗争和艰苦奋斗中经受各种风险考验的鲜明政治品格，有着以伟大建党精神为源头的精神谱系，有着在每个阶段都能正确地制定符合人民利益、契合时代要求、唤起亿万人民创造性的发展方略。在这样伟大正确光荣的党的领导下，我们如期全面建成小康社会、胜利实现了第一个百年奋斗目标，也一定能够乘势而上、夺取第二个百年奋斗目标的胜利，在实现中华民族伟大复兴的征程上奋勇前进。

（五）有爱好和平与发展的国际正义力量的支持

中国共产党领导中国人民所从事的事业是人类进步事业的组成部分。正像党的十九届六中全会所指出的，"党既为中国人民谋幸福、为中华民族谋复兴，也为人类谋进步、为世界谋大同"。党领导人民成功走出中国式现代化道路，拓展了发展中国家以及所有既希望加快发展又希望保持自身独立性的国家和民族走向现代化的途径。这些国家和人民对中国现代化事业心向往之，对中国人民的发展与进步力支持之。中国的发展既离不开世界，又惠及世界。以习近平同志为核心的党中央从世界人民的发展与福祉出发，倡议和推动"一带一路"高质量发展，推动构建人类命运共同体，以自身的行动推动建设持久和平的世界、普遍安全的世界、共同繁荣的世界、开放包容的世界、清洁美丽的世界。美美与共、和而不同的中华文明理念深入人心，和平和发展仍是世界主流，愈来愈多的国家理解中国的社会主义现代化事业，愈来愈多的人民支持中国的改革与发展。得道者众，失道者寡，我们的朋友遍天下，中华民族伟大复兴也一定在世界的支持和喝彩中早日到来。

中华民族是勤劳伟大的民族，中华民族伟大复兴是中华各族儿女孜孜以求的宏伟梦想。在这一不可逆转的伟大历史进程中，我们已"行百里者半九十"。正像习近平总书记指出的那样，"在前进道路上我们面临的风险考验只会越来越复杂，甚至会遇到难以想象的惊涛骇浪"。越是接近伟大复兴的彼岸，全国各族人民越要牢记初心使命，以更加昂扬的姿态、更为进取的精神，为实现中华民族伟大复兴而持续不懈奋斗。我们相信，在以习近平同志为核心的党中央坚强领导下，高举习近平新时代中国特色社会主义思想伟大旗帜，中华民族伟大复兴就一定能够如期实现！

后　记

　　党的十八大以来的十年，是中华民族成功走出中国式现代化道路、开创绚丽夺目中国文明新形态的十年，是中国人民日益走近世界舞台中央、为世界和平与发展作出巨大贡献的十年。在以习近平同志为核心的党中央坚强领导下，在以习近平新时代中国特色社会主义思想科学指引下，全党和全国人民统筹推进"五位一体"总体布局、协调推进"四个全面"战略布局，坚持科学发展观，把新发展理念贯穿发展全过程和各领域，构建新发展格局，统筹发展和安全，战胜一系列重大风险挑战，实现第一个百年奋斗目标，明确实现第二个百年奋斗目标的战略安排，党和国家事业在方方面面都取得了历史性成就、发生历史性变革，在中华大地上全面建成了小康社会，历史性地解决了绝对贫困问题，为实现中华民族伟大复兴提供了更为完善的制度保证、更为坚实的物质基础、更为主动的精神力量。中华民族迎来了从站起来、富起来到强起来的伟大飞跃，实现中华民族伟大复兴进入了不可逆转的历史进程。

　　为记述十年来所取得的丰功伟绩、阐释为世人所瞩目的非凡跃迁，我策划、组织和部署国务院发展研究中心相关研究人员撰写了《十年伟大飞跃》一书。本书以创新、协调、绿色、开放、共享为主线，从十个方面全方位展示了十年来我国经济社会所取得的历史性变革、所发生的史诗性飞跃。参与各章节撰写的人员分别是：马建堂、赵昌文、江宇（绪论），冯俏彬、江宇、李承健、雷潇雨、武士杰、刘瑾钰（第一章），马名杰、田杰棠、戴建军、沈恒超、杨超、熊鸿儒、张鑫、刘申（第二章），许召元、李燕、路倩、王金照、何建武、邵雷鹏（第三章），高世楫、常纪文、陈健鹏、李维明、熊小平（第四章），张琦、罗雨泽、吕刚、赵福军、许宏强、宗芳宇、高庆鹏（第五章），李建伟、李恒森、佘宇、王列军、张冰子、冯文猛、刘胜兰、张佳慧、朱文鑫（第六章），王金照、李燕、宋紫峰、秦中春、朱鸿鸣、吕斌、杨艳、王伟进、路倩（第七章），钟震（第八章），何建武、施戌杰、王詠、朱妮（第九章），马建堂、赵昌文、江宇（第十章）。书稿完成后由余斌、侯永志、李慧莲、何建武、贾珅、邵雷鹏等同志进行了统稿，最后由我审阅定稿。李慧莲同志还承担了本书大量的策划、组织和协调工作。

需要指出的是，虽然大家高度重视文稿写作，并数易其稿，但由于能力和水平所限，文中难免存在不够完善之处，敬请读者批评指正。

最后，衷心感谢人民出版社总编辑辛广伟、政治编辑一部主任陈光耀、编辑余平等同志，没有他们，本书是不可能问世的，本书的及时出版，体现了人民出版社的政治自觉和专业精神。

马建堂

2022 年 3 月

策　　划：辛广伟
责任编辑：余　平
封面设计：林芝玉
责任校对：胡　佳

图书在版编目（CIP）数据

十年伟大飞跃／国务院发展研究中心 组织编写　马建堂 主编 . — 北京：
　人民出版社，2022.6（2024.1 重印）
ISBN 978 － 7 － 01 － 024716 － 8

I.①十…　II.①马…　III.①中国经济－经济发展－研究　IV.① F124

中国版本图书馆 CIP 数据核字（2022）第 086751 号

十年伟大飞跃
SHINIAN WEIDA FEIYUE

国务院发展研究中心　组织编写

马建堂　主编

人 民 出 版 社 出版发行
（100706　北京市东城区隆福寺街 99 号）

环球东方（北京）印务有限公司印刷　新华书店经销

2022 年 6 月第 1 版　2024 年 1 月北京第 6 次印刷
开本：710 毫米 ×1000 毫米 1/16　印张：16.5
字数：208 千字

ISBN 978 － 7 － 01 － 024716 － 8　定价：58.00 元

邮购地址 100706　北京市东城区隆福寺街 99 号
人民东方图书销售中心　电话（010）65250042　65289539